中国经济的未来

热点、难点和增长点

魏杰 _ 著

中信出版集团 | 北京

图书在版编目（CIP）数据

中国经济的未来：热点、难点和增长点 / 魏杰著
. -- 北京：中信出版社，2019.11（2020.1重印）
ISBN 978-7-5217-1064-9

Ⅰ . ①中… Ⅱ . ①魏… Ⅲ . ①中国经济－经济发展－研究 Ⅳ . ① F124

中国版本图书馆 CIP 数据核字（2019）第 202467 号

中国经济的未来——热点、难点和增长点

著　　者：魏杰
出版发行：中信出版集团股份有限公司
（北京市朝阳区惠新东街甲 4 号富盛大厦 2 座　邮编　100029）
承 印 者：北京盛通印刷股份有限公司

开　　本：880mm × 1230mm　1/32　　印　　张：11.75　　字　　数：251 千字
版　　次：2019 年 11 月第 1 版　　印　　次：2020 年 1 月第 3 次印刷
广告经营许可证：京朝工商广字第 8087 号
书　　号：ISBN 978-7-5217-1064-9
定　　价：69.00 元

目录

第五部分 / 187
坚持“稳中求进”的总基调

第六部分 /231

回望改革开放40年4个阶段（1978—2018年）

第八部分 /333
全球化新趋势与中国开放新阶段

自　序

过了65岁，我的视力似乎有些问题，写东西遇到了一些困难，因而自己的一些有关中国经济的思考，就基本上由“笔”转向了“口”，也就是以演讲的方式公布于众。这些演讲基本没有稿子，讲完就算完成任务。但有些听众却非常认真，听完后竟然将演讲整理成文，并转发至朋友圈，甚至发布至某些自媒体平台，微信转载量非常高，几十万甚至几百万的转发量，成为常事，甚至有些像“网红”，我本来在学术上是很低调的人，这种状况使我极不适应。

承蒙中信出版集团编辑们的厚爱，他们提出来将这些演讲录音整理稿结集出版。因此，我将这几年来我手中所保存的这些演讲录音整理稿汇集成为此书。因为是演讲录音整理稿，所以难免相互之间有些重复，且口语较多。为了保持原貌，所以此次汇集成书基本上没有做文字上的处理，虽然粗糙些，但确实是“原生态”，可读性极强。

本书基本上涉及了中国经济这几年来所有的新问题，而且这些新问题又是在不同时间段讲的，涉及当时的具体情况，因而可以为人们认识这些新问题提供一个时间上的对比分析，对认识某些问题有帮助。当然，内容上有所重复，但不是简单地重复，而是不同时间段讲了同一问题，这恰恰能为理解问题打开思路，是很有意义的。

我认为，中国经济自2012年到2035年，基本上是一个周期，即由富转强的周期。当然，这个周期又包括几个小周期，其中2015—2021年就是这个周期中的一个小周期。本书所收集的演讲录音整理稿，都是我在2016—2019年之间的演讲录音整理稿，基本反映了中国经济在2015—2021年这个小周期中的走势及热点问题，对把握这个小周期及预测下一个小周期有一定意义。尤其是，本书为大家提供了分析这几年中国经济运行的思路及轨迹，能看到中国经济是怎么走过来的，以及未来我们应该怎样走。

这几年我的演讲的中心议题是中国经济前沿问题，具体来说，主要集中在两个方面：一个是关于中国宏观经济走势分析的，涉及对中国宏观经济的走势的基本判断，以及中国宏观经济的诸多热点、难点、增长点，其中包括：中国经济没有进入衰退期而是进入全面调整期。以供给侧结构性改革为主线、坚持稳中求进的总基调、推动金融供给侧结构性改革、积极财政政策、中美贸易问题与中国经济、化解与防范金融风险、从高速增长转向高质量增长、建立现代化经济体系等。另一个是关于改革开放的问题，因为2018年是中国改革开放40周年，主要涉及改革开放的过去、现在与未来，包括3个主要内容：一是我国改革开放是如何走过来的，二是改革开放再启航，三是全球化的新趋势与中国开放新阶段。当然，分析中国宏观经济走势与讨论中国改革开放，实际上都是在研究中国经济问题，因而这两个内容实际上是一个问题的两个方面，它们是相互联系与融通的，有着密切的内在逻辑联系，不过，为了读者便于阅读，我们将这些演讲分为 8 个部分，分别讨论中国宏观经济走势与下篇讨论改革开放。

从这本书中可以看出，我在经济学界走着自己的路。我走的路有 3 个特征：一是一直盯着中国经济现实中的热点问题，热点问题是我研究的重点，热点问题形成了我学术研究活动的主线；二是以最清晰的思维逻辑面向公众解释这些热点问题，公众主要来自中国经济活动的第一线，诸如企业界人士及公务员等；三是我对热点问题的解释，既让人们感到风险的压力，又能看到化解风险的举措，因而充满了正能量，这也可能是人们喜欢听我演讲的原因之一。因此，热点、公众、正能量，是我所走的路的特征。

以上是为序。

第一部分

中国经济新周期的三大任务

（2012—2035 年）

我一直认为，从2012—2035年，是中国经济的一个新周期。在这个周期中，我们从单纯的经济改革转向了包括经济改革、政治改革、文化改革、社会改革、生态改革在内的“五位一体”的改革，并且在改革中要于2035年基本实现现代化。为此，我们要建成现代化经济体系，从高速增长转向高质量增长。当然，这个过程中必然会遇到各种风险与挑战，其中最重要的是金融风险的压力，例如2015年、2016年、2017年的宽松货币与杠杆率的快速上升，就导致2018年、2019年、2020年这几年巨大的金融风险的压力，因而化解与防范金融风险是重要任务。由此可见，在2012—2035年这个经济周期中，我们实际上面临三大任务：构建现代化经济体系、由高速增长转向高质量增长、化解与防范金融风险。

同时我们应该看到，中国经济经历了40年的改革开放与40年的高速增长，发展到新周期，确实有了许多新的经济特征，而且有些新特征已经常态化，因而被人们称为中国经济新常态。一是经济增长速度、经济增长方式、经济增长质量等，都有了新的变化，例如从数量增长型向质量增长型转变。二是经济体系构成、经济运行内容、经济体系框架等，都有了新的变化，例如经济体系从传统型向现代化经济体系转变。三是作为经济主体的人，也发生了重大变化，人们的生活方式及对经济活动的诉求等都有了新变化，例如从温饱型向全面享受型转变，尤其是以年代为划分标准的社会阶层在经济活动中的地位有了新变化，例如50后在逐渐退出，80后则快速介入，等等。总之，新的时代已经到来，我们需要正确应对下述三大任务。

新坐标：构建现代化经济体系

中共十九大报告中指出，中国已经从站起来、富起来迈向强起来的新发展阶段。强起来分为 3 个时间段：从现在到 2020 年，全面建成小康社会，从 2020 年到 2035 年，基本实现社会主义现代化，从 2035 年到 2050 年，把我国建设成为富强民主文明和谐美丽的社会主义现代化强国。如何完成强起来的时代发展目标？从经济的角度来看，就是要按照新发展观，建立现代化经济体系。因此，中共十九大报告在经济方面提出的最主要的任务，就是按照新的科学发展观建立现代化经济体系。

七大特征：构建现代化经济体系

什么是现代化经济体系？从根本上讲，就是能最有效地反映现代化要求、推动现代化实现并保证现代化有序运行的经济体系。具体来说，现代化经济体系包括如下特征。

第一，反映了全体人民的愿望与要求。

是以人民为中心的现代化，并不是某些个人或某些利益阶层的现代化，现代化经济体系能够有效地不断实现人民对美好生活的追求，提升全体人民的福祉。现代化经济体系一定要消除传统现代化带来的极度两极分化，社会阶层对立，从而实现全体人民的现代化，推进社会和谐。中国目前进行的精准脱贫，实际上就是以人民为中心的现代化的具体表现。

第二，能够有效推进人类社会的第四次工业化。

人类社会已经经历了机械化、电气化、信息化这三次工业化，正在迈向智能化，即第四次工业化，现代化经济体系当然而且必须反映第四次工业化的要求，有效推动中国第四次工业化的实现。实际上，现代化经济体系就是以第四次工业化为特征的经济体系，例如创新与创意就是现代化经济体系的重要特征。

第三，在传统城市化基础上形成的后城市化经济体系。

因而现代化经济体系更加注重区域经济的协调，更加注重城市化过程中的城乡协调发展，更加注重农业与农村的振兴，农业强、农村美、农民富是现代化经济体系的重要内容与目标。因此，现代化经济体系的一个重要任务就是要有效治理大城市病及农村落后这两个传统现代化的痼疾，有效协调城市化与“逆城市化”的关系。

第四，能够有效推动生态文明。

现代化经济体系总结了已有城市化与工业化的缺陷，更加重视生态因素在现代化中的地位与作用。生态文明既包括对工业化与城市化所引起的废水、废气、固体垃圾的有效处理，消除污染，也包括对自然生态的修复，要求所有开发都必须以自然生态的保护为基础和前提，实现人与自然的和谐发展。

第五，将创新作为增长的主要要素。

现代化经济体系在经济增长方式上放弃了粗放式增长方式，更加注重高质量增长，不再单纯靠投放劳动、土地等要素推动增长，而是将产品与服务的创新、商业模式创新、技术创新等创新模式作为增长的最主要动力。

第六，充分体现了人类社会的现代化意识。

其中包括契约理念、法制精神、诚信品质、人权思想、责任意识等。在现代化意识中，尤为重要的是企业家精神，企业家精神不仅仅表现为创新意识及能力，更重要的是责任意识，例如为市场提供优良产品与服务，为投资者提供应有的回报，为政府提供税收，为社会提供就业机会，为环保贡献力量等。契约、法制、诚信、责任、创新是现代化意识的重要内容，也是现代化经济体系的核心理念与文化，可以称之为现代化经济体系文化。

第七，强调人类命运共同体理念。

现代化经济体系具有包容性与开放性特征，在新的全球化模式中实现国与国之间及区域与区域之间的协调发展，抛弃各种国际化壁垒，实现全方位及真正意义上的开放。

六位一体：向世界开放中国市场

现代化经济体系主要由六个部分构成，可以称之为六位一体。

第一，实体经济。

实体经济是现代化经济体系的基础与脊梁。离开了实体经济的发展与壮大，现代化经济体系就无从谈起，因而现代化经济体系的重要任务是大力发展实体经济。

我国目前实体经济最主要的问题是结构调整，重点是推进供给侧结构改革，即原有的支持我国经济发展的支柱性产业，要转向一般性产业，而另外一些产业则要逐渐上升为支柱性产业。在这种结构调整过程中，我们首先要确保原有的支柱性产业在转向一般性产业的过程中，不能出现问题，不能引起经济及社会风险。根据我国目前的实际情况，我们提出了“三去一降”的对策。即去产能、去库存、去杠杆、降成本的对策，这对于原有的支柱性产业平稳地逐渐转向一般性产业，具有重要意义。

当然，结构调整的关键还是要推动新的支柱性产业的形成。主要有三大产业：一是战略性新兴产业，包括新能源、新材料、生命生物工程、信息技术与互联网、节能环保、新能源汽车、人工智能、高端装备制造等；二是服务业，包括消费服务业、商务服务业、生产服务业、精神服务业等；三是现代制造业，包括飞机、高铁、核电、特高压输变电、现代船舶及航天器制造等。

第二，现代金融。

现代金融是实体经济的助推器与润滑剂，现代化经济体系需要有现代金融的支持。因此，我们要继续推进金融体制改革，包括：1. 银行改革，例如利率市场化、银行治理结构改革、民营银行发展等；2. 推进非银行机构发展，例如放开各类投资公司、各类基金、各类保险公司等；3. 资本市场改革，例如形成多层次资本市场、将上市由非审核制改成注册制等；4. 外汇体制改革，例如推动汇率市场化与外汇自由流动等；5. 金融全方位开放，例如放开外资在中国金融机构中的持股比例等。

当然，发展现代金融必须防范金融风险，包括：1. 抑制资产泡沫的形成，防止资产泡沫引发金融风险；2. 稳住债务，防止个人、企业、政府债务的过快上升而引发金融风险；3. 稳住外汇，防止汇率及外汇储备的剧烈变动而引发金融风险；4. 治理金融乱象，防止金融改革的不当行为及新技术进入金融而起发的乱象引发金融风险；5. 控制好货币政策与宏观审慎政策，防止“顺周期”的负面作用及市场之间的传染病引发金融风险；等等。

第三，科学与技术创新。

科学与技术永远是人类社会发展的动力源泉与基础，例如人类社会的四次工业化，实际上就是科学与技术发展的结果，因而科学与技术是现代化经济体系的核心组成部分，是现代化经济体系的创新基础与动力源泉，尤其是原创性技术与颠覆性技术是与现代化经济体系内在地联结在一起的。

科学技术的创新需要有相应的体制配套，包括：1. 技术创新体制的法律基础，例如知识产权保护；2. 财力基础，例如不低于 GDP（国内生产总值）总量 5% 的应有的资本投入；3. 物质基础，例如现代化实验室及科学城的建立；4. 人才基础，例如有效调动科学技术人员创新积极性的激励机制的建立；5. 科学积聚基础，例如重视与发展前瞻性基础研究；等等。科学与技术发展需要包括企业、政府、高校和社会的全方位努力。

第四，人力资源体系。

人是最可贵的，任何社会经济活动最终都是以人为基础的，因而现代化经济体系不仅需要充足的人力资源支持，更需要高素质的人力资源，数量充足且高素质的人力资源是现代化经济体系的保障，人力资源体系是现代化经济体系的重要组成部分。

如何提高人力资源的量与质，形成良好的人力资源体系？首先是要确定科学的人口生育政策，确保一个适合经济发展的人力资源结构，防止“老年化”与“少子化”的产生，使人力资源的年龄结构适宜；其次是要发展包括幼教、义务教育、职业技术教育、高等教育、在职教育等各种教育形式在内的完整教育体系，而且随着社会经济发展的不断调整与充实教育内容，确保人力资源在社会与经济进步中得以提升；再次是建立完善的人力资源保障体系，既包括医疗、就业、养老等方面的最基本保障，也包括以市场化为基础的各类保险为特征的多层次社会保障体系，形成市场、政府、个人、企业等各类主体都能有效发挥作用的全民性社会保障体系。

第五，市场经济。

市场经济是现代化经济体系最基本的运行原则与规则，市场经济维持着现代化经济体系的运行秩序。我国经济体系改革的“真谛”，就是在原有经济体系中不断加入市场经济要素，最终形成市场在资源配置中起决定性作用的现代市场经济。因此现代化经济体系的核心是不断完善与发展市场经济。

市场经济首先是要尊重与承认各类市场主体在法律框架下的自我利益追求权与自我选择权，承认与保护各类产权，这是市场经济的动力源泉；其次，市场经济要消除各种阻滞资源配置的障碍，保证各种生产要素的顺畅流动，有效实现资源的高效配置；再次，市场经济的关键是要处理好政府与市场的关系，资源配置中起决定性作用的是市场，政府是在市场经济运行的基础上掌握好各种宏观经济政策与社会政策，包括货币政策、财政政策、国际收支政策、社会保障政策等，政策一般不介入人们具体的经济活动与企业的投资经营活动。

第六，全方位开放。

开放是现代化经济体系的重要组成部分。我国在改革开放之初强调扩大出口与吸引外资，这是与我国当时的实际情况相吻合的，因为我们当时很贫困，国内市场匮乏，不得不依托国际市场；同时，我国当时没有资本积累，缺乏经济发展的资金，不得不依托国际资本。但是这种开放实际上是一种单向性开放，即搭别人便车的开放。扩大出口是依托国际市场，吸引外资是依托国际资本，因而实际上当时的开放都是以搭别人便车为特征。

随着中国改革开放的深入，中国逐渐进入强起来的时代，中国已经有了巨大的国内市场，中国已经聚积了庞大的资本，因而中国的开放已经进入新的时期，也就是全方位开放的时期，其特征是不再单纯搭别人便车，而是更加重视自身发展。我们不再单纯强调扩大出口，而是更加重视进口；不再单纯强调吸引外资，而是更加重视中国资本走出去。

全方位开放作为现代化经济体系的重要组成部分，要求我们要进一步向世界开放中国的国内市场，既包括物质产品市场，也包括服务业市场，例如在上海建立进口贸易博览会，放开境外资本在中国金融机构中的持股比例，等等。同时，中国资本要走出去，加大对外投资，尤其是要大力推动“一带一路”倡议，实现中国资本的国际化发展。“一带一路”是指“丝绸之路经济带”和“21 世纪海上丝绸之路”，由中国国家主席习近平分别在 2013 年 9 月和 10 月访问中亚和东南亚期间提出，之后经过逐步完善和发展，于 2013 年 11 月写入十八届三中全会《中共中央关于全面深化改革若干重大问题的决定》。

历史使命：建成现代化强国

现代化经济体系是中国进入强起来的时代的经济体系，因而现代化经济体系要推动中国实现从现在到 2020 年，全面建成小康社会，从 2020 年到 2035 年，基本实现社会主义现代化，从 2035 年到 2050 年，把我国建设成为富强民主文明和谐美丽的社会主义现代化强国。现代化强国是现代化经济体系的历史使命。如何实现这个历史使命？主要有两条。

第一，使中国具有技术话语权与金融话语权。

现代化强国的一个重要标志，就是要有技术话语权。中国作为一个大国，如果没有原创性技术及颠覆性技术，就不可能成为一个强国。因此，现代化经济体系要推动中国的科学与技术创新。美国在1900年时虽然经济体量很大，但是并没有技术话语权，当时技术话语权在欧洲，尤其是在德国，二战后才逐渐取得了话语权，成为现代化强国。由此可见，推动中国具有技术话语权是现代化经济体系的重要历史使命。

现代化强国的另一个重要标志是具有金融话语权，中国如果没有金融话语权，就不可能是一个强国。美国在1900年时经济体量确实很大，但并没有金融话语权，当时的金融话语权在英国。二战后美国才逐渐取得金融话语权，成为现代化强国。因此，中国必须要取得金融话语权。中国取得金融话语权的重要举措，是推动人民币的国际化。人民币虽然已经成为世界储藏货币的一种，但离人民币国际化的目标仍然很远。这就要求中国应全方位推动人民币的国际化，例如除了在"一带一路"中实现人民币国际化之外，还应让人民币介入石油交易之中，打破美元在石油交易中的垄断地位，中国是世界最大的石油消费国，我们有让人民币实现石油交易中介的市场基础。总之，中国要成为现代化强国，必须要有金融话语权。

第二，防范与阻抗各种风险。

中国在迈向现代化强国的过程中，实际上增长速度已经不是主要的问题，就是增长得慢一点，也不会影响强国目标的实现，现在最大的问题是不能爆发各种风险，因为风险的爆发会中止我们的强国梦，就像一辆行驶的高铁列车一样，一旦翻车，后果将不堪设想。因此，现代化经济体系必须具有防范与抵御各种风险的能力。

如果从经济方面看，最主要的风险恐怕是金融风险。人类社会的经济风险，这些年来最主要表现为金融风险，例如 1998 年的亚洲金融风险，2008 年的美国金融风险。因此，就经济方面来说，主要是防范金融风险。防范金融风险要处理好金融与实业的关系、金融与资产价格的关系、金融与外汇的关系、金融与债务的关系、金融与金融改革的关系及金融与新技术的关系，当然，还要把控好货币政策及宏观审慎政策。

如果从社会方面来看，恐怕最容易出现风险的是有关民生方面的，例如前一段时间出现的幼教事件，就差点引起社会动荡。民生方面的风险影响面较广，而且容易触及人们所能承受的红线，一旦处理得不好，就会导致社会动荡。尤其要看到，随着以互联网为特征的新媒体的诞生，各种误解甚至谣言都会成为社会动荡的助推器，出现真相反而滞后的现象，这就更加加大了社会动荡的可能性。因此，一定要重视民生方面所发生的问题，防止它引起整个社会的动荡，形成巨大的社会风险。

风险既包括内部的，也包括外部的。中国一向是以和平著称的国家，而且从来不干涉别国内政，因而外部风险的可能性并不大，但是中国现在还是一个没有完全实现统一的国家，统一是中国成为强国的重要目标，本来这种统一祖国的目标与别人毫无关系，但有的国家可能会因此而挑起事端，甚至发动战争，因而中国的外部风险是存在的。例如对台湾、南海等问题的处理，本应是中国的内部事务，是中国与某些利益相关国之间的事情，但总有些自以为是世界警察的国家会从中捣乱，挑起事端。台湾统一问题是中国不可能回避的问题，不能一直拖而不决，我们会以最大的努力去实现和平统一，但有些事并不是我们单方面能决定的，有些国家可能参与其中，因此，中国必须要形成强大的国防力量，以应对这些风险。因此，国防现代化也是现代化强国的重要目标。只有能打仗，才能实现不打仗。由此可见，现代化经济体系的重要任务是推动国防现代化。现代化经济体系中实现国防现代化的最主要举措，是建立军民融合体制，使经济与国防现代化相辅相成，在实现经济现代化的同时，实现国防现代化，强经济与强军并举，从而增强中国防范外部风险的能力。

转型之路：从高速增长转向高质量增长

新经济周期中贯穿于中国经济的一条主线，就是从高速增长转向高质量增长。那么，什么是高质量增长，怎样才能实现高质量增长，就成了我们必须要搞清楚的问题。这里就此问题做些探讨。

技术与制度创新推动高效率增长创新

经济增长如果用效率指标来评价，可分为高效率增长与非高效率增长。高效率增长是指以较少的投入获得最大的收益，而非高效率增长则是指以最大的投入获得较少的收益。高质量增长是指高效率增长。

决定高效率增长的一个重要因素是技术创新。技术创新可以使各种要素投入发挥最大作用，实现以少投入获得最大收益。因此，为了实现高效率增长，进而实现高质量增长，就必须有效推动技术创新，尤其是要获得颠覆性技术与原创性技术。为此，就要进行超前性的基础研究，形成技术创新所需要的财力基础、法律基础、物质基础、人才基础。

决定高效率增长的另一个因素是制度创新。制度创新可以有效调动各种要素的积极性，使各种要素最大限度地发挥作用，实现以较少的消耗获得更大的利益。中国改革开放以来经济效率的提高，就是得益于制度创新。因此，我们要推动高效率增长，实现高质量增长，就必须继续推进制度创新，尤其是建立以现代市场经济为核心的现代化经济体系。

去杠杆实现有效供给性增长

经济增长如果从市场供求关系状况来评价，可分为有效供给性增长与无效供给性增长。有效供给性增长是指经济运行过程实现了供求关系的平衡，无效供给性增长则表现为市场关系失衡，产能严重过剩，库存积压很大。增长是指有效供给性增长。

我国在过去的一段时间虽然经济增长较快，但不少产业产能严重过剩，库存积压太大，与此同时，人们需要的产品与服务却无法提供，出国购买成为时尚，这实际上是一种无效供给性增长。这种无效供给性增长，单靠市场调节是难以快速见效的，因而中央提出供给侧结构性改革的战略对策，对过剩产能及库存积压做了调整，为有效供给性增长打下了基础。

无效供给性增长形成的一个重要原因，是供给方没有风险意识，盲目扩张，盲目负债，因而消除无效供给性增长必须去杠杆，降低整个社会的杠杆率。在未来几年内，我们必须将去杠杆作为消除无效供给性增长的重要任务。

无效供给性增长形成的另一个重要原因，是制度的风险约束性不够，经营者对过剩产能及库存没有风险约束，因而会在短期利益的驱使下盲目扩张。中国产能过剩与库存积压太大主要表现为国有企业，就是因为这个原因。因此，必须有效推进制度改革，尤其是国有企业改革，彻底解决国有企业背后的刚性兑付问题，使得国有企业经营者与利益及风险真正挂钩，实现有效的利益与风险约束。

战略性新兴产业助力中高端结构增长

经济增长从结构方面来划分，可分为中低端结构增长与中高端结构增长。我国过去较长时期实际上是一种中低端增长，这是由我国当时的生产力发展水平所决定的。我国现在要向中高端结构增长转变。高质量增长实际上就是中高端结构增长。

中高端结构增长与中低端结构增长的最大区别在于支柱性产

业不同。中低端结构的支柱性产业包括传统制造业、建筑业及房地产产业等。中高端结构的支柱性产业则主要有三：一是战略性新兴产业，例如新能源、新材料、生命生物工程、信息技术及移动互联网、节能环保、新能源汽车、智能机器人、高端装备制造等；二是服务业，例如消费服务业、商务服务业、生产服务业、精神服务业等；三是现代制造业，例如航天器制造与航空器制造、高铁装备制造、核电装备制造、特高压输变电装备制造、现代船舶制造与海洋装备制造等。

因此，我国在向中高端结构增长的转变中，要大力发展战略性新兴产业、服务业、现代制造业，这些产业将逐渐成为我国的支柱性产业。

节能环保实现绿色增长

经济增长有时在高污染与高消耗条件下也会实现高速增长，但这种高速增长绝不会持续。高质量增长与这种以污染与高消耗资源为基础的所谓高速增长是相对立的，高质量增长强调节能环保，是一种绿色增长。

要实现绿色增长，首先要维持好自然生态环境，增长不能以破坏自然生态环境为代价。过去我国一些地方忽视对生态环境的保护，甚至不惜破坏生态环境而搞 GDP，严重危及了我国的生态安全。发展是硬道理，但“硬”发展则没有道理。因此，在绿色发展的理念下，我们要从各个方面加大对自然生态的修复，包括各种河流自然生态带、山脉自然生态带等。

要实现绿色发展，必须要对工业化与城市化所带来的废水、废气、固体垃圾进行良好的处理。如果对“三废”不能做好处理，那就不是真正的工业化与城市化，当然也就不是绿色发展。从经验与教训来看，废水、废气、固体垃圾处理的唯一办法是依靠技术，要形成良好的节能环保型技术，走技术化道路。技术化标志着节能环保的产业化、企业化。因此，节能环保要走技术化、产业化、企业化的道路。

可持续增长需克服盲目扩张倾向

经济增长在盲目扩张与粗放方式下，虽然也可以实现高速增长，但往往不可持续，甚至会引发经济危机。因此，盲目扩张与粗放方式的高速增长是不可取的。高质量增长是可持续增长。

可持续增长要求在经济增长战略上克服盲目扩张的倾向，盲目扩张必然会促使个人、企业及政府盲目加杠杆，过度加杠杆，必将导致金融风险的形成甚至爆发金融危机。近几十年世界上所形成的几次金融危机，背后都是加杠杆的结果。现代经济危机几乎都表现为金融危机，而金融危机的背后都是盲目加杠杆、整个社会杠杆率太高的结果。因此，我们必须在经济较快增长的整个过程中，防止杠杆率过高，随时要去杠杆。经济越是处于顺周期时，就越要注重去杠杆。

可持续增长需要认真考虑各种经济资源及社会资源的承受能力，不能认为经济增长可以为所欲为，任意提高增长速度，这就是为什么一些国家在经济高速增长期却爆发各种社会危机的原因。我国一些地区经济发展速度很高，但社会矛盾却很尖锐，这就是脱离客观实际，盲目追求速度的结果。因此，要做到高质量增长，就必须遵守客观规律，坚守科学发展观，量力而行，保证经济平稳可持续发展。

消灭贫困是和谐增长的底线

经济增长的最终目的是为了造福于民，提高各个阶层人民的福祉，如果经济增长没有达到这个目的，甚至造成了各个社会阶层之间的对立，那么这种经济增长就是以社会动荡为基础的经济增长，我们显然需要的不是这种经济增长，高质量增长是社会和谐性增长。

社会和谐性增长要求在经济增长中每个社会阶层的福祉都能随着增长而增长，虽然各个社会阶层的福祉增长水平有所不同，但必须都能够有必要的增长。“大锅饭”没有前途，但过度福祉分化也会造成社会的不稳定。因此，为了保证各个社会阶层的福祉能够随着经济的增长而增长，就必须实行良好的税收制度与社会保障制度，实现初次分配强调效率，再分配更加注重公平的有效社会财富调节机制。

在市场经济条件下，人们因为自身的天赋（聪明程度、身体健康状况等）、家庭出身、地缘经济、机遇等原因，会在经济增长中有不同程度的利益收益，甚至有时同样的付出也会有不同的利益收益，因而社会必须要建立完善的基本保障制度，不能让任何成员因任何原因而落入贫困，消灭贫困是和谐性增长的底线，只要消灭贫困，社会就会保持应有的和谐。因此，消除贫困是和谐性经济增长的长期举措。

当务之急：化解与防范金融风险

2017 年 10 月中共十九大胜利召开，2018 年 3 月全国两会圆满举行，这两次会议基本上对未来一段时间中国经济的整体走势和宏观布局达成了一致共识。对于宏观经济走势的把握，一般来说要从两个方面进行，一方面是经济增长，也就是经济的增长点主要在哪里，另一方面是经济波动，也就是扰乱经济增长的因素是什么，经济风险在哪里。当前的决策层对于后者尤为关注，因为经济风险一旦爆发，中国经济就可能会出现 5 到 10 年的倒退，而且可能没有预案，这会严重影响全面建成小康社会和建设社会主义现代化强国目标的实现，识别与防范经济风险是当务之急。从我国宏观经济运行的现状来看，目前已基本达成共识，我国的经济风险主要存在于金融领域，金融风险是主要风险。过去很长一段时间，我们认为经济风险主要存在于增长领域，提出保增长、稳增长，甚至在 2008 年提出了“保八”的经济增长目标，但是对于未来一段时间风险的判断，我们认为主要存在于金融领域，2018 年“三大攻坚战”的第一大攻坚战就是防范化解重大风险，其主要指的就是金融风险。[①]

① 十九大报告：《决胜全面建成小康社会 夺取新时代中国特色社会主义伟大胜利》，2017 年 10 月 18 日。

防范金融风险是未来中国经济面临的重要课题，如何防范金融风险，结合我国经济实际和国际经验，我们认为当前中国经济的金融风险主要来自5个方面，分别为资产泡沫、外汇市场、债务问题、金融乱象和宏观政策波动，针对这5个方面，防范金融风险也主要有5个方向，即抑制资产泡沫、稳住外汇、稳住债务、治理金融乱象，以及控制好货币政策和宏观审慎政策，以下就将从这5个方面对我国的金融风险及其防范进行深入的分析。

抑制房地产资产泡沫

资产泡沫是指资产价格中不能被基本面因素解释的部分，资产价格脱离了其基本面而快速上涨，超出了资产的实际价值。中国统计的资产价格主要有两方面，一个是股票价格，另一个是房地产价格，这两者对应的分别是股市泡沫和房地产泡沫。抑制资产泡沫既要防止股价上涨太快，也要防止房价上涨太快，但是从中国当前的宏观经济实际出发，我国当前的资产泡沫主要集中在房地产领域，我们所讲的抑制资产泡沫就是抑制房地产泡沫。

我们预测未来三五年内中国的股市是个慢牛的过程，价格不会快速上涨而出现泡沫，主要有3个原因：

1. 现在的证券监管部门把监管作为第一要务。

内部交易、买壳、卖壳、资本大鳄的行为都极受关注，再加上大数据技术的发展，使得监管部门可以发现任何一笔交易的异常波动。

2. 监管部门对于场外配资进行严格限制。

股票市场之外主要有两大资金池，分别是银行和保险，现在对这两大资金池监控得十分到位，股票市场的需求得到有效控制。

3.IPO（首次公开募股）快速推进。

2017 年 A 股市场平均每周 IPO 数量超过 8 家，2018 年以来 IPO 速度有所放缓，但平均每周仍旧超过 2 家，IPO 的快速推进相当于股票供给的增加，这会抑制股票价格过快上涨。所以当前中国出现股市泡沫的可能性不大。

现在最受关注的是房地产泡沫。一般来说，房地产市场的需求包括 3 种，分别为刚性需求、投资需求和投机需求。其中刚性需求是指买房就是为了居住，而投资需求和投机需求则是房地产的投资属性和金融属性引出来的，其买房则分别是为了获取长期收益和短期收益。如果投资需求和投机需求太大，拉动房地产价格过快上涨，房地产供给会大大超过刚性需求，泡沫现象就产生了。[①] 在北京、上海、广州、深圳等一线城市和南京、合肥、苏州、厦门等部分二线城市，出现了房地产价格过快上涨的现象，就是由于投资需求和投机需求过热，房地产供给已经超过了刚性需求，没有刚性需求做支撑，这种房地产泡沫便非常脆弱，随时都有可能被刺破，而其一旦被刺破，将会对经济产生极其严重的冲击。

日本 20 世纪 90 年代房地产泡沫破灭所导致的经济危机为我们提供了深刻的教训和有益的启示。日本房地产泡沫的形成主要有 3 个方面的原因：1. 信贷宽松政策，1985 年日本基本完成了工业化

① 魏杰：《我国宏观经济与金融热点解析》，《财富监督》2017 年第 9 期。

和城市化，大量的资金无处安放，于是房地产市场成了好去处，住房抵押贷款发展迅猛，房地产投资和投机现象严重；2. 外资炒作，1985 年美国和日本签订《广场协议》，日元在协议生效后的 5 年内每年对美元升值 5%，大量外资开始涌入日本，股市和房地产成为主要去处，加剧了房地产泡沫；3. 日本修改《建筑法》，新《建筑法》允许拆掉旧房，建设新房，导致房屋供给大大增加，超过刚性需求，为房地产泡沫破灭埋下隐患。1991 年日本的房地产泡沫破灭，房价大跌，其后经济陷入了持久的低迷。日本房地产泡沫被刺破主要是由于：1. 央行紧缩银根。央行意识到泡沫持续扩大，对经济十分不利，1989 年规定将 2.5% 的官方贴现率在下一年提升到 6%，这导致市场流动性大大下降，随即股市崩溃，地价大跌，房地产市场崩溃。[①] 2.《广场协议》到期。《广场协议》到期，人们预期日元会贬值，大量外资流出，房地产市场过热的需求被削弱，房价随之下跌。3. 房产税的推行。日本的房产税加速了房地产泡沫的破灭。

从日本房地产泡沫形成与破灭的过程与后果中，我们可以看出，针对房地产泡沫，我们必须采取既要抑制又不主动刺破的原则，否则会导致金融风险的爆发，威胁到经济的发展。具体来说，我们有两种机制以应对当前的房地产泡沫，这两种机制是按其执行和起作用的期限来划分的，分别为中短期机制和长期机制。中短期机制包含两个方面的政策：第一是在房地产市场的需求方面，控制好投资需求和投机需求，持续实行限购限贷的政策；第二是在房

① 冯晶、王强：《日本和美国房地产市场泡沫比较分析及其对中国的启示》，《东岳论丛》2012 年第 12 期。

地产市场的供给方面，约束开发商的行为，实行资金约束和新房价约束，资金约束是指对房地产商开发房地产要有自有资金比例的要求，不能通过高杠杆来进行房地产开发，新房价约束是指对地价和房价的关系要有要求，通过对二者比例关系的限制来约束房地产商行为。长期机制包括共有产权、租售同权、调整一线城市空间布局、房产税等政策。雄安新区就是调整一线城市空间布局的典型，其作用在于疏解北京的非首都功能，一般来说，首都功能包括4个方面，分别为政治中心、文化中心、国际交流中心和科技创新中心，所以金融机构、教育机构、医疗机构和国企总部等不属于首都功能范围的都要陆续迁出北京，或者至少不能再在北京扩建，非首都功能的迁移，必定会伴随着人口的流动，控制好人口总量，房地产市场的需求也能相应得到很好的控制。[①] 未来长三角地区的空间布局、粤港澳大湾区的空间布局都有助于长期解决房地产泡沫问题。房产税也是目前讨论的热点，这是一种在长期紧缩房地产市场需求的政策，房地产税总归要出台，只是时间问题。通过中短期机制和长期机制，我们就可以在目前和未来抑制房地产市场泡沫，从而最终化解泡沫。

稳外汇防止金融风险爆发

外汇市场是金融风险集聚的重要领域，很多金融风险的爆发

---

① 李国平、宋昌耀：《雄安新区高质量发展的战略选择》,《改革》2018 年第 4 期。

就是外汇波动引起的，比如1997年亚洲金融风暴。我国的外汇从2015年开始波动，主要面临两个方面的压力，一是人民币贬值的压力，二是外汇储备量减少的压力。当前来看，人民币贬值的压力主要来自3个方面：一是美元的加息预期，2015年12月，美联储上调联邦基金利率25个基点至0.25%~0.5%的水平，从而开启了本轮加息的周期，其后于2016年、2017年分别加息1次和3次，2018年3月和6月分别再次加息，并且预计2018年全年可能还要加息2次，美元持续加息提高了持有美元资产的吸引力，这会导致我国资本外流加剧，人民币面临贬值压力；二是特朗普的减税政策，企业所得税税率从35%永久降至20%，企业海外利润一次性征税税率从35%降至21%，这种大力度的减税会直接导致美国资本回流和海外资本流入，这也是人民币贬值压力的来源；三是中美关税战，中美关税战会严重影响中国的出口，出口下降导致外汇市场的美元供给下降，人民币币值有下降的压力，另外，美国针对中国的高新技术领域加征关税，不利于高新技术产业的发展，也会影响经济的基本面。除了人民币贬值的压力，我国也面临着外汇储备量减少的压力，我国的外汇储备量在2014年6月达到峰值，总量接近4万亿美元，其后基本处于下降趋势，2017年2月外汇储备总量减少至接近3万亿美元，其后略有反弹。

国务院提出要稳住外汇，稳住外汇的目标有两个：一是人民币不能持续贬值，二是外汇储备不能持续减少。如果人民币持续贬值，外汇储备持续减少，一定会引发金融风险。为了稳住外汇，国家主要推行了3条政策：1. 外汇改革中已经放开的项目继续放开，尚未放开的项目暂停放开。我们的改革不能倒退，已经放开的项目不能回收，比如每人每年可以兑换 5 万美元或等额的其他货币，留学换汇凭借录取通知书或者学费证明则不受 5 万美元的额度限制，等等。对于个人来讲，有三大类海外投资基本叫停，分别为房地产海外投资、证券海外投资和投资类保险海外投资，现在基本暂停了海外购买不动产和股票的行为，允许购买消费型保险，但是不允许购买分红型保险。2. 支持技术类的海外并购，不支持非技术类的海外并购。国家支持在海外并购技术类的企业，比如芯片制造企业、半导体企业等，但是并购非技术类的企业会受到严格审查，比如房地产、酒店、足球俱乐部等，这就相当于对海外的投资并购进行严格界定与引导，倾向于技术类的投资并购。3.“一带一路”投资坚持使用人民币，不再动用外汇储备。“一带一路”是由中国主导的，我们有权利选择使用人民币进行结算，要推动人民币的国际化，这既有助于稳住外汇，也有助于我国在国际上掌握金融话语权。

通过以上 3 条政策，我国已基本稳住了外汇。第一，人民币没有持续贬值。从 2016 年年底至 2018 年年初，人民币整体处于升值的状态，美元兑人民币从 2016 年年底的 1∶6.9 减少至 2018 年年初的 1∶6.2，但是 2018 年以来，人民币略有贬值，截至 2018 年 6 月，美元兑人民币维持在 1∶6.4 左右，这主要是受美元的加息预期和特朗普减税的影响，我国的外汇政策将持续发挥抑制人民币贬值的作用。第二，外汇储备没有持续减少。我国的外汇储备在 2017 年 1 月达到最低点，总量低于 3 万亿美元，其后有所反弹，截至 2018 年 5 月，外汇储备超过 3.1 万亿美元，我国的外汇政策防止了外汇储备的持续减少。虽然我国当前已经稳住了外汇，但是美元加息预期、特朗普减税政策和中美关系等因素依旧扰乱着我国的外汇市场，构成外汇市场波动风险的因素，为了防止金融风险的爆发，我们依旧要坚持稳住外汇的政策导向。

极力避免因债务问题带来金融风险

债务问题是导致金融风险的重要因素，2008 年美国金融危机就是由于次级抵押贷款这一家庭债务引起的，所以也叫次贷危机，这给美国经济带来了重创，也通过国际贸易和国际投资两个渠道给世界其他国家的经济带来很大的冲击。我们要极力避免债务问题带来的金融风险，一般来说，按照债务人主体划分，我们将债务分为 3 种类型，分别为家庭债务、企业债务和政府债务，目前我国在这 3 种类型的债务上都存在一定问题，都需要着力进行解决。

家庭债务，也称为个人债务，是指债务人为个人或家庭的借债行为。一般认为，我国是国民储蓄率偏高的国家，这是传统文化和社会保障体系不健全导致的，大家偏好储蓄，而不愿过多消费，更不用说借钱消费，所以一直以来，我们认为我国的家庭债务并没有很大的问题。但是在 2017 年十九大召开期间，当时的央行行长周小川一再强调防止个人负债率上涨过快。从数据显示来看，2015 年我国家庭负债占 GDP 的比例为 39%，2016 年上升到 45%，2017 年上升到 49%，预计 2018 年会突破 50%。这么快的家庭负债的增长，主要来自住房贷款，随着房地产价格上涨，人们买房对贷款的依赖性越来越大，但这是一个非常不利的信号，美国 2008 年金融危机就是由于住房抵押贷款及其衍生品的过度繁荣，导致资金链断裂后，一发不可收拾。所以针对家庭负债的增长，我们要严格限制住房贷款，并且加强对住房抵押贷款衍生品创新的监管，抑制家庭负债膨胀的同时，缩短金融衍生品资金链的长度。

企业负债就是以企业为债务人的借款行为。我国的企业债务也是相当严重的问题，企业债务占 GDP 的 160% 以上。目前我国企业负债的主体不是民营企业，而是国有企业。我们虽然一直提倡国有企业与民营企业在市场竞争中处于公平地位，但由于国有企业长期以来有政府的信用担保，其融资面临着软约束，融资更为便利，所以国有企业有很大的融资激励和融资空间，这也是导致国有企业债务过高的原因。针对这一情况，目前提出的去杠杆的重中之重就是国有企业。目前国有企业去杠杆主要有 3 种手段：第一是混合所有制改革，典型代表是中国联通混改，中国联通通过混合所有制改革将其国有比例降低到 50% 以下，即使是丧失绝对控股权，也要将杠杆比例降下来；第二是破产重组，典型代表是东北特钢重组，这说明未来我们不再搞刚性兑付，国有企业借款没有政府做担保，国有企业也会借钱还不上，其融资空间会受影响；第三是选取一部分优质资产搞债转股，四大资产管理公司积累了丰富的债转股的经验，除此之外，银行和地方资产管理公司也加入了债转股的行列。2018 年国有企业降杠杆是重要任务，预计 3 年完成，即 2018 年、2019 年和 2020 年要确定完成。

政府债务是以中央政府和地方政府为债务人的借款行为。2017

年我国政府债务，包括中央政府债务和地方政府债务，占 GDP 的比重为36%，并不是很高的比重，我国的政府债务并不是很大的问题，但是潜在的政府债务要远远高于这个数字。我国的中央政府预算一直坚持赤字不超过 GDP 总量 3% 的原则，2018 年赤字占 GDP 的比例为 2.6%，这个原则使得我国的中央政府债务没有严重的问题，我国的潜在政府债务问题主要体现在地方政府上。2015 年之前地方政府主要通过地方融资平台进行融资，这种融资名义上体现为企业债务，实际上是政府债务，我们称之为潜在政府债务，但是 2015 年之后地方融资平台被叫停了，2016 年之后，又出现了两种新形式的潜在地方政府债务。第一是公共产品生产中的回购问题，有些公共产品可能是 20 年前生产的，但采取的是 PPP（3P，政府和社会资本合作）形式，部分是需要政府回购的，这就构成了政府潜在的债务负担；第二是政府产业引导基金，政府产业引导基金需要地方财政出资，有些甚至是向银行贷款出资，这就成了地方政府的潜在债务，目前政府产业引导基金规模已经超过了 2.3 万亿元。目前已经把地方政府债务问题放到了至关重要的地位，提出了终身追责机制，基础设施建设不能“寅吃卯粮”，继续扩大潜在政府债务。

我国的家庭债务、企业债务和政府债务 3 种类型的债务共占 GDP 的比重为 250%，杠杆率相当高，而在几种债务类型中，企业债务尤其是国有企业债务问题首当其冲，这是问题的当务之急，同时也需要防止家庭债务过快上涨，抑制潜在地方政府债务。

治理金融乱象

金融乱象在不断扰乱金融市场，如果处理不当，将会引发金融风险。目前金融乱象主要由两方面因素导致，一方面是改革引起的金融乱象，改革本身的方向是正确的，但是配套措施不足，从而引发金融市场混乱，另一方面是新技术引起的金融乱象，新技术进入金融领域，产生了很多乱象。

改革引起金融乱象，并不是说改革本身是不对的，而主要是由于配套措施跟不上，典型的代表就是放开非银行金融机构。如果银行在整个金融系统所占比例过大，间接融资所占比例过高，整个社会的杠杆率就容易升高，为了解决这个问题，国家倡导放开非银行金融机构，包括各类投资公司、基金、保险公司等，但是相关的准入条件、法律法规和监管政策并没有跟上，导致乱象丛生。首先，放开各类投资公司，但是却没有严格的准入条件，有些公司只是名义上注册了公司，租住了店面，骗取资金后携款潜逃，尤其是以高利率来骗取投资，比如在银行定期存款年利率不到 3% 的情况下，一些 P2P（个人对个人网络借款）平台却给出了 10% 以上，甚至 20% 以上的收益率承诺，事实证明这些商业模式是不可持续的，最终引发大量的“庞氏骗局”，e 租宝案的惨淡收场就是此类骗局的典型案例。其次，对基金公司资金的来源监管不到位，导致一些“空手套白狼”的现象发生，一些基金公司通过银行借款进行投资，把银行的债权变成自己的股权，甚至去收购上市公司，并将股票质押，再去银行借款，这种商业模式也是不可持续的，2018 年将开始清理。还有，保险公司的问题，股票市场之外的两大资金池，一个是银行，一个是保险，我国的银行已经处于相当成熟的状态，但是保险这个资金池的发展尚不成熟，对其监管也不到位，于是一些保险公司开始利用保险资金进行虚假注资，转移保险资金至空壳公司等，安邦保险被接管就是由于这个原因。所以说，改革本身并没有错，只是由于配套的法律法规和监管措施没有跟上，而导致了金融乱象的产生，下一步就是要严格清理这些问题。

新技术引起金融乱象，也并不是新技术本身的问题，而是新技术被不恰当地运用，比如区块链技术的运用，应运而生的比特币和ICO（首次代币发行）等。区块链技术是一种计算机科学技术，其核心是去中心化，通过大量冗余数据的存储，以达到去中心化的目的，相对于人工智能对生产力的变革，区块链更像是对生产关系的变革，其对于未来经济的发展可能起到推动作用。但是基于区块链技术的比特币，是要将货币去中心化，这存在着巨大的问题：首先，比特币的数量不以实体经济的发展为转移，随着物质财富的扩大，其面临的通货紧缩问题无法克服；其次，有其他数字货币源源不断产生，比如莱特币、以太币、瑞波币等，比特币不能维持自己的独特性，其价值必然被不断出现的新的数字货币稀释，直至没有价值；再次，比特币的价值十分不稳定，不具有成为一种货币的基础，目前来看其投资属性大于货币属性；最后，比特币的去中心化将会让货币政策失效，而我们知道货币政策对于宏观经济的重要性。所以，我们认为比特币并不具有取代现行货币的基础，甚至不能成为货币的补充，充其量只是资本市场的高科技游戏。ICO是募集资金，相对于IPO出让股权来募集资金，ICO是出让初始产生的加密数字货币来募集资金，由于其基于区块链技术，具有去中心化的特征，ICO并没有严格的政府监管，这导致借ICO进行融资的活动大量涌现，投资炒作盛行，并涉嫌从事非法集资活动，所以2017年9月中国人民银行等七部委联合发布《关于防范代币发行融资风险的公告》，全面叫停了ICO。新技术的发展会带来金融创新层出不穷，监管规则的出台肯定具有滞后性，这是未来我们需要防范的问题。

目前来看，金融乱象主要就是由于改革的配套措施没有跟上和新技术带来的金融创新引起的，这个如果没有处理好，将会严重扰乱金融市场秩序，引发资本市场“劣币驱逐良币”的现象，资本配置扭曲，所以未来要做好改革的配套措施，加强对金融创新的监管。

控制好货币政策和宏观审慎政策

十九大报告中提出要健全货币政策和宏观审慎政策双支柱调控框架，货币政策和宏观审慎政策是防范金融风险的重要宏观经济调节手段，如果这两个政策没有控制好，也将会成为引发金融风险的重要因素。

第一，控制好货币政策。

现在的货币政策目标是稳健中性的货币政策。过去，由于我们长期实行宽松的货币政策，货币供应量持续增加，2002年年末我国的货币供应量只有18万亿，2017年年末货币供应量达到167万亿，年均增长15.8%，而同期GDP年均增长13.7%，M2（广义货币）与GDP的比例由2002年年末的1.54增加至2017年年末的2.03。宽松的货币政策为经济发展提供了充足的货币供应量，刺激了经济在短期内的快速增长，但是宽松的货币政策在短期内有刺激投资、增加产出的作用，长期却只有通货膨胀效应，也就是说依赖于货币政策的刺激是不可持续的。在宽松货币政策刺激下，我们维持了高负债、高增长的模式，其实在这个过程中风险已经在积累，现在这个模式已经不可持续了，我们转向了稳健中性的货币政策，2017年年末M2增速为8.2%，比上年同期降了3.1个百分点，未来这个比例可能还会继续下降。市场中一些主体已经开始反映“钱荒”的问题，资金紧张，但是即使如此，货币政策应该也不会松动，否则金融风险就会进一步加剧，所以稳健中性的货币政策要控制好。

第二，宏观审慎政策。

宏观审慎政策的理论基础来源于一位西方非主流经济学家明斯基，他于1986年出版著作《稳住不稳定的经济》，其中就提及宏观审慎的理论，但是在当时并未为人所注意，直到2008年美国次贷危机爆发，其思想的正确性和实用性才被人们重视。宏观审慎政策主要强调两个要点：一是顺周期理论。经济发展在顺周期时，人们往往会忽视风险，不断借债加杠杆，盲目扩张，整个社会的杠杆率非常高，最终会导致全面性的资金链断裂，资不抵债，资产价值崩溃，金融危机爆发，这样的时间点被称为“明斯基时刻”，而那些在顺周期时为我们所忽视的，但最终引发严重影响的风险被称为“灰犀牛”。改革开放以来，我国经历了40年的高速发展，40年的顺周期集聚了大量的风险，现在经济中的杠杆率非常高，尤其是国企的杠杆率，我们当前要集中力量去杠杆，防止“明斯基时刻”的到来。二是防止市场之间的“传染病”。不同的市场之间是相互关联的，当一个市场领域出现问题，就会通过很多渠道传染到其他市场，比如上下游企业的关系、资本市场与实体经济的关系、资金链上的关联等，如果各个市场的关联程度过高，那么一旦某个市场出现问题，将会导致整个市场的整体性波动，对经济造成严重的冲击，这是我们要极力避免的现象，所以需要在各个市场之间进行“隔断”。比如，如果房地产泡沫破灭，其很快会传染给银行，所以需要对房地产公司的土地使用权质押贷款和居民的房地产质押贷款做出新的规定，降低抵押贷款的比例，这样房价一旦暴跌，便不会传染给银行。股票市场也是这样，2018年3月实施的《股票质押式回购交易及登记结算业务办法》规定单只股票整体质押比例不超过50%，且单一证券公司、单一资管产品接受单只股票质押比例分别不得超过30%、15%，就是为了防止金融市场波动的传染性。所以，控制好宏观审慎政策有两方面的要求，一是在顺周期时不能盲目扩张，要控制好杠杆；二是不同市场之间要进行“隔断”，防止关联性过强，由某一市场波动导致“牵一发而动全身”的风险。

从我国当前的经济来看，控制好货币政策就是实行稳健中性的货币政策，控制好宏观审慎政策就是在顺周期时控制好杠杆，尤其是做好国有企业去杠杆工作，并且减弱市场之间的关联性和同步性，防止因某一领域的风险造成系统性金融风险。

总体来说，防范当前中国经济的金融风险，主要是做到抑制资产泡沫、稳住外汇、稳住债务、治理金融乱象，以及控制好货币政策和宏观审慎政策，做到以上五条，基本可以保证不会发生系统性金融风险。我们在强调防范金融风险的同时，也要强调另外两件事。

1. 继续推进金融改革。

包括银行改革，推进利率市场化，完善银行的公司治理，放开民营银行等；放开非银行金融机构，包括各类投资公司、基金和保险公司等；外汇改革，推动汇率市场化和外汇买卖自由化；资本市场改革，建立多层次资本市场；扩大金融开放，允许国外资本控股本国金融机构等。

2. 根据经济波动，适时纠正防范金融风险的政策。

任何政策的推行都是“双刃剑”，既有其有利的一面，也有其不利的一面，政策执行过程中要根据现实经济的波动进行变通，比如一旦市场流动性过紧，造成了严重的经济损害，央行就需要采取适度宽松的货币政策，保证其流动性。所以说，我们在执行好防范金融风险政策的同时，也要继续推进金融改革，并且适时纠正防范金融风险的政策，这是避免系统性金融风险、促进经济健康发展的必要之策。

（本文是作者在2018年1月20日在北大后E论坛上的讲话录音整理稿。）

第二部分

中国经济进入
全面调整期

（2018—2020年）

中国经济处在调整期而非衰退期

很高兴与大家一起讨论2018年的中国经济，并从2018年来看中国未来几年的经济走势。大家知道，中国经济目前出现了一些较为复杂的情况，因而对中国经济要做出正确的预期与判断，这涉及我国决策的准确性。

6个现象导致经济下行压力较大

对于这个问题的讨论，首先要从现在中国经济的6个现象开始。自2018年3月开始，中国社会生活出现了6个很严重的现象。

第一，中小企业压力很大。

既有成本方面的压力，也有资金方面的压力。当然，反应最强烈的还是实体经济的压力，大部分企业都在反映企业非常难做。

第二，企业债务违约的情况越来越严重。

不少企业因为资金链断裂，到期无法还债，债务违约的情况非常严重。一开始是国有企业，后来发展到民营企业，最后是上市公司，竟然连上市公司债务违约的情况都非常多。这样一来，似乎债务链条的断裂成为越来越严重的趋势。

第三，非银行金融机构陆续出现了爆雷。

尤其是这些年形成的所谓新的金融业态，如互联网金融公司等，可以说，大量出现问题，尤其是这方面发展较快的城市，在7月份受影响较大。

第四，股市出现非理性下滑。

原来我们估计经济增长放缓可能影响到股市下跌300个点左右，跌到2 800点，结果没想到中美关税问题又使股市发生了300个点的下跌，跌到了2 500点左右，可以说，股市出现了非理性下跌。

第五，投资人比较恐慌。

因为企业经营困难、利息低、股市跌、房价不稳等现象，人们不知道什么是安全性资产了，大家不清楚什么资产最安全，找不到安全性资产。也就是说，投资人之所以非常恐慌，就是因为不知道什么资产最安全，因为安全性资产就像一个衡量器的秤砣一样，一旦没有它的话，整个度量衡就失衡了，因而压力非常大。

第六，恐慌舆论导向的影响。

有关中国经济的各种传言及现象使得人们感到很迷茫，预期并不好。不知道中国往哪个方向走，非常迷茫，迷茫的现象到了10月之后便更加严重，有关移民之类的讨论，再度甚嚣尘上。

总之，从2018年3月开始出现的这6种社会经济现象，充分表明人们总体上对中国经济的未来不是太看好。预期是影响经济发展的重要因素，预期低下必然会导致经济下行的压力很大。

为什么会出现上述这 6 种现象，为什么人们总体上对未来预期不好？我们对此做了认真分析，分析的结果如下。

第一，中国经济的增长动力没有出问题。

无论从哪方面的指标来说，中国社会经济的增长动力都没有出什么问题。例如，中国人致富的欲望仍然很强烈，经济发展的动力还在，而且整个社会的致富冲动都很强劲。尤其越到基层，这种动力越强烈。也就是说，中国经济增长的动力还存在，人们对效益的追求，对美好生活向往的动力仍然很强劲。应该说，中国城市化与工业化还没有完成，由此产生的经济拉动仍然很强大，中国经济增长的底气还在。

第二，市场没有出现什么问题。

中国仍然是世界最大的单体市场之一，人口接近 14 亿，中产阶级达 4 亿多，而且比重还在提高，由此形成的市场需求强劲，没有出现所谓消费降级的情况。消费降级这个观点没有证据，有人仅仅因为榨菜卖多了，方便面卖多了就认为消费降级，没有证据支持，中国仍然是市场需求非常大的一个国家。4 亿多中产阶层的多元化需求，仍然支持着需求强劲的中国市场。

第三，中国仍然是联合国公布的工业门类最齐全的国家。

按照联合国公布的工业门类，中国应该是最齐全的国家。没有出现因为劳动力成本上升而使一些制造业离开中国，最起码没有普遍出现这个现象。最典型的是东莞，东莞是中国最重要的家具制造地之一，我们发现家具企业仍然存在，他们通过自我调整消化了劳动力上升所带来的压力，所以中国工业门类仍然很齐全，零部件配套仍然很健全，这个没有发生变化。

第四，中国仍然是世界上交通设施最便利的国家之一，而且会越来越好。

这对物流，对产品突破运输压力有很大的好处，可以说，就是与一些发达国家相比，中国也仍然是交通设施最方便、最便捷的国家。物流便利化会助推经济的发展。

第五，最高决策层没有改变改革开放总趋向的意图。

虽然社会上有各种各样的说法，甚至有些“左”的传言很多，诸如什么民营经济离场论等论调传得神乎其神，但最高决策层没有任何要改变中国改革开放趋势的意图，没有任何证据说明他们有这个意图。

根据上述分析，我们认为中国经济的基本面没有出什么问题。既然基本面没有出问题，为什么会出现上述这 6 个现象？我们的分析结果表明，主要是 5 件事撞在了一起。这 5 件事，每一件都有负面因素，单个出现的话，对经济的影响不会太大，但 5 件事撞在一起之后就出现了巨大的负面效果，即负面效应叠加。也就是说，这 5 件事中的每件所带来的负面因素叠加在一起，对经济产生了巨大的负面影响，其结果是带来的麻烦就大了一点，经济下行压力较大，人们有些恐慌与迷茫。也就是说，出现了负面效应叠加的冲击，负面效应叠加导致了上述6种现象的产生。

5件事导致负面效应叠加

第一，我们正在防范金融风险。

防范金融风险出台了很多政策，比如去杠杆，控制房地产，治理金融乱象等，这些做法都是对的，但我们要看到，这些做法都有双刃剑的作用，因而在实现防范金融风险的同时，都带来了一些负面效应。例如这些防范金融风险的政策导致企业资金链压力比较大，甚至有些企业出现资金链断裂。尤其是那些高负债、高增长的企业基本上就没法生存了，而它们和正常企业又有着各种各样的联系，这种关联导致正常负债的一些企业也没法运转了。大家知道，中国是一个长期靠高负债运转的国家，直接融资占的比例很小，企业基本上靠债务进行运作，可以说几十年都是这么走过来的。现在突然要去杠杆，要收缩债务，有的企业就无法适应了。

防范金融风险这件事是对的，问题是它所带来的负面效应也同时显现出来了。从经济学来讲，任何政策都是双刃剑，所以防范金融风险导致了一个重要压力，就是企业资金紧张情况比较严重。债务违约，资金链断裂，再加上操作中的一些粗暴的做法，例如盲目借贷等，结果使得情况更加严重。

第二，我们正在推进供给侧结构性改革。

供给侧结构性改革实际上就是结构调整。经济学界把人们的经济活动分为需求侧、供给侧。需求侧，包括投资需求、消费需求、出口等，这是需求侧。供给侧就是指生产侧，供给侧结构就是指产业结构，所以供给侧结构调整就是在调整产业结构，产业结构调整首先涉及支柱性产业的调整。支柱性产业，就是指对增长贡献排在前几位的产业。我国原有的支柱性产业像传统制造业、建筑业、房地产产业等已经很难继续支持中国经济的增长了，因为它们陆续都出了问题。例如传统制造业严重产能过剩，我们提出去产能化；房地产泡沫正在形成，我们得抑制资产泡沫。这些产业虽然还会存在，但不能作为支柱性产业继续存在，要逐渐转为一般性产业。但是一个国家一定时期总是要有支柱性产业。因此中国需要新的支持增长的产业。

既然原有的支柱性产业无法支持中国经济的增长，那么哪些产业会成为支持我们经济增长的支柱性产业？我们提出了三大产业，一是战略性新兴产业，像新能源、新材料、生物工程、信息技术和移动互联网、节能环保、新能源汽车、人工智能、高端装备制造等。二是服务业，服务业将会成为重要的支持中国经济增长的产业。消费服务业、商务服务业、生产服务业、精神服务业等。三是现代制造业，像航天制造与航空器制造、高铁装备制造、数控机床制造、核电装备制造、特高压输变电的装备制造、现代船舶及海洋装备制造等，都会支持中国经济增长。

我们认识到这三大产业将会成为支持中国经济增长的支柱性产

业，所以正在推动结构调整。但调整需要有一个过程，目前正处于调整的一个空档期，即：原有传统的支柱性产业贡献急速下降，而新的支柱性产业还没有起来，或者正在成长，还没有形成那么大的力量，从而出现了结构调整的空档期。这种空档期带来的负面影响就是增长回落的压力很大，增长稳不住，经济增速一直往下走。所以结构调整的空档期带来的负面效应，就是增长的回落压力很大，导致人们对未来的判断出现预期不太明确的现象。这是第二件事所带来的负面影响，即结构调整空档期导致增长速度回落压力比较大，人们有些茫然。

第三，中国正在进行新旧动能转换。

所谓新旧动能转换，就是指原来支持中国增长的主要是成本优势，但现在成本优势已经消失了，我们需要新的支持增长的动力。按道理讲，成本优势消失后应该由技术优势递补上来，也就是说，成本优势消失之后，要求技术优势能够很快成长起来，从而保证中国经济的持续增长。但现在的问题是技术优势的形成需要一个过程，技术创新不是一朝一夕的事，技术创新不可能很快形成新的增长动力，这就出现了所谓新旧动能转换的空档期。也就是说，原有的成本优势在丧失，而新的技术优势还没有出来，从而导致增长回落的压力比较大。新旧动能转换过程中出现的这种空档期，它的负面效应就是经济增长回落压力比较大，从而导致人们的预期似乎不是太好。

第四，中国正在搞生态文明改革。

大家知道十九大报告和过去相比最大的不同点，就是提出了“五大改革”，经济、政治、文化、社会、生态。生态文明改革现在成了改革的“五大任务”之一，这说明我们正在推动生态文明的改革。生态文明改革无非两件事，一件事是要解决工业化、城市化过程中废水、废气的排放及固体垃圾的处理，这就要求提高企业的排放标准，因为环境水准提高必然要求企业提高排放标准，废水、废气、垃圾的排放标准都要提高。另外一件事，是生态环境的修复。生态环境修复对企业当然提出了很高的要求，比如长江经济带，3 千米之内一律不准建工商类企业，过去建了怎么办，当然只能搬迁。我们在大江、大湖、大山、大海旁修建了许多工厂，现在必须搬迁。这无疑增加了企业的经营压力。总之，企业生态文明改革的压力很大，再加上我们在执法过程中有些粗暴，从而导致不少企业关门停产，这必然使得增长速度回落，增长压力非常大。生态文明改革导致企业无论是排放标准提高，还是搬迁，都会影响到现在的经济增长，从而出现经济增长速度回落压力比较大。

过去我们实际上是生态和环境为发展让路，只要有发展，别的都好办，发展是硬道理，现在是发展要为生态环境让路。原来只要发展都好办，对环境生态的影响并不受重视。现在大家看到国家已经明确要求发展必须为生态环境让路，保护生态环境是硬道理。原来一提大力发展长江经济带，大家以为要大开发，结果最后提出主要是保护，3 千米之内一律不准建工商类企业，建了的都要搬，都要迁，其结果当然是经济增长回落，从而使得增长回落的压力比较大。过去我们要发展，现在要生态环境，这当然会使增长受到影响。

据新闻媒体报道，我们在银川的一个制药企业，它是许多制药企业的原料生产方，但因为生态问题被关掉了，结果导致以它的产品为原料的企业也遇到了问题。我专门去考察了。我一看就明白了，这涉及你到底想要什么，要增长就可以继续生产，要环境就得关掉。我们国家的大山的走势都是东西走向，只有一个是南北走向的，就是贺兰山，它挡住了沙漠，形成了银川平原，如果对环境放任不管的话，这个平原要不了多长时间就会消失。总之，我们要什么得搞清楚。现在很明显是要环境要生态，这样当然会在一段时间里导致增长速度回落、压力比较大。生态文明改革的负面效应就是短期内会影响增长。

第五，处理中美贸易关系。

美国正处于经济上行期，对于近期中美贸易关系的变化，美国对中国出口美国产品加关税，引起了中国的反制，导致中美之间的关税摩擦。原来我们判断对中国的经济增长影响并不是太大，结果没有想到对人们的心理影响非常大，从而导致对经济增长的影响非常大。按道理来讲，我们计算过，若 10 年前中美贸易发生如今的变化，我们估计很难应对。2007 年，我国当时的增长方式是出口导向型增长方式，2007 年 GDP 总量是 27 万亿人民币，出口是 9 万亿人民币，进口是 5 万亿人民币。出口在 GDP 所占的比例差不多能达到 30% 以上，顺差额占 GDP 的 11.3%，这两个数据表明中国是出口导向型国家。尤其是我们这种出口导向型战略的依赖国就是美国。后来2008年爆发了一场世界金融危机，这场危机使得中国清醒地认识到，像中国这么大经济体量的国家，不能把出口作为导向来发展经济，中国必须调整战略，走向内需拉动型增长方式。

我国自2008年开始转型，10年间成效显著。2017年我国的GDP总量是82万亿，出口15万亿，进口13万亿，出口占GDP总量的比例下降到15%左右，从30%下降到15%，下降了一半；顺差额在出口中所占的比重从11.3%下降到1.3%，这两个数据表明中国的增长方式确实调整过来了。我们计算了一下，假使美国一分钱也不让中国对美国出口了，对我们增长的影响大约是0.2~0.5个百分点，这个我们能消化得了。但没想到这件事对我们的心理影响非常大，例如只要美国前一天宣布加税，第二天中国股市就一定大跌，股民老问我，为什么受伤的总是我们，我们又没有出口，上市公司的出口量也不大，怎么老是影响股市？因为心理问题，股市是受心理影响最大的市场。

这种心理影响几乎导致对我们整个经济影响都较大。因为40年来中美经济关系一直比较平稳，虽然有过反复，但合作是主流，现在突然出现这个问题，人们对未来无法判断，很担心中美会不会走向冷战。要真走向冷战的话，中国经济当然就很麻烦了，所以心理影响非常大，人们很迷茫，预期比较差。

总之，上述的这5件事，每件事都有负面效应存在，这些负面效应单个出现的话好办，对我们的影响并没有太大的杀伤力，但结果是5件事撞在了一起，负面效应也撞在了一起，就出现了经济学经常讲的一个概念，即负面效应叠加。它无限地放大了负面的影响力，从而导致中国经济从2018年3月到现在出现了增长下行压力极大的趋势，对我们的杀伤力巨大。

我们从上述分析可以得出结论，中国经济并没有进入衰退期，而是进入了调整期，要根据新的情况进行调整，这是一个重要的判断。因为从基本面上看，我国并没有进入衰退期，增长压力大的原因是5件事撞在了一起，出现了负面效应叠加，这标志中国经济实际上进入了调整期。我们估计调整期最少需要3年时间，2018年、2019年、2020年，需要3年的调整才能进入高质量发展阶段。高质量发展阶段不是口号，要真正转向高质量化增长，这3年将是调整期。调整期把这些负面的效应逐一解决之后，中国经济才能进入我们所期盼的高质量增长阶段。

调整期要做的3件事

如上所述，中国经济实际上并没有进入衰退期，而是进入了调整期。怎么调整？经讨论逐渐形成共识，我们认为大致要做好3件事。

稳金融

金融必须稳定，金融不能出现大起大落，所以调整期的第一件事是稳金融。大家知道一旦金融稳不住的话，调整期就很难度过。应该看到，近几十年来，经济危机大都表现为金融危机。原因是实体经济的发展是要靠金融支持的，金融一旦出现大起大落的话，整个经济就会大动荡。因此，若金融稳不住，可能这个调整期就会出现混乱，所以调整期要做的第一件事就是稳金融，金融必须稳住。

怎么样稳金融呢？要做好以下 5 件事。

第一，控制好货币政策。

金融的核心是货币，因而一定要控制好货币政策。控制好货币政策的目标就是一方面要防范金融风险，另一方面要保持增长对货币的需要，这两个方面必须结合在一起。从这个角度来看，控制好货币政策有 3 个关键要点。

1. 坚持中性稳健的货币政策。如果货币政策再次走向宽松的话，那么金融风险就一定会爆发，不用质疑，一定会给我们再次形成金融风险的巨大压力，所以还得保持货币政策的中性稳健。保持中性稳健的一个重要的指标，就是货币供应量的增长速度要控制好。大家知道，货币供应量的增长速度可以简单地理解为生产货币的速度、货币发行的速度。因而这个数据必须控制好，因为这个数据反映了货币发行的情况。具体来说，中性稳健的货币政策的一个重要指标，就是货币供应量的增长速度必须与经济增速保持平衡才行，按照经济学原理来讲，GDP 增长速度加上通胀率，再加一个参数应该就是货币供应量的增长速度。从这一条来看，我们近期基本上控制好了，2018 年 9 月货币增长速度 8.3%，大家知道我们过去十几年这个数据都是在两位数以上，年平均 17% 左右，现在已经控制到个位数了，8.3%，那就是 GDP 6.5% 再加上通胀率 2%，再加一个调整参数，就是它应该有的数据。一定要保证这个数据处于中性稳健，这个数据控制不好的话，金融风险压力会很大，因此，控制好货币政策的第一个要点就是保持货币政策中性稳健。

2. 保证流动性能够满足经济增长的需要。从金融与实体经济的关系来看，企业生产经营活动的流动性必须能被满足，这叫流动性充足。从这一条看来，央行最近一直在调整，要保证流动性充足。怎么办呢？要动用很多货币政策工具，比如降准、公开市场业务等工具都要有效使用。2018 年降准好几次，前几天央行又是逆回购 1 500 亿，等于向市场又释放了 1 500 亿流动性。总之，货币政策的一个重点，就是要保证流动性的充足，最近央行陆续调整货币政策工具的目的就是保证企业对资金的正常需求，实现流动性充足，这一条现在看来能够保持住。

3. 货币政策传导机制必须顺畅。传导机制必须顺畅，比如货币政策要支持实体经济，支持民营经济，这是确定的目标，货币政策必须支持。货币政策意图怎么能够传导出去？这就要求保证货币政策的传导机制必须顺畅才行。比如最近为了支持民营经济，对银行的考核增加了一个新指标，就是比例控制。假定今年放贷 100 亿，必须保证 40% 贷向民营经济，有严格的考核指标。过去是口号，现在就是指标控制了，这就能够保证资金顺畅地流向民营经济。从现实状况来看，我们为了保证货币政策传导机制顺畅，就要做一些机制调整，目前调整最大的就是对银行贷款结构性进行比例控制，例如今年贷出去多少资金，有多少流向民营经济，要有数量要求。银保监会主席郭树清同志最近讲了，大银行最起码三分之一的贷款要流向民营经济，中小银行三分之二的贷款必须流向民营经济，5 年后达到 50% 流向民营经济。这就是结构控制。这一控制能够保证货币政策传导机制顺畅。过去老讲支持民营经济，支持不了的原因就是因为传导机制有问题，传导不下去，现在必须使传导机制顺畅。再例如，现在为了支持实体经济，也要规定一下贷款比例，比如 100 亿贷款，其中 90 亿必须流向实体经济，非实体经济是 10%，这才能叫支持实体经济。总之，对所有银行要用新的考核指标，新考核指标要达到一个重要的结果，就是传导机制顺畅——支持实体经济，支持民营经济。最近正在做调整，我估计过段时间后大家会普遍感觉到实体经济与民营经济确实得到支持了，因为传导机制做了调整，货币政策意图要顺畅地传导下去。

总之，我们做的稳金融的第一件事，就是要控制好货币政策，主要是这 3 个点。坚持中性稳健的货币政策；保证流动性充足，能够满足企业对资金的需求；传导机制顺畅，能够实现既定目标，比如要支持实体经济，支持民营经济。这就是稳金融要做的第一件事，控制好货币政策。控制好货币政策主要有 3 个点：保持货币政策中性稳健；保证流动性充足；保证传导机制顺畅。这 3 条如果调整好的话，我们便能够实现稳金融的目的，这就是所谓稳金融要做的第一件事。

第二，调整去杠杆政策。

去杠杆政策没有错，因为我们杠杆确实很高。按照 2018 年第一季度公布的数据，政府负债占 GDP 总量的 36.2%，这个数据偏低。偏低的原因不是弄虚作假，是因为有些政府负债没有统计进来，划到企业负债里了，例如开发区负债及地方融资平台负债，实际上是政府欠债，但因为负债的主体是企业，所以划到企业负债中了。二是企业负债是 GDP 总量的 159%，这个数字偏高，企业负债没有这么多。高的原因是把两种政府负债划到企业负债里了，一个是开发区负债，一个是地方融资平台负债。将政府负债划入企业的原因是借债主体的性质确实是企业，如果去掉的话，企业真正负债是 GDP 总量 130% 左右，没有统计的那么高。三是个人负债占 GDP 总量的 55.8%，大家知道，2015 年年底我国个人负债是 GDP 总量的 30%，2016 年和 2017 年这两年急速上涨，现在到了 55.8%。个人负债里主要是房贷和车贷，城市主要是房贷，农村主要是车贷，这两者导致个人负债的上升太快。虽然没有达到红色警戒线，但是上升太快。这 3 种债务加起来，使整个社会负债占 GDP 总量的 250%，确实太高。有学者计算，当宏观负债上升到 GDP 总量的 270% 时，我国就会引爆一场严重的金融风险。因此 2018 年年初我们开始去杠杆，就是要降负债率。

从 2018 年上半年的经验和教训来看，去杠杆政策似乎有点太猛烈了，而且搞了个一刀切。结果是企业资金链紧张，甚至断裂，出现了大量债务现象，影响到经济的正常运行。因此，7 月 31 日那一次政治局会议就提出要调整去杠杆政策，主要有两个调整。

1. 控制好去杠杆的力度。力度不宜太大。去杠杆不能太猛，太猛的话企业受不了，要控制好力度。多大的力度控制叫控制好力度，具体是什么意思，谁也没有正式讲过。到底降负债率具体降多少，才能称为控制好力度，谁也不清楚。我查了一下相关决策部门的信息，体会到所谓控制好力度，并不是指要在今年把杠杆降到正常水平，而是用 3—5 年的时间，先把杠杆率从 250% 降到 200%，200% 还是较高，三五年之后再继续降，再用两年时间降到正常水平，用七八年的时间才能把负债率降到正常水平。如果前 3 年从 250% 降到 200% 的话，去杠杆大约为 40 万亿，一年为 13 万亿左右。13 万亿左右，企业承受得起，问题应该不会太大。这样一来，在力度上调整之后，大致就会保证既能防范金融风险，又能保证企业资金链不会断裂，保证企业对资金的正常需求。

2. 要结构性去杠杆。这就是指不再搞一刀切了，例如民营经济杠杆率本来就不高，对他们就不要再讲所谓的去杠杆了。结构性去杠杆，谁的杠杆高就去谁的杠杆。杠杆率高主要有两个重点，一个是国有企业，一个是地方政府，这两个的杠杆率确实有点高。国有企业去杠杆和地方政府去杠杆成了结构性去杠杆的重点，国有企业去杠杆，我看了一下，2018 年上半年大致上通过两条办法把国有企业新增杠杆控制住了，就是新一轮负债已经被控制住了。国务院发了一个严格的文件，所有国有企业负债必须要达到应有的标准才行，从央企开始。文件很严格，阻止了负债继续上升。另外一条就是提出来，我们不再搞刚性兑付了，国有企业债务，国家不再托底。过去是国家都赔，叫刚性兑付，因而人们认为给国有企业借钱没有问题，最后都能还回来，因为有国家托底。2018年上半年正式提出国家不再托底了，都是有限责任，所以给国有企业借钱，买国有企业债券都要悠着点，钱有可能就回不来了。现在不少国有企业最后处理过度负债的办法都是破产重组，因而好多钱等于打了水漂，回不来了，国家不再搞刚性兑付了。严格上讲，现在根本没有所谓的保本理财项目，因为都是有限责任。这种调整就导致国有企业新增负债速度已经被控制住了，现在是存量怎么办的问题，过去借的怎么办。对此，后来定了一个思路，就是国有企业债务存量的解决，也就是旧负债的解决要和国有企业改革结合起来。怎么结合呢？国有企业改革2018年有两个重点，一是确定主业，主业确定之后，非主业资产必须卖掉，必须变现。变现的钱不能用于新增投资，必须用来还债，通过非主业资产变现来还债。国企改革的第二个重点就是混合经济改革，要大规模推动混合经济，要大量吸纳非国有资本进入国有企业，这等于增加了国有企业的资本金比例。资本金份额做大了，债务份额做下来，等于债权变股权。最成功的就是联通混改，联通混改的一个重要结果，就是把联通负债降下来了。怎么降下来的呢？是以国家放弃对联通的绝对控制权为代价降下来的，国家对联通没有绝对控股权了，因为非国有股份已经超过国有股份了，但通过混改把负债降下来。国企改革的推进，使得国有企业存量负债似乎有了不少回落。

另外一个是地方政府负债。对地方政府负责，现在已经把新增债务控制住了，2018年上半年“三条办法”很严厉。第一条办法是把开发区负债全部掐断了，一律不准开发区贷款。开发区负债是地方政府负债的重要通道，2018年上半年彻底掐断了，银行一律不准贷。我估计2019年开发区基本熄火了，原来就是靠贷款运作，一下被掐断了。二是清理PPP项目。地方政府现在负债的重要通道是3P项目，中央财政已经全面做了重新清理，3P项目清理之后等于把地方政府新增负债控制住了。三是中组部下了一个文件，对任何干部提升或调动都增加了一个新的考核指标——负债率是多少，不是看你GDP增长了多少，修了多少路，而是要查一下负债率是多少。负债率超标的就地免职，永不再用。最近罢免了几个县委书记，就是因为负债率严重超标，尤其是贫困县。这个指标把乌纱帽与负债率连在了一起，导致政府不敢再增加负债率了。这3条办法实际上把地方的新增负债控制住了，现在的问题主要是存量怎么办，过去借的怎么办。我去过一个地方，每年GDP总量只有10亿，但负债200亿，这怎么还？地方政府还债无非两条办法，一个是税收，一个是卖地。税收基本上无法还，因为不少地方政府的运转基本上靠中央转移支付。全国34个省级行政区，只有8个向中央交钱，别的都是靠中央转移支付来维持运转。你想想，在这种情况下，怎么还债。另外一个是卖地，现在不断出现土地流拍，无法靠卖地还了。我估计未来存量债务最麻烦的是地方债务这部分怎么办，这是一个大问题。

总有人问我，为什么我们偏爱央企，央企都处于产业的上游，收益很高，但效率却很低，为什么不能将这些经营活动交给民企，民企效率高。原因很简单，中央平衡各地财政就靠它的税收及利润，一年超过3万亿。因而它虽然效率很低，但钱交给国家了。民企效率是高的，但钱不是给国家了，甚至带着移民了。有人不理解，所以你要理解，我们是靠它平衡全国各地财政的。央企都处于产业上游，上游有较强的赢利能力。

地方负债是一个大问题。结构性去杠杆，我估计国企这部分还可以落实，但地方政府还债基本上现在还没有落实，当然，发达地区没有问题，例如杭州和南京没有问题，但很多欠发达地方是有问题的，有问题的比没有问题的多，所以地方负债是一个很难办的事情，但是要慢慢解决它。2018 年 11 月政治局会议没有再提去杠杆了，我估计去杠杆政策在未来要做一点新的调整。把去杠杆转向稳杠杆，原因是什么呢？是 2018 年去杠杆的目的差不多达到了，今年去杠杆力度很大，差不多已经完成指标了，再加之最近经济下行，压力大，估计将逐渐转向稳杠杆。先稳住，别着急，先稳一段时间，让增长有所恢复再说。将去杠杆政策转向稳杠杆，可能是下一步的调整方向。

要调整好去杠杆政策，大家看到 2018 年已经有两次调整了，7 月 31 日是第一次，提出控制好去杠杆力度，结构性去杠杆，不搞一刀切。去杠杆任务不是一年两年能完成的，是一个过程，未来一段时间，去杠杆要走向稳杠杆，这是对的，因为我们要保证金融稳定，金融不能出现大起大落，所以要走向稳杠杆，适当把杠杆稳定在目前状态下。

我看了一下数据，到 2018 年 8 月底，杠杆率已经从 250% 降到 242%，这是 8 月底的数据。说明差不多今年实现了把杠杆上升势头控制住的目的，在这个条件下应该逐渐稳一段时间才行，不宜过猛过快，要转向稳杠杆。12 月份以后，人们会感到资金紧张的情况逐渐得以缓解，整个社会资金需求紧张的情况将会得以缓解，应该不会有太大问题。这就是稳金融要做的第二件事，随时调整和控制去杠杆政策，既保证防范金融风险，也要保证经济增长正常进行，这是稳金融要做的第二件事。

第三，稳外汇。

外汇必须稳住，外汇不稳，本币就不稳，本币不稳当然金融就稳不住。大家注意 2018 年 11 月 9 日中国人民银行正式公布了第三季度货币政策报告，在第二季度政策报告中关于外汇有一个提法，“更加注意市场的调节作用”。这次变了，这次很明显强调，更加注意国家对外汇的调控作用，这是再一次告诉大家外汇不能出事。稳外汇这件事看来已经基本确定下来了。上一个季度货币政策报告还在强调市场作用，这个季度的货币政策报告就明显强调国家的作用，就说明稳外汇是稳金融的重要因素，外汇一旦出问题本币就出问题了，就像度量衡失去秤砣一样，等于整个社会的秤砣就不见了，出现大动荡。稳金融的关键是要稳外汇，昨天公布的央行货币政策报告再一次强调稳外汇的重要性，而且强调国家要在这方面发挥应有的作用。

怎么稳外汇呢？有两个指标。

1. 人民币不能持续贬值，这是一个重要指标。有人曾经问我人民币不能持续贬值这句话的具体含义是什么，多少叫持续贬值，多少叫不持续贬值。我认为，有一个数量，从现在来看就是不能破 7，这可能是一个指标。大家注意，2018 年有两次即将破 7，一个是 8 月 21 日，一个是前几天，前几天即也将破 7，但即将破 7 的两小时之后立刻反弹回来了，一定是中国人民银行开展了市场操作。央行副行长再次向世界宣布，你们想做空人民币的人悠着点，咱们不是没有交过手，交手都是以你们的失败告终。从目前状况来看，不能持续贬值的意思就是指不能破 7。因为连续两次即将破 7，最后都反弹回来了，说明决策者表明，不能持续贬值就是指不能破 7，这是一个指标。

2. 外汇储备量不能持续减少。多少叫减少，多少叫不能持续减少？看来这个数字很明确，就是 3 万亿，3 万亿是底线。2018 年 10 月底已经到了 30 500 多亿，9 月份下降得很厉害，一下子掉了 200 多亿，有人担心 3 万亿能否守住。我估计 3 万亿是一个标底，不能低于 3 万亿。

上述可见，稳外汇有两个指标，一个是人民币不能持续贬值，一个是外汇量不能持续减少。

怎么实现呢？有 4 个办法。

1. 控制个人海外投资。

应该说，外汇改革中已经放开的项目会继续坚持的，比如一张身份证一年可以买 5 万美金，出国求学的学费与生活费这些都会放开，不会停止了。但没有改革的用汇项目可能暂时停止了，对个人来讲，3 项海外投资基本上全面叫停了：一个是海外不动产投资，这个实际上并没有放开过，因而钱出去基本不是正道，要么走地下钱庄，要么搞虚假贸易账户，要么是人带出去。过去是个灰色地带，现在对不起，更严了，买了的千万别张扬，要查的话，资金通道都有问题；另一个是海外证券投资，例如在美国市场买美国股票，曾经讨论过要不要放开，现在告诉大家，不放，停止了；还有一个是海外投资型保险投资，也全面叫停了，我们放开的是消费型保险。以上 3 项个人海外投资基本上不讨论放开的问题了，不动产投资、证券投资、投资型保险投资基本上收紧了，因为要稳外汇。

过去海外用银行卡提现没有限制，现在一个人一年是 10 万人民币，有限制了。而且最近还推出了很绝的一招，远期外汇交易风险准备金率从 0 提高到 20%，银行要卖 100 美元的话，要向央行交 20 元风险准备金。最近通过调研，我发现现在就是放开的项目也不太好办了，例如按规定买外汇时银行总是找各种托词，不会及时卖给你。一个人可以买 5 万美元是法定的，但银行老有各种托词，实际都标志着一个信号，外汇收紧，因为要稳住外汇。总之，收紧个人外汇，是稳外汇的一个办法。

2. 控制企业海外并购。

企业技术类海外并购继续支持，没有问题，要多少外汇给多少外汇，但非技术类已全面叫停，2017 年的政策还是严格审查，今年要全面叫停了。发改委正式发文，6 大非技术类海外并购一律不批准了，例如海外买影院、酒庄、俱乐部等全面叫停，去年是严格审查，今年是全面叫停。尤其还放出风来，说过去在海外买了这些东西的企业和个人，把外汇怎么倒腾出去的，现在再怎么倒腾回来。现在好多人都在海外卖这些东西，要把外汇倒腾回来。最近公布了改革开放 40 年来的 100 位优秀人物，几乎前几年在海外买买买的企业家都没有。这些实际上就是告诉大家，外汇全面收紧了。企业海外并购，技术并购继续支持，非技术类全面叫停。

3. 调节好“一带一路”投资。

“一带一路”投资要用外汇，会增加外汇需求，因而这种投资将使用人民币投资，不再动用外汇储备了。“一带一路”投资未来将全面使用人民币投资，不再动用外汇储备了，因为要稳住外汇。实际用人民币投资是一箭双雕，一方面减少外汇储备，一方面推动人民币国际化。这样一来就对稳外汇有意义，“一带一路”我们是投资主导方，有权力决定用什么样的货币来投资，这没有问题。估计“一带一路”未来将更多地用人民币投资，减少外汇消耗，稳住外汇。

4. 在资本项目中做更多运作。

大家知道，外汇进入中国有两个通道，一个是贸易项目，一个是资本项目。现在贸易项目顺差收窄，外汇进来速度在放慢，那么要保持稳定外汇的话，就得要在资本项目下运作才行，估计下一步会在资本项目上加大运作的力度。比如最近在香港发行了 50 亿元人民币的国债，调节了香港美元和人民币的供求关系，稳住了人民币的离岸价格，对稳定外汇有意义。如果是发 50 亿美元国债，等于外汇储备增加 50 亿。现在国际上好多投资者对中国是长久看好的，有的国家及个人愿意来买中国国债。发人民币国债，稳定离岸价格，稳汇率，发 50 亿美元的话等于外汇储备增加。总之，下一步国家会在资本项目上频繁运作，一定会调整有关政策，因为要稳住外汇。贸易项目下，因为所谓美国和中国的关税战，影响了中国的出口，所以顺差在收窄，但资本项目还可以运作。

尤其中国在相关方面还有一些大的动作，例如2018年4月，我们在上海成立石油期货交易所，明确宣布上海石油期货交易所交易的货币是人民币，人民币和石油挂钩了。过去是美元和石油挂钩，大家知道，我们这样做是从中国的实际出发的，因为中国是世界第一大用油国，为了规避外汇风险，应该这样做，但美国却认为我们这样做等于捅了它一刀子，挑战其金融话语权。现在世界三大石油期货交易所，伦敦、纽约、上海，上海交易已经不用美元了，正式宣布产油国在我们这里卖石油之后拿了人民币，便可以在中国上海黄金所买黄金，人民币与黄金挂钩了。世界发现中国有这么多黄金储备，我们是世界最大的黄金储备国之一，这样一来就可以支持外汇的稳定。实际上很多人对上海石油期货交易所认识不足，不知道是什么意思，实际这是一个重大的中国决策。我们把诸如此类的决策推出来之后，应该讲外汇基本上能够稳定住，大家不用太担心。

总体来讲，稳外汇就是上述这4条办法，外汇应该能稳住。只要外汇能稳住，只要这个“秤砣”不会出事，我国就不会出现太大的金融波动。稳金融的第三条，稳外汇，大致情况就是这样，这是稳金融要做的第三件事。

第四，稳股市。

股市必须稳住，过去对这个事情的认识似乎还不是太足，现在意识到资本市场必须要稳住，要想办法稳住资本市场。2018年股市跌到不能再跌了，严重影响了金融稳定。

怎么稳资本市场呢？有 3 条办法。

1. 提高上市公司质量。上市公司质量不高的话，没有人敢买你的股票，所以要提高上市公司质量。凡是与提高上市公司质量有关的重组并购都可以放开，只要能提高上市公司质量，就可以推动各类重组并购。

2. 减少行政对股市的干预。监管部门不要干预股市交易，只要做好一件事，就是保证信息公开透明与及时，信息的公开、透明与及时是关键。

3. 推动中长期资金入市。中国股市不稳定是因为没有中长期资金支持，所以像社保基金、保险基金等都可以入市，下一步通过推动这种中长期资金进入股市来解决股市不稳定的问题。

这 3 条如果能做到的话，应该能稳住资本市场。

当然，股市的稳定最关键是靠改革。最近股市好像一直在跌，最近又跌到 2 600 点以下。我估计与一件事情有关，就是在上海宣布上交所增加一个新的板块，即科创板，而且要搞注册制。这是好事，既是改革，又推动技术创新，科创板对中国技术创新募集资金有好处，而且注册制是股市改革的重要举措，本来是好事，但股市却下跌了，此事给股民的印象是要扩容了，所以股市往下跌。由此可见，大家应该明白股市的问题很复杂，应该说，科创板这条基本对策是没有问题的。但因为人们对股市的判断有偏差，股市会受股民心理作用的影响，因而本来是好事，没有想到一公布反而股市就跌了。原因是人们觉得要扩容，一旦扩容就可能会使股价上不来。

本来是两项改革都在这里，一个是推动科技版正常融资，一个是把审核制变为注册制。既是科学创新改革，也是体制改革。结果没有想到这个好消息有负面成分，这个负面成分导致股市跌了，人们可能有一个认识过程，科创板的做法是对的，没有错。实际都是在保证上市公司质量的提高，我们放开科创板和注册制就是提高上市公司的质量，让好企业容易上市，但短期给人的印象是扩容，所以导致股市下跌，这很正常，没有什么问题。

从近期有关股市的信息可以看出来，决策层把稳定股市提到重要议事日程上来了，最近讲得很清楚，股市必须稳定。股市不稳定，金融就稳定不了，所以下一步稳金融的重要内容就是要稳股市。这次上交所科创板的宣布一事，我觉得应该是利好消息，结果变成利空了，原因是人们的认识需要一个过程，总体来讲是要稳定股市的，这是稳金融要做的第四件事。

第五，防止资产泡沫破灭。

这件事的提出，就是指房地产是个大问题了，未来考验我们能不能稳定金融的关键是房地产。过去房价上升很快我们有办法，中长期、中短期的对策都有，已经有防止房价上涨的对策。但万一房价大跌怎么办，房价既不能涨得太快，也不能跌得太快。房价跌得太快，等于泡沫就破了，破了也不行。

2018 年有两类金融机构应该是基本出清了，一是非银行金融机构，该爆的都爆完了，二是股市已经跌到最低点。这实际上是表明分散性金融风险已经爆发了，不过不是系统性而已。系统性的关键是银行这类金融机构，我国银行现在没什么事。虽然非银行金融机构和股市已经出清了，但是银行绝对不能出事，它要出事就是整个系统性金融风险爆发了。银行不能出事的前提是房地产不能出事，这是重大问题。

未来我们遇到的稳金融的最主要问题可能是房地产问题，最近房价开始回落了，北京二手房价格回到了2016年的水平。如果再往回落的话，落到什么程度才能够稳住金融，值得我们研究。明年稳金融是主要问题，主要是房价大跌怎么办。房价不能大跌，因为，首先，中国人财富的65%是房产，这就等于所有人的财富要缩水；其次，现在我国的信用关系基本建立在现在房价的基础上，一旦大跌会不会导致整个信用链条断裂？尤其应该看到，现在很多金融机构与上市公司都有房产，像上市公司，他们将房产资金控制在1万亿左右，如果暴跌的话将是什么结局，后果将不堪设想。明年对于中国来讲，房地产是一个重大的压力，可能稳金融的核心是房地产问题。如果房价能稳住，能渡过房地产可能引发的这个难关的话，2020年稳金融问题就会轻松一点。

现在看来，下一步最大的问题是关于房地产的问题。我们能不能稳住，涉及金融稳定问题。房价上升太快不行，但下跌太快也不行。应该在什么状态下稳住，值得我们研究。从国际经验来看，像美国、日本，不知大家是否注意到，每次金融风险引爆的源头都是房地产。美国上次引爆2008年金融风险的背后是什么，就是房地产的次贷危机，是房地产引爆了整个金融危机。对中国来讲，下一步的重要问题，是房地产能不能稳住。稳不住的话，可能麻烦就大一点。明年稳金融的核心问题是房地产问题，房价的下行能不能保持在我们可承受的范围内，是一个关键问题。而且现在看来，有些市场问题不是我们想象的那么规范，一旦出现连锁反应就非常麻烦了。

北京的房地产现在似乎有个趋势，二手房有价无市。挂牌价格虽然高，但最后交易时都必须降价。2018 年 3 月以后，我在北京一个中介机构上了10天班，因为你不能只看统计资料，还要体验一下，要观察一下房屋买卖者的心态是什么样的。当时我就发现一套房子总价格在 300 万到 500 万，就会有流动性，而且绝大部分是刚需。一旦上千万，流动性就很差了，一上三四千万就基本没有流动性。有一天，一位先生要卖奥运村边上的一套房子，面积比较大，挂牌价格 3 500 万，挂了半年没有人问，很着急。那天他专门来到中介机构，刚好碰到我，我就跟他聊了下。这时来了两位看房者，他特别热情地告诉人家说，我这房是精装修，而且没有住过，可以拎包入住，如果一次性付款的话可以打折，3 000 万怎么样。那两位先生听完之后来了一句，老兄，我们不是缺那 500 万，而是缺 3 000 万！

这就让我注意到一个问题，这些高价房谁接盘。大家思考一下，这是个大问题。明年如果出现房价回落太快的话，一些房地产政策就要缓步推出了，比如房地产税，就不能那么着急了。太着急会加速房价下跌，加速下跌的结果是不利于稳定金融。明年和今年一样，有些政策，像去杠杆政策，今年我们发现问题就赶快调整。房地产政策也一样，一旦发现不对，就得马上调整。调整期，就是要随时调整的意思。没有一个政策是固定不变的，不能不顾现实一直坚持。明年的关键可能是稳住房地产，这是个大事。房地产能稳住，才能稳金融。房地产稳不住的话，金融就稳不住。

在座的诸位中有多套房子的人，建议你们要关注这个问题，因为有时市场的力量是控制不住的。未来的关键问题，或者说稳金融的核心，是房地产能不能稳住，这是个大问题。今年考验我们的是非银行金融机构基本爆雷，是股市的非理性下跌，我们经受住了考验，我们感悟到明年的关键，稳金融的核心是房地产问题。

总体来讲，我们在调整期要做的第一件事，就是稳金融，大致是这5件事。这5件事做好了，金融才能稳住，调整期才能度过。金融稳不住，调整期走不过来，就无法走向高质量增长阶段。

稳增长

增长的势头不能出现太多下滑，一旦出现太多的下滑，可能就会影响到整个经济生活乃至社会情绪。

怎么稳增长呢？大致上要做这样几件事。

第一，财政政策要更加积极。

因为货币政策就像上述所说，在把防范风险作为重要目标的前提下，它对于稳增长的运作空间实际上是有限的，我们要坚持货币政策的基本走势，就是要保持稳健中性，不能走向宽松。这样一来，稳增长的重要政策就是财政政策，财政政策要更加积极。财政政策更加积极无非两条措施。

1. 减税费。2017 年我们减税，确实是减了，但上次减税有一个问题，就是所有房地产企业减了四分之一的税，制造企业没有减，因而大家非常有意见，一方面是政府减那么多税，但结果是企业没有感觉，因为操作上有问题。房地产企业基本上都减了四分之一的税，你问房地产企业，他们都很高兴，但是制造业基本没有减，我们要吸取这个教训。据说最近有一个减税文件正在会签，要把增值税由现在的 3 个档次合为两个档次，总体性下降一个点。一个点，在两税合并之后降一个点应该挺大的，因而这个文件如果出台的话，影响会很大。据说昨天税务局长们已经开会讨论了，正在讨论更大规模的减税，增值税要做大调整。这样一来，可能对企业减负是有好处的，这次可能降得比较大，可能让所有企业都会真正感觉到减税了。因为 9 月税收的增长只有 6%，低于 GDP 增长。上次减税没有减到应该减的方向上，这次减税的力度可能比较大。另一个是减费。“减少的费用”包括保障性费用与生产性费用，这次明确这两种费都要减。在费的问题上，最近提出征收机构要变了，大家有些担心，会不会因为征收机构的改变而加重缴费，但国务院明确指出，虽然征收机构变了，不但不会增加费，还会减少。

税费减免在年底的经济工作会议上会正式宣布，因而一个重要的变动是减税费，要让大家真正感觉到在减税费。总之，财政政策的一个积极的办法是减税费，而且这次的力度要大，让所有人感觉到是真的减税费了。

2. 加大财政投资。财政投资不能搞生产经营性投资，只能搞基础设施和民生的投资。基础设施和民生的投资今年进一步加大了，明年可能也会进一步加大。基础设施建设的投资和民生投资在明年国家预算中的力度会比较大，这样一来可增加整个社会的投资对经济的刺激作用。

明年上半年一个是减税，一个是增加财政投资，这两项一旦运作的话，对稳增长将有很强的意义。从稳增长来看，我们不这样做已经不行了，必须这样做。这是稳增长的一条，财政政策将更加积极。我看最近决策层在不断调研，不断讨论，而且在讨论就此涉及的各个层面的问题，经济工作会议应该会宣布这些重大决定。总之，对于明年稳增长的作用上，财政政策会有很大的作用。

第二，加速结构调整。

结构调整必须加速，原来我们预见的 3 个支柱性产业要加速推进。

1. 战略性新兴产业。

有 8 个要点，新能源、新材料、生命生物工程、节能环保、信息技术和移动互联网、新能源汽车、人工智能、高端装备制造，这 8 个要点必须加速推进。推进过程中一方面要释放市场力量，另一方面还要加速国家对这些产业的扶持和推动。像人工智能，中国未来要站在世界第一梯队里。凡是那些在市场上做得好的企业，国家要扶持，国家可以拿钱进行投资，投到一定程度，当完成了启动阶段后，国家再撤出来。像腾讯做医疗影像不错，确实不错，怎么办，国家应加大投资。现在腾讯的技术把人的五脏六腑都拍得清清楚楚，以后看病都不一定见医生了，将照片传过去就行。原来我们估计科大讯飞会在语音人工智能上有突破，结果最近负面东西太多。实际上它在这方面还是有很大进步的，要想办法尽快推动。凡是在这些方面已经看到有技术突破的，国家应该再推一把，让它尽量能够完成初始阶段，我们要实现战略性新兴产业的快速发展。

最近我在调研中发现，我们在战略性新兴产业方面确实进步蛮大的。依据这 8 个要点，我分别跑了一些企业，一共跑了 48 家企业。我发现在战略性新兴产业方面，这几年的进步确实很大。我估计再有 3 年左右的时间，这 8 个要点上就会经常冒出一些好的企业，可能会释放很强的增长力。我们要加快战略性新兴产业的推动，不能再等了。要尽量缩短这个调整期，让他们对稳增长尽量释放强作用。

2. 服务业，这个产业要尽快加速推进。

服务业包括消费服务、商务服务、生产服务及精神服务。服务业以人口为基数，我国有近 14 亿人，服务业的体量是很大的。

在这里谈一个有关消费服务业的例子。大家知道，养老消费是消费服务业的重要内容，随着我国老龄化的到来，养老服务需求极大。前几个月我去看一位老师，91 岁了，我是他的第一个研究生，大弟子，但是他不认识我了。一见面问我是谁，刚讲完过了两分钟，又问你是谁啊。他儿子告诉我，老先生成了老年失忆症患者了，没法家庭养老，不认识亲人了。他儿子告诉我他曾经雇了 3 个保姆，最后发现 3 个保姆把老先生捆在椅子上自己玩去了，可见，机构养老是很重要的。我在日本学习的时候，我的一位朋友的母亲 75 岁就是老年失忆症患者，90 岁才去世的。这 15 年她是在哪儿生活的？在日本托老所生活。日本有两个机构很大，一个是幼稚园，一个是托老所。他曾经领我去看过他母亲，我才知道这15年他母亲都是在托老所度过，而且过得非常幸福。因为日本的托老所分得很细，其中一个部就是老年失忆症患者部，住的就是这些人。我专门看了一下，这个部的副部长告诉我，在老年失忆症患者部工作的人，最低学历是心理系本科毕业的，否则无法在这里工作。因为这些老年失忆症患者经常会讲莫名其妙的事，要正确应对才行。他讲了几个故事，一天刚从办公室出来，碰到一个老年失忆症患者，说自己中大奖了，两个亿。他马上回应说这件事他知道，确实中了两个亿，中的号码是多少，告诉这个老人说这两个亿已帮他在银行存好了，密码是多少多少，结果患者就很高兴。要是说没有，他就要砸东西，所以要应对。他说这些人每天傍晚都很烦躁，那么每天傍晚就要编故事。有一天中午新闻联播播了一个消息，说日本首相要到他们的城市来了，因此工作人员傍晚就宣布了一个消息，说明天日本首相要来看大家了，结果大家早早上床休息了，其实第二天他们就忘了这件事。他们有时候不愿意去打针，结果告诉他们这个医院是他们创办的，要自己去体验一下，他们便会整齐地排队打针去了。

由此可见，养老产业有很高的价值，而且回报其实也很高。美国人一就业就开始交养老基金，一辈子为养老这个事情奋斗，其实是为了未来。中国进入老龄化社会了，这会带来一个很重要需求，养老需求，很大的市场。现在我们讨论的养老保障制度是政府要做的事，而养老消费则是个产业，不是养老保障，是产业的问题。总之，这些服务都有巨大的需求，建议大家一定要关注这些服务业。我估计像服务业，无论哪种服务业，未来在中国都有很大的前途，因为它是以人口为基数的。中国接近14亿人，所以服务业市场在中国未来对于增长的贡献将是巨大的。

3. 现代制造业。

制造业分两种，一种叫传统制造业，一种叫现代制造业，怎么划分？不是谁现代，谁不现代，而是按照它们生产的产品的社会性质划分的，凡是生产私人产品的都叫传统制造业，汽车为什么划为传统制造业，因为它生产私人产品；相反，凡是生产公共产品的都叫现代制造业，因而不是谁现代谁不现代，而是按照所生产的产品的社会性质划分的。我们国家私人产品严重过剩，像生产吃穿用之类的产业严重过剩，传统产品严重过剩，因而传统制造业的增长空间就有限了，但公共产品严重短缺，所以生产公共产品的现代制造业就成为一个大力发展的方向，我们要大力发展现代制造业。

怎么发展呢？定了5个重点，一是航天器制造和航空器制造，航天器就是卫星，航空器就是大飞机。二是高铁装备制造，这是一个重点，中国市场巨大，而且完成了所有的技术创新。三是核电装备制造，中国新能源未来发展的重点是核电，2030年发电总量中的33%将会来自核电，核电装备是重要的发展方向。四是特高压输变电装备的制造，中国现在在改造电网，利用特高压输变电技术，特高压技术能把电能传到5 000千米之外，而且时间最短，耗电量最低，属于电力传输的高速路，因此特高压输变电装备就列为重点。五是现代船舶制造和海洋装备制造，中国要建立世界一流的远洋海军，支持远洋海军重要的工业部门就是现代船舶制造与海洋装备制造。

总体来讲，现代制造业目前定了这样 5 个重点，要加速推动。一旦启动起来，对我们增长的贡献是巨大的。

从上述分析可以看到，加快结构调整主要是大力发展上述 3 个产业，一是战略新兴产业，二是服务业，三是现代制造业。在一次研讨会上，有些民营企业问，除了服务业似乎与我们有关，别的似乎都与我们不相干，我们都干不了。错了，实际上民营企业都可以参与其中的。最近讨论国有和民营的关系时，大家认为它们应该各行其责，例如从产业结构上看，它们之间的关系有两个特征未来会很明显，一个是基础性产业，应该由国有企业完成。比如非竞争性的，投资量很大，投资期很长，例如大飞机发动机，个人投不了的，回报率短期内回不来，不知道什么时候才能成功。反之，充分竞争，投资量不大且回报期较短的产业，应该由民营企业投资，民营企业偏向于充分竞争产业。同时，从产业内部分工上看，民营和国有又要实行分工协作，例如，现代制造业未来的方向就是它们实行分工协作。一架飞机的零部件有 600 多万个，民营企业难道就不能搞一些零部件生产吗？未来一定会走向分工协作。像上海商用飞机集团就干一件事，设计和组装，所有零部件都是招标采购，民营企业当然可以参与其中。高铁那么多零部件，除了底盘是中车（中国中车集团有限公司）控制之外，别的都是招标的，民营企业还不能一起参与进来？

如果从经济结构上看，民营企业与国有企业的关系有两个：一个是产业之间的分工协作，各行其责；另一个是产业内部的分工协作，如通过零部件配套来完成。因此，未来民营企业和国有企业有重要分工，这就是国家可能主要做基础性产业或投资量很大的产业，而民营经济做充分竞争的产业诸如消费品生产，同时，在产业内搞分工协作，通过零部件配套完成。这样一来，对民营企业和国有企业的产业布局就将越来越清晰，大家都有事干了。不是民营企业没有事干，而是有好多事要干。大家想想，船舶制造涉及那么多产业，民营企业还不能做一些零部件？我的一个女学生，她给现代船舶做零部件配套。一个女学生办这么“重”的企业，其实就是零部件配套，分工协作。未来民营企业、国有企业在产业上分工，同时在一个产业内部也实现分工，各自发挥自己的优势和特长，从而推动经济增长。

总之，以上这 3 个产业，我们应该加速推动，将有巨大意义。我估计中国会缩短结构调整期，可能下一步在政策和资金支持上会进一步缩短这个过程，尽量推动结构调整，能够尽快让有助于中国经济增长的企业上市。近期国务院连开了好几次座谈会，实际就是想加速缩短调整期。只有调整期缩短，才对稳增长有意义，而且中国在世界产业链中处于非常优势的地位。近些年发达国家都在搞创意经济，搞了半天才发现创意只有在中国才能落地。苹果手机在美国怎么都生产不出来，在中国就没有问题，因为中国所有配套的零部件都有。同时，我们比发展中国家又高一个层次，所以我们在世界整个产业链上处于优势地位，因此必须加速推动结构调整，这是稳增长的第二件事。

第三，技术创新。

我们的短板是技术不行，一个重要的约束条件就是技术，例如一个芯片都弄得我们没有办法。大家知道，我们每年进口芯片的钱是 4 000 多亿美元，和进口石油的钱一样多。我们最大的短板是技术，技术创新必须加速。而且不能再喊口号了，要踏实地干。应该明白企业要做什么，国家要做什么，得搞清楚。技术创新的一个重要平台就是要有现代化的实验室，没有现代化的实验室，谁也不可能搞技术创新，这不是喊口号。这个只靠企业不行，国家必须出手，要建立现代化实验室体系为企业服务。

最近这个动作已经开始了，例如北京要建立三大科学城，怀柔科学城、未来科学城、中关村科学城，建成后向所有民营企业开放，有的免费，有的收费，都对企业开放，因为企业离开这个平台就没法搞技术创新，没地方做实验，实验室应由国家提供，国家要构建实验室经济了。杭州成立了西湖大学，西湖大学只设 3 个专业，生物生命工程、人工智能、互联网，不设别的专业，从博士开始。博士的重要工作地点是实验室，没有实验室怎么搞博士论文？博士就是整天在实验室干活的，例如生命生物工程方面有的博士生的工作就是养细菌，不然怎么搞生命工程？西湖大学实验室，再加上浙大实验室与阿里巴巴实验室，形成之江实验室经济体系。没有实验室这个平台，任何企业都没法搞技术创新。

再例如医药企业，国家得提供大量实验室，为企业服务。企业在这儿做实验有的就是免费的，最终主要是为企业提供服务，这样的技术创新必须加速。美国技术创新厉害的原因就是有庞大的实验室经济，为整个社会提供平台。这种实验经济供社会所用，所以美国才能获得那么多诺贝尔奖。我们缺乏这种平台，国家必须组建。现在思路基本清晰了，差不多三五年时间就能显现出这方面的成绩了。总之，要加大技术创新的推动，这是很重要的一环。

第四，必须深化改革。

我们的改革已经搞了40年了，不能像过去那样搞了，要在40年改革的基础上改革。其中重要的一点是民营经济必须加快改革，例如，如果不保障民营经济的个人安全和财产安全，那怎么行？过去大家都是无产者，现在这么多人都成为有产者，有产了当然担心自己的财产安全和人身安全问题，因而必须解决民营企业的问题，这是重要的改革。如果不保证人身安全和财产安全，富人都移民了，怎么搞经济。

当然，富人也别移民了，因为出去后才发现还是中国的市场大，当然，我们必须要保证人身与财产安全。中国最大的问题就是要保证私人产权，保证人身安全。我估计下一步对民营经济从业者的人身安全和财富安全保证将更加关注，我们要做3件事：一是凡是不具有司法权的政府行政机构一律不能查封私人财产，因为财产权属于司法权，绝大部分政府机构没有司法权，对此要做严格界定；二是即使是司法机构也不能随便查封别人的财产，要以立案为标准，这样可以限制司法机构权力的滥用；三是司法和行政的分离，司法体系和行政必须分离，不分离就很难保证财产安全。

我们在目前的条件下应该做这些事，真正保证人身安全和财产安全。怎么赚钱，人们很清楚，政府不要教他们怎么赚钱，把这些事做了就行了，保证财产和人身安全是最关键的。现在人们老担心财产和人身安全，尤其有钱之后就更加担心了，所以我们要保护人们的财产与人身安全。我们要搞市场经济，就得保护企业阶层，而且要强调企业精神，这是关键。中国重要的政治改革应该是形成真正的市场经济体系，形成良好的政商关系，因而企业家阶层和企业家精神成为这个社会的主流，这个改革是最为重要的改革。我估计这个改革能做好的话，对下一步的发展将有重大意义。

现在我们叫改革开放再启航，意思就是指现在的改革不是过去的改革，而是40年改革基础上的改革，是再启航。大家看到，我们过去叫纪念改革开放40周年，现在叫庆祝。纪念的意思是结束了，庆祝是还要继续。中央要开庆祝改革开放40周年大会，提出改革开放再启航，就是要推出一些重大决策。一方面总结过去40年，另一方面要展望未来30年。纪念就是这个事过去了，庆祝的意思是还要进行，所以我们会进一步推动改革开放。

在最近讨论的改革中，人们尤其关注民营经济，最高层最近对民营企业讲了所谓的新6条，提出要关注民营企业从业者的人身安全和财产安全，这是对的，因为怎么赚钱，他们都会，很清楚，对他们来说只要保证人身与财产安全就行。这一条要在法律上落实，必须要全面落实。现在《刑法》与《民法》已经做了具体规定，我发现还有好多人没有看到。2017年，两会就已经通过了《中华人民共和国民法总则》，里面有对财产全面保护的内容。下一步整个社会要制造一个氛围，就是要保护民营企业从业者的人身安全和财产安全。这是国家领导人所讲的新六条中的第六条，也是最关键的一条，要进一步落实与完善。

中国改革是不会停止的，会进一步推进。而且中国经济改革中有些内容实际上就是政治改革，例如承认民营经济的合理性与合法性就是政治改革。国家领导人一直在讲民营经济是“自己人”，过去把他们叫朋友，朋友还不是自己人，现在要成为自己人。因为民营经济是中国社会经济的重要组成部分，不能对他们再另眼相看，这说明政治改革实际已经启动了。我估计下一步中国会进一步修改《宪法》《刑法》《民法》，会逐渐完善对民营经济的保护，这样对提升信心，保证人们创造财富的动力将是有意义的。重新定位与定性民营经济是个重大的政策调整，对民营经济的提法及讲法上已经出现新型调整，下一步要把领导人讲话变成法律，变成制度。我看似乎最近各个部门都逐渐动起来了，例如高法①、高检②等，全面调整完善法律解释体系。凡是不适合有关民营经济发展的都得修改，都要做出调整。改革会进一步深化，这对于稳增长具有重大意义。总之，中国目前改革的重点是关于民营经济的问题，是人们最关注的问题。

从上述情况看，目前所谓稳增长就是这4件事，而且现在已经开始做了。经过这一年的努力，我们终于逐渐认识到，这将是一个好的方向。稳增长的4件事可以保证经济增长以一个正常的速度增长，当然，中国增长不可能再恢复到7%、8%的速度了，因为基数

① 即中华人民共和国最高人民法院。——编者注

② 即中华人民共和国最高人民检察院。——编者注

太大了。20 年前是 7 万亿，10 年前是 27 万亿，那个时候速度虽高，但 GDP 总量的增长才一点点，是 82 万亿的基数，每增长 1 个点，GDP 的量都会很大。别想着 7%、8% 了，有一个大致能符合发展要求的增速就不错了。再过几年，中国的增长能保持 5% 就不错了，那也属于高速增长的，还算是比较高的。总之，稳增长，上述这 4 件事我们要逐渐做好，这对保证未来的增长将是有利的。

这就是我们调整期要做的第二件事，稳增长。

稳开放

开放必须继续进行，开放怎么做呢？有 3 件大事。

第一，正确处理好和美国的关系。

和美国的关系一定要处理好。中美关税摩擦标志着中美关系要重新调整了，过去的中美关系在未来不可能再维系了，我们心里要有底。过去中美关系是美国对我们强调合作与牵制，而现在是遏制。最近有些人讲我们是不是要继续韬光养晦，问题是我们无法韬光养晦怎么办。我们过去一米高，现在长到一米八了，怎么办，对于这个问题我们得正确应对，应该知道中美关系必须调整了，不可能像过去那样搭便车了。中美关税摩擦实际上是中美关系重新调整的一个历史性及标志性事件，它是一个事件，标志着中美关系将重新调整。

中国必须要做好，千万不要出现战略失误，一定要搞清楚自身的战略。美国在评价自身的各位总统的历史地位时，排名第三的好总统竟然是里根，我很吃惊。在美国人眼里，里根成为排名第三的总统的原因之一，是他在位时把作为竞争者的苏联和日本打败了。和苏联搞军备竞赛，使得苏联不得不大力发展重工业。本来苏联就是重工业太重，轻工业太轻，生活必需品都不能保证充足供应，结果一打军备竞赛，就更加剧了这种情况。搞重工业必须要养 3 种人，科学家、文学家、政治精英，为了保证他们的生活需要，苏联不得不搞了生活用品的双轨制，即对这 3 种人搞特供制度。这 3 种人实行特供，什么都有，老百姓什么都缺，结果演变成了政治问题，一夜之间完蛋了。俄罗斯现在这个样子，已经丧失了和美国在经济上竞争的可能性，苏联这个竞争对手被干掉了，是因为苏联发生了战略失误。日本的竞争力被摧毁是因为《广场协议》。《广场协议》要求日本从 1985 年到 1990 年本币每年升值 5%，这样日本就没有出口竞争力了。当时《广场协议》签完之后，日本只好转向刺激内需，日本当时已经完成工业化与城市化，人口只有 1 亿多，根本就没有太多的内需，结果把房地产与股市泡沫刺激起来了，1990 年泡沫破灭后便完全丧失了竞争力。当时德国也是《广场协议》签字国，但德国是继续提高工业生产能力，推动技术创新，德国挺过去了。日本与德国的不同结局，是因为日本战略失误。

中国在中美关税摩擦面前必须要有一个非常清醒的战略，我认为中国处理中美关系要坚持 3 条原则。

1. 保护中国经济的核心利益。当然，这里所讲的经济上的核心利益并不是台湾问题及南海问题等有关国家领土及安全方面的问题，经济上的核心利益是指中国目前处于整个世界产业链最优越的地位，这是核心经济利益。无论对发达国家，还是对发展中国家，中国都有自身的优势。例如，发达国家这些年都搞所谓的创意经济，创意经济就是去工业化，结果是这种创意经济只有在中国才能落地，发达国家在经济上实际离不开中国。又例如，我们与发展中国家相比，基础设施与技术比它们好，我们可以向它们出口基础设施与技术，因而发展中国家也离不开我们。因此，中国在世界产业链上处于最优越的地位，是我们最为重要的经济上的核心利益。中国必须保护自己在世界产业链中的优越地位，不能出现任何失误。

2. 美国在中美关税摩擦中除了攻击我们的言论之外，有些提法是有一定道理的，我们要据此改革自己。通过他们的批评来推动改革，加速我们的改革，这也是处理中美经济贸易关系的一个原则。应该说，美国在关税战中有些提法是对的，例如批评我们搞各种出口补贴，搞国有经济补贴等是对的，我们应该改革。通过他们跟我们打关税战而推动中国内部改革，不对的东西我们一定改革，这也是处理中美关系的一个原则。应该通过中美关税摩擦推动内部改革，这也是我们要做的。

3. 绝不能走向冷战，中国必须理性处理和美国的关系。美国跟我们“干”，我们可以和美国企业界及美国地方政府加强联系，因为我们与美国企业及美国地方政府有利益共同点。不能走向中美对立，不能走向冷战，这也是原则。中国一定要主动继续和美国热情地“拥抱”在一起，你越打关税战，我们就越是抱住你不放。

实际上中国在过去一些战略上的做法值得反思。2008 年美国金融危机，美国企业需要钱，我们应该借钱给这些企业，这样的话，我们现在可能会成为美国这些企业的股东。但我们没有把钱借给企业，而是借给美国政府，美国政府拿我们的钱救了企业，就与我们没有关系了，而且现在麻烦还出来了。当时我们还是过度信任政府信用，不太信任市场信用，对商业信用有点紧张。美国企业与我们有共同利益。首次上海世博会来了 180 家美国企业，上次美国给中国加关税，2 000 亿要加 25% 的关税，就是因为美国企业反对才加了 10%，美国企业与我们是有共同利益的，不是对手。千万不要和美国进入冷战状态，一定要加大和美国企业、美国地方政府的沟通，不要走向冷战。中国绝不能听一些极端人士的话，不要走向中美对立，这是原则。我们要不断加大与美国各个地方政府及企业的沟通，一定要注意这个问题。

要用上述这三大原则处理好中美关系，不要因为关税战而割断中美之间的联系，这三个原则必须坚持。稳开放的关键是要处理好中美关系。不要因为贸易战问题导致我们和美国直接对立，不要走向对立。一定要与美国各个层面进一步融合，因为它终究是非常发达的国家之一，我们要想办法与其融合。这是目前进一步稳开放的重要问题，一定要处理好中美关系。不要因为贸易战而形成与美国对抗的想法，而是一定要想办法解决好中美关系。

美国现在实际上也很艰难，大家不要以为美国都很好，美国比我们还艰难。你们到美国一看就清楚了，中产阶级在美国很难受，蓝领工人 20 年收入没有增加多少钱。美国 3 亿多人口，只有 1 亿多有护照，好多人没有出过国，出去的也只是到邻国加拿大、墨西哥转了一圈而已。我上次和美国朋友说，别看中国北京、上海似乎很发达，但你开车离开这两个城市走一个小时看看，就不一样了。他说你到纽约、华盛顿开车离开走一个小时，也不一样了。美国现在国债 22 万亿美元，和 GDP 是相等的。美国上半年 GDP 总量是 10 万亿多一点，今年负债就是 22 万亿了。美国也需要帮助了，不要走向中美对立对中国是好事，对美国也是好事。总之，稳开放重要的一条，就是在中美关税战爆发之后，要进一步处理好中美关系，这是一条。

第二，中国一定要全方位开放市场。

中国不能光讲我们是制造业大国，还要加一条，我们是市场大国。只要各国的市场在中国，利益就在中国，就不可能再遏制中国的发展。中国不仅是制造业大国，制造业大国是出口的问题，利益会有纠结，而市场大国则以市场利益的方式让别人搭便车，因而要彻底开放市场。我们要全面开放三大市场：

1. 全方位开放物质产品市场。全方位开放，释放了几个信号。一是在上海组建永久性进口博览会；二是降关税；三是海南岛整个成为自贸岛。没有关税了，短期内会刺激中国消费，我去进博会看了一下，那么多好产品都是我们想要的。过去价格太高，因为关税太高。关税一旦降下来，马上就便宜了。我估计 2019 年会最便宜，因为关税全部降完了，一下子会刺激国内消费。当然，有人担心这样会影响中国的供给体系，实际上不会。我最近在进博会转了一下，发现许多东西对中国有很好的作用。只要买进来，中国人的学习能力很强，很快就会提高中国的供给水平。

2. 全方位开放服务业市场。金融、教育、医疗、保险等，全方位开放。2017 年博鳌论坛菲律宾总统出席，并在会上有个讲话，说中国好像很缺乏幼教老师，从你们的新闻看，你们的幼教老师会给小孩扎针，我们菲律宾有 10 万幼教老师，英语水平极好，又不扎针，你们要不要。我们当然要，菲佣市场开放是很快的事。服务业开放，人要进来，国务院很快会组建新的移民局，因为产品进来是海关的问题，服务业开放是移民局的问题。产品开放与海关有关，服务业与移民局有关，成立新的移民局，说明我们全方位开放服务业市场。尤其最近中国提出了金融改革的 22 条举措，放开了 12 家海外金融机构在中国创办它们绝对控股的金融企业，这说明开放是全方位的。

3. 全方位开放投资市场。最近中国推出了新的外商投资法，外商投资法有两个特点，一是将外商审批制转为负面清单制，二是对外商实行国民待遇原则，不再要求外商转让技术及专利，与中国企业有同等待遇。另外国务院修改了外资进入中国的负面清单，原来负面清单是 69 项，现在降到 40 项。而且这次中日关系做了调整，大家看到中日正式提出要从竞争关系变成合作关系，双方共同开发第三方市场。日本的生产能力实际上是很强的，一旦与我们一起把东南亚、南亚、中亚的交通及市场拉通，对中国会有巨大的好处。最近我们与日本调整关系，拉着日本一起要开发第三方市场，重要的就是建立东南亚和南亚、中亚的基础设施。中国现在在亚洲把日本“拽”住，在西方把美国“拽”住，在欧洲把德国、法国“拽”住，这就行了，一起干。只要一起干，最后胜利的一定是中国，因为中国人很能吃苦。你们干 4 个小时就休息，我们不用，我们工作 12 个小时也不累。开放投资市场，这次和日本达成协议是很有意义的。尤其应该看到，中国开放投资市场有巨大的可行性，因为全世界投资者看好中国的投资市场，中国是世界上非常好的投资场所之一。我们有 5 个优点：一是工业门类齐全，零部件配套都没有问题；二是交通设施方便便利；三是没有宗教与民族问题；四是社会治安总体良好；五是没有诸如工会之类的非政府组织问题。因此，投资者看好中国的投资市场，现在是我们必须全方位开放的问题。

我们全方位开放市场，三大市场一起开放，让中国成为市场大国，中国最后才能真正走向世界舞台的中央。而且我们有能力，14 亿人口逐渐富裕起来，市场巨大，所以中国全方位开放市场是对的，这是稳开放要做的第二件事。

第三，落实好“一带一路”倡议。

“一带一路”倡议涉及三大洲两大洋，三大洲是亚洲、欧洲、非洲，两大洋是太平洋、印度洋。所以大家注意，“一带一路”不包括北美洲和大西洋，因为要避免与美国直接发生冲突。5 年前中国就想到了这个问题，一旦美国不让中国的产品进入怎么办，不要中国的投资怎么办，我们要找新的出口贸易目的地，找新的投资地，所以提出“一带一路”倡议。最近中国举办了第二次“一带一路”

倡议论坛，“一带一路”不再是口号。

从国家层面上讲，落实“一带一路”倡议要做好3件事。一是做好金融服务，所以我们成立亚投行。[①] 亚投行的目的是什么呢？为“一带一路”做好金融服务。二是基础设施建设，把基础设施打通，不然产品怎么出去，企业怎么出去。最近我去新疆发现，我们在新疆吃的海鲜已经来自印度洋，而不是太平洋了。因为中巴经济带拉通了印度洋到新疆喀什的道路，印度洋和中国都这么近了。三是法律服务，我们建议成立一个新种类的法院，“一带一路”法院。“一带一路”法院就是为中国走出去的企业服务的，帮助中国企业打国际官司，因为企业出去当然是会遇到法律纠纷的。

总之，国家要经营好“一带一路”，这3件事情一定要做好：金融服务、基础设施服务、法律服务。“一带一路”要让中国企业走出去，尤其是要让中小企业走出去，这样“一带一路”推动中小企业走出去才有意义。

2018年我到非洲考察，去了摩洛哥，摩洛哥没有任何工业，只有旅游业，因为没有任何工业，所以卖的产品不少是中国生产的，我去了以后一个朋友提醒我，千万别在这儿买东西，都是中国生产的。尤其别买文物，也都是中国生产的。据说一个明星非要去买，25万买个文物特高兴，拿回来挂在网上显摆，结果第二天一个广东企业家打电话说那是他们生产的。我发现中国企业把中国车床运过去，一开工就能赚钱，因为那里没有任何工业，只要生产就能

---

① 即亚洲基础设施投资银行。——编者注

赚钱，摩洛哥是欧洲人到非洲的主要通道，市场很好很大。中国有不少企业过去了，他们告诉我摩洛哥的税很轻，就一种税，所得税13%，没有增值税。而且劳动力比较便宜，劳动力对你无限忠诚，只要你给他就业机会，他就对你非常忠诚。在中国，员工还琢磨老板的钱是从哪儿来的，摩洛哥的员工从来不琢磨，只会干活。非洲的关键是就业机会，人口爆炸，但没有产业的增加，很多人没有工作机会。实际上大家要注意，千万不要提“去工业化”这个说法，非洲两个国家，一个埃及，一个南非，就是“去工业化”后落伍了，不能随便提“去工业化”。中国能有今天的发展的原因，就是中国的工业部门非常齐全，有保障经济增长的基础。

从经济增长规律来看，2050 年之后整个世界的增长点就是非洲了，亚洲到了 2050 年经济增长就饱和了。2050 年中国都成为现代化国家了，中国进入现代化，整个亚洲就饱和了，未来的增长点是非洲，所以我们提前布局是对的，希望中小企业过去，中小企业过去才有意义。“一带一路”确实为中小企业带来了机遇。我曾经碰到一个 1974 年出生的人，一位年轻的企业家，在中国一直搞火力发电厂项目，现在都饱和了，他们没活干了，但他从网上看到土耳其的一个地方招标，要建火力发电厂，特别高兴。他便带了两个副总直飞伊斯坦布尔，出了飞机场后，他想找出租车去招标的地方，结果出租车司机都摇头，为什么？这个地方离机场 400 多千米，没人愿意去。终于找到一辆车，3 个人过去了，到了后刚下车就发现几个七八岁的小孩抱着大包冲上来了，他们很紧张，怀疑是不是人体炸弹。其实不是，他们跑过来干吗？因为他们没有见过鼻子这么小的人，第一次见，非要一起照相。他们的企业中标之后建得很好，建立了诚信，现在那个地方的物流、零配件配套等经营活动已全部被拿下。

中国企业的国际化水平实际上是很高的，“一带一路”倡议对好多企业来说都是很有前途的，尤其是中小企业。不仅仅是大企业要走出去，大量中小企业走出去才更有意义。中国一定要经营好“一带一路”倡议，这对中国许多产能过剩和中小企业“走出去”具有巨大意义。我们现在逐渐会体会到这个问题。

总之，我们一定要落实好“一带一路”倡议，这是中国下一步开放的重点。现在好多国家开始承认中国的“一带一路”倡议，日本是第一次承认“一带一路”，和中国联合起来一起开发“一带一路”的第三方市场。俄罗斯也承认，要与其欧亚战略相结合，因此，不少国家逐渐形成共识，为中国中小企业走出去铺平了道路，这既是重要的开放，也是新的开放。

总体来讲，所谓稳开放就是这 3 件事必须做好，一是中美关税问题一定要处理好；二是全方位开放市场，在让中国成为制造大国的同时，成为世界市场大国；三是落实好“一带一路”倡议，为中国产品和企业走出去做好服务，完成我们进一步的开放。这 3 件事做好的话，中国开放就会进入新的阶段。开放反过来会推动国内增长，推动国内的变革，实际越开放，中国的观念越变革，就越容易推动国内增长，所以稳开放要做好这 3 件事。

综上所述，中国经济进入调整期，我们要做好 3 件事，即稳金融、稳增长、稳开放。这 3 件事都做好的话，中国就会顺利度过这 3 年调整期，走向我们所希望的高质量增长阶段。对中国经济的判断，我总体上还是审慎乐观，乐观的基础是审慎，要做好上述几项工作才能乐观，不然就是盲目乐观。做好上述这些事，我们才能达成乐观的目标。

（2018 年 11 月 11 日在浙商总会论坛上的演讲录音整理稿。）

第三部分

以供给侧结构性改革为主线

经济学界通常将人类的经济活动分为两大组成部分：一个是需求侧，包括投资需求、消费需求、外需（即出口），影响需求侧的有诸多经济因素，例如涉及需求侧的宏观经济政策包括货币政策、财政政策、国际收支政策等；另一个是供给侧，供给侧实际上就是指生产侧，影响供给侧的有诸多经济因素，主要涉及产业结构及经济体系等问题。根据这种划分，经济学界在宏观经济领域经常讨论是应该重视需求管理的问题，还是应该重视供给管理的问题，或者是需求管理与供给管理并举的问题。

我国根据近些年来社会经济生活出现的新问题与新情况，强调要重视供给侧结构性改革，并将供给侧结构性改革作为经济工作的主线。这是很正确的，完全符合我国经济的现实状况，应该是英明之举。当然，这并没有否认需求管理的重要性，但任何矛盾都有主次之分，我国现在最主要的矛盾是供给侧结构性问题，需要强化供给侧结构性改革。对此不应有任何质疑。现在的问题是，我们该如何有效推进供给侧结构性改革。我认为，根据我国经济的现实状况，供给侧结构性改革应该以产业结构调整为切入点，据此再推动相关的经济体系改革，因为我国经济的供给侧方面的问题既有周期性原因，也有结构性原因，当然还有体制性原因，这就需要我们以产业结构调整为切入点，并以此为核心而展开经济体系的改革，从而有效实现供给侧结构性改革。

“十三五”时期[①]在中国这一轮经济新周期，即2012—2035年

① 中华人民共和国国民经济和社会发展第十三个五年规划纲要，简称“十三五”规划（2016—2020年）。——编者注

这个周期中，具有重要地位。同时，因为中国经济出现了不少新的现象，这些现象将作为一种常态而存在，因而“十三五”时期是中国经济新常态的第一个5年。我们应该看到，“十三五”时期是中国经济面临诸多严重挑战的时期，当然，中国经济若能有效而顺利地应对挑战，中国经济将迈上新的更高的台阶，因而“十三五”时期是挑战与机遇并存的，尤其是从总体上看，中国经济仍然处于较快发展的良好历史机遇期。关键是看我们如何推动供给侧结构性改革。我认为，“十三五”时期我们必须做好两件事：一是结构调整，二是深化改革。

产业结构调整

过去较长一段时间，我们注重需求管理，这是对的，但随着中国经济的发展，我们应更加重视供给管理，即供给侧结构性改革。供给侧结构性改革的核心是结构调整，因此，“十三五”时期与“十二五”时期相比较，一个最大的不同点是经济结构的不同，可以说“十三五”时期我国的经济结构要发生质的变化。因此，经济结构调整是“十三五”时期的一个重大问题。

经济结构调整必然会涉及许多产业的调整，但是目前讨论结构调整，首先涉及的是关于支柱性产业变化的问题。

什么叫支柱性产业呢？就是指对我们增长贡献排在前几位的产业，这几个产业我们都称之为支柱性产业。

目前结构调整首先变动的是支柱性产业的变化。

三大传统支柱性产业地位难保

第一，传统制造业。

传统制造业确实是我们的支柱性产业。它不仅有效满足了国内市场需求，而且它引发的出口对我们的增长贡献很大。过去传统制造业引发的出口每年对我们的增长贡献都在3个百分点以上，我们过去的出口主要是传统制造业的贡献。所以传统制造业确实是我们过去的支柱性产业。但是，现在传统制造业有一个很大的问题就是产能过剩，而且是严重过剩。数据表明，传统制造业的投资已经连续5年增速回落，现在它的增长已经是一个负数。这就标志着传统制造业已经不可能作为我们的支柱性产业了。根据目前的测算，我国传统制造业中有的行业的过剩比例在40%左右，差不多接近一半，所以说是严重产能过剩。而且我们估计到2016年6月以前，传统制造业中有的行业倒闭的企业数量会是现在企业数量的35%左右。实际上传统制造企业倒闭潮从2015年年初就开始了，到2016年6月左右将会出现大规模的倒闭潮。这样一来，这种产业就不可能再作为支柱性产业了。因为它严重产能过剩，这是传统制造业目前遇到的严重问题。所有情况都标志着传统制造业已经不可能再作为支柱性产业存在了。

第二，房地产产业。

房地产产业过去确实是我们的支柱性产业，因为它引发的产业链非常长，像钢材、水泥、铝合金、煤炭等，是一个很长的产业链。所以它对增长的贡献很大，确实是我们的支柱性产业。但是现在房地产遇到了严重的问题，我们现在对它的提法叫去库存化，目前房地产已严重产能过剩。根据有关机构的推测，我们现在建成的房子可以够 38 亿人住，但我们只有 13 亿人口。实际上房地产产业已经连续 5 年增速回落。例如，2013 年我国房地产投资的增长速度是 18.5%，2014 年降到 10.05%。2015 年 1—9 月降到 4%，估计 2015 年年底要降到 2%。所以房地产很显然已经很难再继续作为支柱性产业存在了。所以我们对它的提法叫去库存化。最近调研的时候发现房地产产业已经非常艰难。其中有一家搞商业地产的企业，我去调研的时候，该企业的老总告诉我，半年时间没卖掉 1 平方米的房子，而这个项目的投资是 20 个亿。所以我建议他干脆把销售团队解散算了。我说你这么大的销售团队每天的成本多高，解散算了吧，变成资产管理公司，自己运营就行了，因为已经没有办法了。2015 年 6 月以后出现大量的集资不能还本付息的群发性案件，其背后都是由于房地产企业因无法顺畅销售甚至倒闭而引起的。所有这些，都标志着房地产产业已经很显然不能再作为支柱性产业了。

第三，建筑业。

建筑业有一个很长的产业链，包括建材工业、建筑装备制造业等，而且是劳动密集型产业，我国自 1998 年开启大规模基础设施建设以来，建筑业对我国经济增长的贡献一直很大，属于支柱性产业。但是随着我国基础设施建设的不断完善，建筑业的贡献实际上在下降，很难继续作为支柱性产业了。

总之，我们原来的3个支柱性产业，一个是传统制造业，一个是房地产产业，一个是建筑业，都已经很难再作为支柱性产业存在了。虽然我们还需要这3个产业，因为它们涉及民生，我们的吃穿住用行都要靠它们，但是它们已不能再作为支柱性产业存在了。

那么“十三五”期间及未来较长的时期内，我们的支柱性产业是什么？因为任何国家在任何时期都一定要有支柱性产业存在。“十三五”期间及未来较长的时期内哪些产业将成为我国的支柱性产业，这是目前结构调整中讨论最热烈的问题。从现在的情况来看，我们估计“十三五”期间及未来较长的时期内可能会有3个产业，将上升为我们国家的支柱性产业。

三大新兴支柱性产业异军突起

第一，战略性新兴产业。

所谓战略性新兴产业，就是指既有战略性又是新兴的，我们把具有这种特征的产业统称战略性新兴产业。战略性新兴产业有两个特点：一个是市场需求巨大，因为需求不大就没有战略性；另外一个是短期内技术能够突破，因为技术不突破就不会是新兴的。按照这两个条件来分析的话，我们国家在未来的“十三五”期间及未来较长的时期内，战略性新兴产业是哪些？目前分析的结果认为，能成为我们国家战略性新兴产业的一共有8个要点。

1. 新能源。

新能源属于战略性新兴产业。所谓新能源是相对传统的能源来讲的。传统能源就是指化石燃料，就是地球表面的动植物埋到地下，经过若干年的地球变动后把它挖出来具有燃烧功能，被作为能源，这种作为能源的燃料我们就叫化石燃料，像煤炭、天然气、石油等就叫化石燃料。这就是我们讲的传统能源。

所谓新能源是指非化石燃料，非化石燃料我们叫新能源。新能源主要有6种形态，水能、风能、太阳能、核能、生物能、地能。这6种能源我们统称新能源。当然，现实中的新能源主要是指前4种。

我在这里提醒大家，我们国家在能源上，最近除了提新能源之外，还有两个名词，一个叫可再生能源，可再生能源实际主要包括风能和太阳能。因为环保主义者认为，水能都不能算，因为利用水能就要修水库，水库会破坏自然生态环境。因而可再生能源实际上主要是指风能和太阳能，这就是我们所讲的可再生能源。

还有一个概念叫清洁能源，清洁能源涉及的范围更大，包括所有新能源，还包括一部分传统能源，像页岩气及天然气等，它们虽然属于传统能源，但它们是清洁能源。因此，除了新能源之外，还有一部分传统能源也算清洁能源。

所以现在在能源领域我们有3个提法，一个叫新能源、一个叫可再生能源，一个叫清洁能源。作为战略性新兴产业的是新能源，主要是指风能、水能、太阳能、地能、生物能、核能这六大形态。

2015 年 8 月我用了一些时间，对新能源这个领域做了考察。我发现水能在中国的投资空间似乎已经不大了。因为我国现在的水能就剩下雅鲁藏布江这个水系还没开发，但这个水系开发似乎很难，其原因有二：一是高发地震带，再一个涉及南亚和东南亚国家母亲河的问题，所以可能会引起国际上的纷争，因而我觉得水能的投资空间似乎已经不是太大。这是一部分新能源。

另外一部分是风能和太阳能。也就是可再生能源这部分，它属于新能源的一部分。风能和太阳能我考察发现有 3 个问题似乎还不能解决。所以我觉得对这部分新能源我们还只能做探索性投资，似乎完全大规模投资的条件还不具备，只能是探索性的投资。这 3 个问题如下。

一是它的发电成本太高，风能和太阳能的发电成本远高于传统能源的发电成本。正是由于发电成本太高，因而消费者不能接受，因为消费者不管什么能源发的电，他们只选择便宜的。要让消费者接受的话，就得降低成本，怎么降低成本呢？现在做了两件事。一个是免征土地使用税，但是这个做法地方政府基本不接受。他们认为我们办了一个光伏电厂为什么不收税，根本不接受。我去河西走廊调研，有的光伏企业就是在戈壁滩上建的。这些戈壁滩过去就没有用。但是一建光伏电厂就要收税了。我跟他们聊天，我说你们这地方本来也没有用，人家建电厂为什么收税？他们说魏老师，你是搞经济学的，你应该明白，没有使用价值就没有价值，有了使用价值就有价值。所以这个做法基本行不通。第二个做法就是财政补贴，用补贴的方式让消费者使用风能与光伏的电。但财政补贴遇到一个问题，就是钱从哪儿来？财政补贴钱从哪儿来的要搞清楚，而且还要清楚补贴多少是合理的。我去考察的时候，好多企业说，魏老师你们不讲信用，说好的补贴，钱都不到位。我说很正常，钱从哪儿来没解决，补贴多少合理也说不清楚。所以目前补贴这个做法实际上很难实施。正是因为上述这些原因，所以这样来看，现有的降低成本的两个办法，基本上在现阶段都用不成。我自己认为，要真正把成本降下来只有靠技术才行，技术突破才能真的把成本降下来。但是这种技术现在我看不到方向在哪里。所以发电成本过高的问题，现在实际上没有解决。这是第一个问题。

二是风能和太阳能有一个特点，就是间歇性和不可持续性。有风就有电，没有风就没有电，有太阳就有电，没有太阳就没有电，风大了，电就多，风小了，电就少，太阳强了电就多，太阳弱电就少，间歇性和不可持续性很明显。这就导致电没法上网，电网要求上网的电必须具有持续性才行。正因为电网要求平稳上网，而风电与光伏是不可持续性和间歇性的，所以没法上网。怎样才能解决这个问题，平稳上网呢？需要形成一个重要的技术即储能技术。但是储能技术现在似乎连突破的方向也不清晰。2015 年 8 月我去考察的时候好多企业老板说，魏老师我们有新的储能技术。有人讲，他们有一项浮悬式的储能技术，结果我去看，都是纸上谈兵。这时我才知道，全世界都在为储能技术而努力。这是世界性的问题，不仅是我们的问题。储能技术实现不了的话，风能与光伏就没法解决平稳上网的问题，这是第二个问题。

三是风电与光伏的技术路线实际上一直在摇摆。到底采用什么技术路线，似乎还没有形成统一的认识。例如光伏，到底是搞多晶硅还是薄膜发电。我参加这方面的研讨会，搞多晶硅的说薄膜没有前途，搞薄膜的说多晶硅没有前途。我说你们如果不能解释两个问题—— 一个是无锡尚德为什么破产，一个是汉能在香港的股价为什么拦腰斩断——就不能说服投资者来投资。无锡尚德是搞多晶硅的，已经破产了，汉能集团是搞薄膜的，汉能股价于 2015 年 5 月在香港拦腰斩断，从 7 块多掉到 3 块多,20 分钟 1 000 多亿港币就没了。因为香港股市没有跌停板制度，只要交易就继续跌，一看不对赶快停止了交易。现在汉能集团已不是自己停止交易，而是香港交易所要终止它的上市交易了。我估计背后的原因可能就是技术路线上还没有突破，投资者在怀疑它。我认为，如果上述这两个问题不能说清楚的话，投资者很难大规模投资。

所以，风能和太阳能存在的上述 3 个问题，决定了我们目前对它只能是探索性的投资，还难以进行大规模现实投资，因为上述这 3 个问题没有解决。这是新能源的第二部分。

新能源的另外一部分就是核能，对，我们完成了核能的突破，大家知道清华大学及 21 家联合体 2015 年对外宣布，以清华大学为首的 21 家联合机构，完成了第三代核电装备的生产。第三代是解决安全性问题的。核电最怕不安全，一怕地震二怕没水。第三代解决了安全的问题，我们同美国、法国一起，已拥有这种技术了。所以我们 2015 年已经启动了三大核发电厂的建设。据说，我们第四代也已经完成了，只是没有正式公布而已。

我上次碰到一个民营企业老总，他投资核电这部分，他告诉我第四代也已完成了。第四代是解决核废料问题的。解决核废料是第四代核电装备的问题。大家知道，欧洲国家基本没有地震这种大灾难，但是怎么处理核废料是个大问题，据说，这个实际上也解决了。所以 2015 年 10 月国家主席习近平出访英国的成果之一，就是中广核集团已经在英国要与法国联合建核发电厂。

原来我们是将核电建在发展中国家的，像巴基斯坦，而这一次发达国家也认可了我们的核电技术。这就说明我们这方面的技术已经完全突破了。所以新能源的核电这部分，有巨大的投资空间。因为不仅仅有中国市场的问题，而且涉及广大的世界市场。大家知道，据说 2030 年我们的新能源的发电量要达到发电总量的 32%。现在不到 3%，而且在能源里面，可能大部分是核电，因为最近我碰到国家电网公司搞技术的同志，他告诉我说我们未来的框架性电网，要占我们整个电网的 80% 以上，分立式电网只占百分之十几，分立式电网就是自己用电、自己发电，就是我们讲的光伏和风能生产的电，只占百分之十几，也就是说新能源一大部分将是核电。所以新能源中核电有巨大的投资空间和现实的投资条件。

所以我考察发现，新能源这部分，实际上水能的投资空间已不大，风能和太阳能投资因为有 3 个问题没有解决而实际还处于探索性投资阶段。生物能源的问题是一直没有找到可供使用的有效性生物，虽然地能代替空调的技术已实现突破，但地能发电技术还没有实质性的进展。由此可见，真正拥有现实投资条件的是核电。而核电一旦启动之后，核电装备生产就会起来，而核电装备生产涉及十几个产业，能带动相关的产业起来。现有研究表明，现实有大投资规模和机会的是核电，核电投资将会大规模推动。这就是我们所讨论的战略产业的第一个要点即新能源。

2. 新材料。

新材料属于战略性新兴产业。因为未来好多产业的提升是靠材料的变革，也就是靠新材料。新材料不仅用途巨大，而且技术突破也比较快。大家知道，习近平主席 2015 年 10 月这次出访英国，专门去看了英国的石墨烯实验室，石墨烯是一种高硬度的纳米性材料。这标志着我国很关注新材料方面的动向，新材料未来需求巨大，而且技术也可能会不断地突破。像中国 2015 年这一次天津港爆炸案，也告诉大家未来新材料的方向。有一些化学品燃烧，灭火不能用水而是新材料。一张薄膜打过去，一覆盖火就灭了。所以未来消防队不能仅仅只考虑用水灭火的问题，还要考虑使用新材料的问题。所有这些，未来都有巨大的发展空间。目前我们已经成功下线的 C 919 飞机，实际上机壳就是一种新材料，既轻又坚硬。所以新材料确实属于战略性新兴产业，而且发展得非常迅速。

例如，据说利用石墨烯聚合材料生产出来的汽车电池，只充电几分钟就可以让汽车连续开 1 000 千米；石墨烯的强度超出钢几十倍，有望被用于制造超轻型飞机材料和超坚韧的防弹衣等；石墨烯如果取代硅，有望让计算机处理器运行速度加快数百倍，有望引发触摸屏和显示器产品的革命，制造出可折叠和可伸缩的显示器等。再例如，超薄材料的发现，会导致用品越来越薄。我估计手机未来会薄到与酒店的房卡差不多。手机薄到像酒店房卡那样并不是遥远的未来，而是很快就会实现。当然，我想它太薄似乎不太好用，但是它肯定会发生变化的。

我曾经考察过一个搞新材料的企业，他们告诉我说现在的一个重要污染是塑料袋与塑料薄膜，叫白色污染，他们准备用新材料解决污染，要用一种可溶性材料生产塑料袋与塑料薄膜，这些塑料袋与塑料薄膜用坏后，收集起来与氧气隔绝 24 小时，就会成为碳水化合物，解决污染问题。他们说现在已经找到这种材料，但成本较高，现在正在降成本。可见，新材料是有重大市场范围的。

从目前的一些数据来看，似乎英国已站在新材料的前沿。

3. 生命生物工程。

生命生物工程属于战略性新兴产业。它涉及农业、医疗健康等领域，需求巨大，而且技术突破非常之快。2015 年 10 月我去外地调研碰到我的一个学生，两年前我去他们的城市就碰到他，那天他正在剪彩，要成立一个体检中心。我去那天刚好碰上了，他还拉我去做剪彩嘉宾。但这次我见到他时他就告诉我说，魏老师，那个体检中心已经倒闭了。为什么倒闭呢？因为现在的体检，已经发展到了基因体检，抽几管血，从你的基因推测你未来容易得肿瘤还是脑血管瘤，提前开出保健的建议。早就不用这种传统的体检了。生命生物工程这个要点上，我估计未来会出现许多改变人们生活的各种创新。例如，现在已不是人体器官移植的问题，而是人体器官再造的问题。所以生命生物工程属于战略性新兴产业，这是第三个要点。

从目前的数据来看，似乎美国已站在生命生物工程的前沿。我因为自身膝关节退行性病变，使用了美国 Move free 的一种保健品，效果甚好，该保健品就属于生命生物工程范围。

4. 信息技术及新一代信息技术。

信息技术及新一代信息技术是战略性新兴产业。大家知道，现在我们许多产业的技术能够突破的原因，是因为信息技术的发展，例如像新材料，我们之所以能够很快突破，就是因为信息技术为人们认识物理结构提供了更好的手段。再例如，生命生物工程之所以进步很快的原因，也是信息技术的使用，让人们对生命生物领域的认识更加深入。

不仅如此，信息技术已深入运用到各行各业的生产之中，而且也广泛应用于人们的所有社会生活和物质生活之中。所以信息技术及新一代的信息技术，属于战略性新兴产业。

战略性新兴产业的这个要点实际包括两个部分，一个是信息技术，一个是新一代信息技术。

信息技术目前在中国的投资热点有 3 个，一个是芯片。我们自己还生产不出芯片。我们每年进口芯片的外汇跟我们进口石油的外汇是一样的。我们每年买芯片的钱和我们从国外买石油的钱是一样的。大家想象一下，这个领域一旦突破，将有多大的贡献。所以最近我们极力支持产业基金及私募基金等基金进入这个领域。因为一旦成功的话，对我们将有巨大的影响。所以芯片是我国目前在信息技术上投资的重点。

信息技术的第二个投资重点就是无线传输技术。未来信息基本靠无线传输，无线传输技术有巨大的投资空间。现在我们搞的所谓铁塔公司加室内路由器，实际上这都是不行的，未来一定会发生巨大的变革，所以无线传输技术的投资非常有意义。最近有许多产业基金之所以挤进这个投资领域，是因为有巨大的发展空间。

当然，在传输技术上还有传输内容、清晰度等问题，像由 4G 到 5G 的变革，在这方面华为似乎走到了前面。

信息技术的第三个投资重点就是终端使用。现在我们讲的“互联网 +”，就是信息技术的终端使用。这个现在我们做得还可以。但是未来投资空间仍然很大，像“互联网 + 金融”、“互联网 + 教育”、“互联网 + 医疗”等，都是终端使用，是一个巨大的投资空间。像“互联网 + 金融”，出现许多新的东西，像 P2P、众筹、第三方支付等。这些都是信息技术的终端使用引起的。

像众筹，我也遇到过。我住的地方有一个小书店，是我经常光顾的书店，因为他们老板知道我喜欢什么书。比如我喜欢人物传记，他就能够把任何地方出的人物传记都搜出来，所以我经常光顾这个小店。但是前一段时间，店主给我发了一个邮件说，现在实体店被冲击得很厉害，我们的书店运作不下去了。如果你们还想让我继续运作的话，比如再运作 3 年，那是不是你们一人拿出 1 万元，如果有 50 个人拿 50 万，我保证为你们再运作 3 年，你愿不愿意？我说 1 万元没问题，买 3 年服务太值得了。不过，过了几天他又发来邮件，说不行了，原来我们预计 50 个人 1 人 1 万元，结果有 253 人都愿意参加，众筹了 253 万，要么你们 253 个人当股东 1 人 1 万元，按众筹的钱确定一下书店还可维持多长时间。如果你们只想维持 3 年，那就不是 1 人拿 1 万元，而可能是拿几千元就够了。这就是众筹。这就是互联网终端使用产生的。未来中国在这些方面还是有空间的，而且我们现在还做得不错。

当然，还有些终端使用遇到了新问题，像第三方支付。关于第三方支付，大家知道银行现在意见很大，为什么？因为银行只有风险没有收益。第三方支付者没有风险只有收益。最近这方面的征求意见稿提出，每人每天用第三方只准支付 5 000 元，我说这不行吧，钱是我的，我为什么每天只能支付 5 000 元。银行的同志告诉我说，因为过去没有互联网的第三方支付的时候，银行就工作 8 个小时，你要取款也就是 8 个小时，但互联网一旦使用，24 小时都可以了，可以随意取款。但你放在银行的钱已经贷出去了，而且银行为了应付你取款要搞配付，估计你取 1 元钱，他就要配付 5 元钱放在那里，所以你的钱虽然是你的，但是都贷出去了，你要挤兑银行怎么办？所以这样一来，就出现了一些新的问题，银行一方强调每天第三方支付最多 5 000 元钱，而支付方却说是我的钱，我爱支付多少就支付多少，为什么要限制我，这样矛盾就来了。所以我估计未来情况可能既不是互联网改造金融，也不是金融改造互联网，而是可能会出现非驴非马，是个骡子的现象，也就是要有新东西出来。这些都是终端使用引起的。我们国家在这些方面还有空间，目前投资的空间仍然很大。

由上述可见，信息技术这方面，我们有 3 个投资热点，一个是芯片，一个是无线传输技术及传输技术提升等，一个是终端使用技术。

当然，现在的信息技术还有两个问题没有解决，一个是没有实现大数据化，一个是没有解决安全性。如果实现了大数据化和解决了安全性的话，就进入新一代的信息技术时代。

由此可见，新一代信息技术有两个投资热点：一个是大数据，一个是安全性。现在这两个投资热点的投资都很活跃。我没有想到的一件事，就是我国的大数据企业好多都集中在贵阳。所以世界第四次大数据会议在贵阳召开。为什么呢？据说因为这种企业对气候有很强的要求，我看他们在一座山的山腰打了一个洞，告诉我说是为了通风。我发现我们在大数据方面的投资也很热。

同时，安全性的投资也有重大意义。现在的信息技术还没有解决安全性的问题。所以中美在安全性问题上才争论来争论去，因为安全性问题在技术上没解决。一旦对方的电网被攻破的话，让你的电厂不能发电；对方的银行网络被攻破的话，让你所有银行不能工作；把你的航空网攻破的话，让你所有飞机不能起飞，等等，一秒钟让你完蛋，所以叫秒杀，这就是因为安全性没有解决。现在要解决它才行，所以许多投资者都在为此投资。就我知道我们不少基金目前在这种投资上是很大的，一旦完成的话，意义重大。

总之，信息技术及新一代信息技术，实际上在中国目前有 5 个投资热点：芯片、无线传输技术及传输技术提升技术、终端使用、大数据、安全性。这就是战略性新兴产业的第四个要点，信息技术及新一代信息技术，这方面投资具有意义。

5. 节能环保。

节能环保属于战略性新兴产业。因为我们国家已经取代美国成为世界最大的资源消费国，节约资源是个大问题；同时我们也是最大的污染国，环境问题是一个大问题。而节能环保不能单靠法律。实际最终是靠技术。因为事情都不能干，当然可以解决环境问题，但是有好多事情必须干，而干了还不能影响环境，这是平衡点。在这种情况下，保护环境靠什么？得靠技术。一旦靠技术，当然就是产业的问题。所以节能环保不仅仅是政策及法律的问题，还是一个产业的问题。因为凡是靠技术解决的，必然会形成产业。

例如，我国每年污水处理的产值有好几万亿，但我们对生活废水处理得还可以，但遇到化工废水就没有办法了，把它们偷偷排到地下，使整个土地都中毒了，像长三角重金属污染就很重，这是近些年工业化的后果，出路只能是靠技术解决问题。

2015 年春节期间，有关媒体报道，说四川省的一个城市实现了蓝天白云，就是攀枝花市。春节以后我因为别的事顺便去攀枝花看了一下，确实蓝天白云，为什么蓝天白云？就是因为攀钢脱硫技术完成了。治理环境靠什么完成的？就是靠技术。现在不是谁污染谁治理，而是谁污染谁拿钱，第三方治理，第三方治理当然就是产业化问题。所以节能环保是战略性新兴产业，在中国有很大的发展前景。这是战略性新兴产业的第五个要点。

6. 新能源汽车。

我们现在的汽车属于传统能源汽车，因而像排污问题解决不了，连德国大众这样的企业都弄虚作假，搞一个软件让你查不出污染，可能因为这个问题实在解决不了，所以才搞这种欺骗消费者的事。真正要解决问题，就是要走向新能源汽车才行。新能源汽车是未来的方向。像电动汽车，所以中国实际上已经把新能源汽车作为战略性新兴产业来推动。大家看我国最近规定未来任何城市建小区的时候，必须配套一个基础设施：充电桩，充电桩也是最基本的基础设施。大家看到现在好多城市开始大规模启动充电桩的建设。因为这是新能源汽车必须配备的基础设施。这就说明我们要大力推动这种新能源汽车的发展。

目前电动车做得最好的是美国的特斯拉。北京有人买了这种汽车。上次让我去开，非常好开。一点声音都没有。为什么？我后来才知道，它没有发动机，就 7 块电池，所以没声音。但是我也很震惊，它没有发动机的话，那么它一旦发展起来，汽车工业咋办？汽车工业的核心是发动机，但它不要发动机，所以这时候我才感悟到，战略性新兴产业的特点，就是在超越中发展自己，这个特点是很明显的。例如网购把很多实体店都搞垮了，大家看现在大的商场除了吃饭的地方人多之外，好多都没有人，因为要买东西网上一点就行，到实体店去干吗？所以我觉得这也是一个大问题，我们要考虑变革的负面影响问题。

但是新能源汽车的发展方向应该不会受影响，而且全世界这方面的变革似乎很快。我看到一个资料，说英国剑桥大学在实验室中已生产出充一次电可以续航 660 千米以上的电池，而且这种电池可以连续充电 2 000 多次，这些都表明新能源汽车将会很快得以发展。总之，新能源汽车是战略性新兴产业的第六个要点。

7. 智能机器人。

大家知道，智能机器人在生产领域使用就产生了物联网，也叫工业 4.0。现在发展得很迅速了。上次我到长沙去考察，有一家企业是为全世界的港口提供装备的，这个企业需要大量电焊工，但电焊工很难招，因为这个工种非常累而且有损健康，但是这个企业现在完全不会为此发愁了，因为完全智能化，现场几十个焊枪在运作，就一个人拿一个遥控器指挥就可以了。智能机器人在生产领域运用的话，可以解决许多问题，而且可以实现物联网和所谓的工业 4.0。现在许多危险性的生产活动都逐渐在实行智能与机器人化。

智能机器人不仅运用于生产领域，而且现在已经运用到非生产领域了。例如服务业也开始使用它了。像深圳有家公司一开始做遥控飞机的时候，还怕需求量不大，当时估计可能就只有摄影爱好者会买这玩意儿，但后来发现遥控飞机可以应用到很多领域。

人工智能目前在医疗影像、语音等方面的进展很快，我估计像医院的 B 超室、透视室可能以后都要消失了，因为医生戴个 AI 眼镜就行了，什么都能看清。最近我看到有人拿着手机大小的语音翻译机，很方便，可以进行中日文对话。

智能机器人现在正在扩大使用领域，像无人驾驶汽车，恐怕也不是遥远的未来，据说技术上都没问题了。但我觉得现在是法律上的问题可能要赶快讨论。像遥控飞机，如果每家都买，满天飞，出了问题怎么办？谁来负责。有人买是正能量，有人买是为了窥探别人隐私，这就是法律问题了。再例如，无人驾驶汽车，撞死人，谁负责任。我坐在上面我没驾驶它，当然我不能负责任，但谁负责任？是机器人负责任，还是购买机器人的人负责任，这都是现实问题。最近我参与这方面的讨论，才发现法律问题更加紧迫了，因为这些很快都会成为现实。

智能机器人似乎在非生产领域的使用范围越来越大了，例如现在智能保安机器人都已经出现了。我上次去一个地方考察，住宅门口站的就是机器人。我一站在那儿，它就告诉我，请拿出有效证件，连说3次，我还没拿，它说请你后退5步，你要是不退，我就动手了，结果突然就一拳头打过来，吓了我一跳，它非常忠于主人。

所以智能机器人未来的需求会很巨大，智能机器人必定会成为战略性新兴产业的重要要点，有巨大意义。这是第七个要点。

8. 高端装备制造。

我们国家的高端制造短缺，所以高端装备制造属于我国的战略性新兴产业，像医疗装备就很短缺，例如核磁共振，我们就生产不出来。在北京你要搞核磁共振检查的话，最快都得等一两天，因为我们短缺。

最近我碰到一家企业的老总，他告诉我，说他们准备要生产核磁共振了。核磁共振的基本原材料是稀土，他们现在已经控制了一个稀土矿，现在唯一要做的就是要找到一个拥有这种生产技术专利的人才，因为它有专利保护，只有找到这个人，他们才可以生产。而且他告诉我，一旦生产，价格比国外的价格便宜30%都有很高的利润，因为国外对我们基本是垄断价格，垄断利润。可见，核磁共振是我们非常需要的。所以，高端装备制造，属于我们国家的战略性新兴产业。

总体来讲，现在在讨论中大家一致认为，我们国家的战略性新兴产业在未来5~10年内，可能主要包括上述这8个要点。新能源、新材料、生物生命工程、信息技术及新一代信息技术、节能环保、新能源汽车、智能机器人、高端装备制造。上述这8个要点的不断发展，将会使战略性新兴产业逐渐成为我们国家的支柱性产业，对增长将有很大的贡献。估计每年为我们提供的 GDP 总量在 50 万亿元以上。这是我们判断“十三五”期间及未来较长时期内，我们国家的第一个支柱性产业，即战略性新兴产业。

第二，服务业。

服务业将上升成为我们国家的支柱性产业。对此，有人不理解。说过去我们讲工业立省、工业立市，现在怎么提服务业是支柱性产业，觉得不可理解。实际上很正常。进入后工业化时代的国家，服务业会逐渐上升成为支柱性产业。我们国家目前已进入后工业化社会，因而当然在“十三五”期间及未来较长时期内，逐渐把服务业上升成为我们的支柱性产业。

不过，我们在“十三五”期间及未来较长时期内，把服务业作为支柱性产业，也有自身具体的原因。主要有 3 个原因。

（1）**就业原因**。大家知道，我们国家的就业压力实际上是挺大的。过去就业靠什么？靠增长速度提高就业率。我们国家的增长速度提高一个百分点，就可以创造 1 000 万人左右的就业机会。但是现在我们的增长速度是中高速增长，“十三五”期间及未来较长时期内，只能保持在 6 到 7 之间了，显然不可能靠增长速度的提高解决就业问题了，那靠什么呢？得靠服务业，因为在同等发展条件下，服务业是最大限度提供就业机会的产业，所以我们要大力发展服务业，这是第一个原因。

（2）**节约资源的原因**。大家知道，我们国家在“十三五”期间及未来较长时期内，将取代美国成为世界上最大的资源消费国，但我们所需要的大量资源我们又不能完全提供，所以节约资源是一个大问题。怎么节约呢？得靠服务业。因为在同等发展条件下，服务业是消耗资源最少的产业，所以要大力发展服务业。

（3）**提高我国经济结构档次和水平的原因**。大家知道，一个国家的服务业在经济结构中的比重是决定这个国家经济结构的档次和水平的。一般来说，服务业占的比重越高，就说明这个国家的经济结构的档次和水平越高。像美国，每年增长的80%来自服务业，对美国每年增长贡献最多的就是服务业，因而美国的经济结构是一个高档次的经济结构。而我们的服务业比重偏低。要提高我们的经济结构的档次和水平，就必须大力发展服务业。

总之，具体来讲，“十三五”期间及未来较长时期内我们把服务业作为支柱产业的原因，就是上述3个。所以，现在要大力发展服务业。

怎样大力发展服务业呢？我们把服务业分为四大类。

（1）**消费服务**

所谓消费服务，就是为人们的消费活动提供服务的服务。消费服务包括6个部分：第一是餐饮与商贸，第二是医疗与健康，第三是养老消费服务，第四是儿童消费服务，第五是家政消费服务，第六是信息消费服务。这6个部分我们统称消费服务。

我们国家消费服务现在有巨大的发展空间，因为严重短缺。例如医疗与健康就是如此，我们的医疗与健康领域有两个问题，一个是看不起病，一个是看病难。看不起病和看病难是两回事。看不起病是资金的问题，是社会保障制度改革的问题。看病难则是服务业不发达的问题，有钱也看病难，这是因为医疗与健康服务业的不发达，所以要解决看病难的问题，只有靠发展医疗服务业才行。

从目前来看，现在仅仅靠政府，医疗与健康这个服务业发展不起来。所以我们现在开始鼓励社会资本进入。最近我们这方面改革的重要方向是放开社会资本进入医疗与健康领域。过去是不放的。后来放了一点，例如只能办非营利性医院，现在全部放开了。为什么？因为这种服务业有巨大的发展空间。对于看病难，可能大部分人都有体会，看病难的原因是我国服务业发展严重不到位，因而要大力发展。

再比如，养老消费服务。养老消费服务在中国越来越重要。因为我们已经进入老龄化社会了，但是养老消费服务不是我们讲的养老地产的问题。我一直弄不清楚，为什么一讲到养老消费，就和地产搞一起，不是这个问题。投资养老消费服务，要控制两个团队，一个是老年病治疗团队，一个是老年特殊服务团队。将这两个团队组织起来，就能投资养老消费服务，而且投资空间很大。

我考察过日本养老消费服务。它分为两种模式，一个叫集中型，一个叫分散型。集中型的就是托老所，分散型就是你住在你家里，公司给你提供定期或不定期的服务。我专门考察过日本的托老所，它的分类很细，其中有一个部门叫老年失忆症患者部。这个部门的负责人告诉我，一般感到不安全、具有焦躁不安倾向的老年人容易得这种病，得了这种病以后他经常会跟你讲些莫名其妙的话，他讲完之后你一定顺着说，千万不要呛着说，呛着说就要闹事。比如，他突然告诉你他中大奖得了两个亿，你就说是，已经给你存在银行放好了，这样他就会高兴地走了，玩去了，如果你说没有，他就开始砸东西。所以有时候我们还得找一点让他们高兴的事。比如有一天宣布，请大家注意，安倍首相明天来看望大家，大家听了很高兴，但一转身就忘了，高兴就行。有时候打针他们不去，你告诉他说，你得去，因为那个医院是你办的，你得体验一下，他们就高兴地去了。这个负责人告诉我，这种养老消费服务并不是你们想的那么简单。我觉得很有道理。

2015 年 10 月北京媒体大量报道了一件事情，就是北京大学钱理群教授把自己的房子卖了，住到养老院去了，一个月的费用是 2 万元人民币，住的房子的面积 100 多平方米大，各种服务都由养老院提供。对此大家讨论得很热闹。在讨论中就有人提出来，他能拿出 2 万元一个月，我们拿不出来怎么办？我说，你拿不出来找政府，跟人家养老院没关系。因为你面临的问题是养老的社会保障问题，就是讨论政府在养老中发挥了什么作用的问题，而这里是讨论养老消费服务的问题。养老保障与养老消费服务是两个不同的概念，是两回事。我估计我国养老消费服务，未来需求很大，例如像老年失忆症患者，我们国家年发病增长率是 7%，跟我们 GDP 的增长速度差不多。这种病没法在家庭中养老，因为他们不认识亲人了。最近有个企业家，父亲得了这个病，他告诉我，为了能让老先生安度最后的这些年，给他雇了 3 个保姆。结果 3 个保姆把他父亲一捆放在楼道，自己玩去了，因为这种病人不会说。所以他就问我，咱们国家有没有这种养老机构，一天多少钱都可以。很可惜我国没有这种养老机构啊。实际上大家注意中国现在不是没有投资机会，而是有巨大的投资机会。这种消费服务不要小看它，未来有巨大的发展空间。

最近有人告诉我，他原来盖房子，现在不盖了，干什么呢？搞消费服务。承包了几个小区，每个小区建了网站，给住户提供所有的服务。例如办护照、签证、医院挂号等，所有事都可以服务。他告诉我说需求巨大，只要你设定费用就行，他告诉我说，现在中产阶级最大的问题就是怕麻烦，只要能解决麻烦，多少钱都行。因为对富人来讲，凡是钱能解决的，都不是问题，他们就是害怕麻烦，所以，只要你帮他解决就行。可见，这种服务业有巨大的投资机会。

总之，消费服务在我们国家未来有很大的发展前景，这是第一种服务业。

（2）**商务服务**

所谓商务服务，就是为人们的商务活动提供服务，我们将这种服务叫作商务服务。商务服务是一个宽泛的产业概念。大致上包括五大类。第一类是金融服务，例如像商业银行、投资银行、证券、保险、基金等都属于这种服务。第二类是商事服务，包括会计师事务所、审计事务所、经济商务类律师事务所等。第三类是投资咨询，包括各种投资咨询、管理咨询、经营咨询等公司。第四类是园区管理业务，包括园区开发、管理经营等公司。第五类是家庭财产管理服务，包括货币财产管理，也包括非货币财产管理。

上述五类都属于商务服务，商务服务在中国有巨大的发展空间。尤其我们看到，改革的步伐很快，例如金融改革、放管服改革、混合经济改革等，都会推进商务服务业发展，因为这些改革使得许多经营活动都有第三方参与了，第三方参与实际上就是商务服务业。因而商务服务业有很大的发展空间。这是第二种服务业。

（3）**生产服务**

所谓生产服务，就是为生产过程直接提供服务的服务。生产服务也是个宽泛的产业概念。例如北京有一家公司为全国的钢厂服务，帮钢厂调整工艺流程，实现节能环保，帮钢厂在钢水出口处加一种原料，生产新的钢，这叫作产品功能定位，或者在炼钢设备上喷一层原料，让它延长设备的使用寿命，等等，这些技术服务，就是生产服务。北京现在有一大批所谓的轻资产公司，就是没有什么资产，就几十个技术人员，为某个行业或产业搞技术服务，技术服务就是很重要的生产服务。

再比如，设计也属于生产服务。无论是服装设计、工业产品设计，还是建筑设计等，都属于生产服务。比如像工业产品设计。最近大家如果家里要换空调，你发一个帖子，向网民咨询一下买什么牌子好，你注意网民给你推荐的第一个品牌一定是三菱，为什么推荐三菱，空调实际上核心技术都是一样的，没什么区别，那为什么推荐它？因为它的设计变了，出风口声音非常小，夏天在卧室里开着它，一点声音都没有。这是什么带来的价值？是设计带来的。所以设计是生产服务的内容。

生产服务在中国有巨大的空间，因为世界潮流是一个企业只做自己最核心的部分。大量生产经营活动要外包，外包就是生产服务发展的一种新情况。最近我碰到一个搞农业的，他说现在搞农业单个投资回报率很低，例如养一只鸡才赚几毛钱，养一头猪才赚几块钱，真要赚钱的话，要靠规模农业才行。但是一旦走上规模农业的道路，生产服务就必须跟上，例如有的提供兽医服务，有的提供市场服务，有的提供种猪服务等，没有生产服务不可能通过规模农业而提高农业回报。所以，生产服务在中国有巨大的发展空间。

总之，生产服务实际上包括三大类：第一是技术服务，第二是设计服务，第三是生产业务外包服务。

（4）**精神服务**

所谓精神服务，就是为满足人们的精神需要而提供的服务。这种服务业我们统称为精神服务。人的享受实际上就分两种，第一种是物质享受，这种享受靠消费服务满足；第二种是精神享受，这种享受靠精神服务满足。精神服务是一个宽泛的产业概念，包括四大类：第一类是影视、音乐、戏剧，第二类是收藏、非遗、博物馆，第三类是旅游、休闲、娱乐，第四类是文化、出版、体育、美术。这些以满足人们精神需要为特点的服务都属于这种服务业。

精神服务是重要的服务业，因为人富有之后，物质享受逐渐会失去增长的弹性，例如我们吃馒头，穷的时候每天吃两个，富了不可能每天吃 30 个，人的消费支出实际上大量是精神消费支出。例如一部电影卖十几个亿没什么大惊小怪的。只要你能满足不同阶层的精神需要的话，一定有票房价值。2015 年有部电影叫《捉妖记》，卖得还不错。我专门去看了一下，为什么票房那么高，就是因为能满足不同社会阶层的需要。比如你是很有思想的人，作者通过人和妖的关系，告诉你当下社会的实际弊端在哪里，怎么解决它，你看了以后很有认同感，认同感就是一种精神享受。而小孩什么都不知道，看着胡巴好玩，高兴地大喊胡巴胡巴。正是满足了不同人群的需要，才有票房价值。据说《捉妖记》拍了两次，第一次拍完后发现主演吸毒，就不能上映了，又重拍了一次。投资方为什么敢第二次投资呢？因为知道有票房价值。当然，这种服务业要注意满足人们的精神需要才行。

请大家注意，未来对精神服务业的投资都有巨大的意义。例如旅游，未来空间就很大，2015 年我考察“一带一路”，去了河西走廊几次，河西走廊有一个城市叫张掖市，有个景点叫丹霞地貌，我看过的丹霞地貌比较多，觉得它并没有太特殊的地方，很一般，但是那里人山人海，80 多元钱一张票，我看了一下，游客百分之八十来自中国发达地区，他们为什么要看这玩意儿呢？因为我发现只有在这个地方人才能体会什么是苍凉感，山清水秀的发达地区没有这感觉，到这里才有这种感觉，所以发达地区来的人很多。人就是追求短缺的，越没有什么就越追求什么。我告诉当地政府说，你们一年接纳 1 000 万人，10 年才 1 个亿，我们 13 个亿，若每人一生来一次，需 130 年，因而有巨大的投资机会。

2015 年 8 月我到格尔木看到，一个企业投资旅游设施，我说你们一定要投资，因为只有这里才有昆仑文明和盆地文明，只有这里才能感悟昆仑文化和盆地文化。中国人每人一生来一次，你就够了。这种精神消费在中国会越来越广泛，不要小看它。

我估计精神服务业在中国的投资，具有巨大的空间，但现在有人往往忽视它。实际上是错的。人富裕之后的消费支出不是物质消费支出的不断上升，而是精神消费支出的上升。更多的支出是精神享受，只要你能搞出满足人们精神需要的产品，一定有很大的潜力。因此精神服务是第四类服务业，要大力发展。

总体来看，我们把服务业分为上述这四大类，消费服务、商务服务、生产服务和精神服务。这四大类服务业的发展，逐渐使服务业的贡献不断提高，服务将成为我们的支柱性产业。

其实，服务业的作用现在已经逐渐显现出来了。例如在 2015 年 1—12 月，对经济增长贡献最多的就是服务业，占了整个贡献的 60% 左右，服务业的支柱性地位已经显现出来了。因此，中国目前的增长速度回落不用害怕，因为我们在调整结构，很正常，没什么大惊小怪的。随着服务业上升成为我们的支柱性产业，中国经济仍然会保持中高速增长的，估计服务业每年对 GDP 的贡献会在 40 万亿元以上，这就是我们预计的第二个支柱性产业，即服务业。

第三，现代制造业。

现代制造业将上升为支柱性产业。大家知道，制造业分两种，一种叫传统制造业，一种叫现代制造业。怎么划分的呢？不是谁现代化，谁不现代化的问题，而是按所生产的产品的社会性质划分的。一般来说，传统制造业是生产私人产品的，吃穿住用都靠它，现在我们的传统制造业严重过剩了；现代制造业是生产公共产品的，我们的公共产品短缺。所以生产公共产品的现代制造业将代替传统制造业，上升为我们的支柱性产业，我们要大力发展现代制造业。

怎么发展现代制造业？在“十三五”期间我国现代制造业大致上有 6 个要点。

1. 航空器制造与航天器制造。

航空器就是飞机，航天器就是卫星。

为什么把航空器即飞机作为一个重点？因为我国是一个飞机需求大国，现在空客和波音的第一大客户是中国。大家想想，我们如果能自己生产飞机，不买它们的飞机的话，我们恐怕就不会为 7% 左右的增长率发愁了，很可惜我们生产不出来，但是市场需求巨大。

同时，我们国家也是通用飞机需求大国，通用飞机就是低空飞机，私人飞机。最近我们讨论通用飞机的时候，大家谈到消费热点，大家说消费热点一般是从富人开始，逐渐扩散到一般人群，现在富人的消费热点是什么，大家说是私人飞机。按照消费的传导规律，通用飞机，一旦富人玩它的时候，它就会逐渐通过租赁的方式扩散到一般人群，因为一般家庭买不起飞机，但一家人甚至几家人联合起来能租得起，例如几家人租架通用飞机到三亚玩一圈，这个支付能力是有的。租赁一旦起来，我们也就成为低空飞机需求大国了。所以请大家注意，不要小看这个要点，坐低空飞机是会上瘾的，我坐了几次之后一到机场就琢磨能不能再有机会继续坐它，不想坐那个大飞机了，它有 3 个好处，第一不安检，直接登机，第二准时起飞，因为高空拥堵而低空不拥堵，第三它是家庭式的装饰，喝瓶啤酒，一晃就到了，所以是享受的感觉而不是感到疲劳。所以我坐了几次特别有感触，因而一到首都机场就想，今天有没有朋友的私人飞机坐一下。

卫星也是我们现代制造业的要点，因为我国卫星制造有自身的技术及性价比，不仅可以满足国内各种市场的需求，也可以满足国际市场的需求，有巨大的发展潜力。

所以，现代制造业现在的第一个要点就是航天器制造与航空器制造，并已开始启动。例如我们和俄罗斯准备联合开发宽体客机。再如2015年国庆节前我们中航集团公司的三家上市公司停盘，我估计是要把发动机独立出去了。飞机和发动机不应该是一家公司，要分开了。因此，我们的布局已经启动了。这是现代制造业的第一个要点。

2. 高铁装备制造。

我们国内市场对于高铁装备的需求巨大，而且在国际市场有非常强的竞争力。据说，2030年我们每个县都要通高铁，因为我们终于发现在中国这一人口众多且国土面积巨大的国家，陆地上最佳的交通工具就是高铁，极其方便，一下子带动了整个经济，人流物流信息流都活跃起来了。

江西萍乡市的朋友一直请我去，我没有答应，因为到南昌下了飞机还要坐5个多小时的汽车，当然会很累，我一直不愿意去，后来他们告诉我说，魏老师你来吧，高铁通了。45分钟就可以从南昌到萍乡。他们告诉我从萍乡再往前坐半个小时就是长沙了，我去了发现人流及物流一下子就多起来了。高铁将是我们未来最大的交通发展方向，市场巨大。同时准备出口。大家知道印尼的高铁合同已经签了，泰国的高铁合同在2016年就签了。英国的估计也没问题。

俄罗斯的高铁合同也签了，我估计中国高铁走向世界是没问题了，可以说，高铁现在成了中国的一张名片。

我觉得中国改革开放中做得最成功的一件事就是高铁装备制造。引进、消化、吸收、提高，从而形成了自己的高铁装备系统。大家知道，10 年前咱们在高铁上是学生，人家是老师，现在老师和学生同台竞争了，而且学生竟然能竞争得过老师，这是中国改革开放后做得最成功的一件事，很有意义。

高铁装备制造一旦启动，它所带动的产业便是多方位的，例如钢铁会因此拉动起来。我 2014 年到内蒙古调研，去了包头市的包钢，包钢不是央企，是地方国有企业，他们告诉我说："魏老师，我们早就不生产建筑钢了，建筑钢严重过剩了，我们生产高铁轨道钢。"这时我才知道北京到上海的京沪高铁轨道的 70% 都是包钢生产的。2014 年我们通车的日喀则到拉萨的铁路轨道，也是他们生产的，那是高寒地带，一会儿冷一会儿热，对钢铁有很大要求。大家想想，高铁装备制造让我们钢铁过剩的生产能力也找到出口了，尤其是我们对外出口高铁装备，是一个系统工程。从钢轨到信息，到电力，到装备等是一体化的。有的国家让我们建设完以后运营一段时间再交付给他们，大家想想，这对中国经济的拉动得多大。这就是现代制造业的第二个要点。

3. 核电装备制造。

大家知道，我们已经完成了核电装备制造第三代及第四代技术的突破。首先国内未来的需求是巨大的。现在我们的核电不一定在海边，内地的湖边及河边都可以。大家知道，内地修建核电的可行性调研已经开始，因而国内市场需求巨大。同时，核电装备还要走向世界。我们早已经开始帮助发展中国家制造核电设备了，例如巴基斯坦已经开始建了。发达国家我们也可以进入了，像英国这一次签了协议，就标志着我们的技术已经达到发达国家的水平了。尤其是英国在这方面是要求极其严格的国家，能进入英国就能进入别的发达国家，英国对我们起到了广告示范效应。我们把核电制造作为要点来发展。所以，现代制造业的第三个要点就是核电装备制造。

4. 特高压输变电装备制造。

为什么要把这个作为要点呢？因为我们准备用特高压技术改造中国电网，因此特高压输变电装备制造就成为现代制造业的重点。原来有人对此技术有些担心，因为全世界现在没有一个国家使用这种技术，我们一旦用这种技术改造中国电网，就会形成全国统一电网，全世界现在没有这种状况，例如美国的电网是以州为单位的，我们一旦形成了统一电网，会不会有安全性问题。现在似乎大家逐渐形成共识了，已经决定用特高压技术改造中国电网。正因如此，特高压输变电装备制造便成为现代制造业的重点。估计“十三五”期间此项投资拉动的直接与间接投资可能有 4 万亿元左右。而且，据说现在国外也有国家对这种技术很感兴趣，例如墨西哥就承认我们的技术，要求给他们输出，这样一来，国际市场也会起来。因此特高压装备制造当然就成了我们现代制造业的重点，这是第四个要点。

5. 现代船舶制造。

大家注意，现代船舶制造，不是船舶制造。现代船舶制造是以能生产航母为技术标准的。能生产航母的这种技术水平的船舶制造才叫现代船舶制造。为什么把现代船舶制造作为重点呢？因为我们要构建航母编队。你们看2015年9月的抗战胜利阅兵就充分释放了这个信息，因为天空中有舰载机编队飞过。舰载机就是在航母上起降的飞机，这就是告诉大家，建立航母编队是中国海军的一个发展方向。这就决定了现代制造业要把现代船舶制造作为重点才行，因为航母不能光买别人的。尤其是航母自己没有战斗力，它是海上飞机场，一旦运作起来就要保护它，例如水下有潜水艇，水面有巡洋舰，空中有预警机。因而生产航母编队，反映了一个国家的现代制造业的水准。所以，现代船舶制造就成了现代制造业的第五个重点。

6. 数控机床。

数控机床属于制造的制造业，有许多高精工业部件是靠人生产不出来的，需要数控机床才能生产出来，因而数控机床很重要，没有它，就没有高精度的制造业。然而，数控机床恰恰是我们的短板，因此，我们必须大力发展数控机床。当然，它涉及人工智能及装备等方面的问题。

总体来讲，“十三五”期间及未来较长时期内，现代制造业的基本重点就这6个，由此可见，现代制造业生产公共产品，我们的公共产品确实短缺，所以要大力发展现代制造业，让它逐渐上升为我们国家的支柱性产业。

总之，我们估计“十三五”期间及未来较长时期内，我们国家的支柱性产业主要是这3个：一个是战略性新兴产业，一个是服务业，一个是现代制造业。也就是说，结构调整实际首先表现得最为突出的就是支柱性产业的变化。原来的 3 个支柱性产业就是传统制造业和房地产产业、建筑业，它们将不能再作为支柱性产业存在了，将产生新的支柱性产业，这就是，战略性新兴产业、服务业、现代制造业。这 3 个产业将逐渐上升取代原有的支柱性产业，成为我们国家新的支柱性产业。当然，传统制造业和房地产产业、建筑业我们还需要。因为它们涉及民生，我们的吃穿住用行都来自传统制造业和房地产产业、建筑业，但是它们将不再是支柱性产业，将逐渐转向常态性产业。所以“十三五”期间，在新的支柱性产业上升的同时，原来那 3 个支柱性产业，即传统制造业和房地产产业、建筑业将逐渐地转向常态性产业。当然，这种转型的过程也很艰难。

比如，传统制造业转型就很艰难。我最近调研的时候，发现企业家们都很艰难。因为这种产能过剩我们是第一次遇到。我们过去是什么都缺，现在是什么都多了，过剩的危机第一次遇到。就像过去我们穷的时候得的病是贫血，我们对这种病已有了经验，现在富了一下子脂肪肝出现了，对这种病还不适应。

当然，国家也会帮助企业转型，例如中国要在国际上搞产能合作，尤其是“一带一路”。就是要让更多的过剩产能转移出中国。沿着“一带一路”的国家，我们在传统制造上还有一些优势。总之，要让一部分产能在国际合作中走出国门，从而缓解企业的压力。强调和国际的产能合作，强调“一带一路”，必然会让一些产能能够在国际市场上释放，缓解国内产能过剩的压力。

就是这样，对于企业来讲，目前也仍然很艰难，所以最近调研的时候，他们老问我说，魏老师，你是经济学家，有什么好办法没有？我说我也没有办法，只有一个字——熬。看谁能熬过谁。熬到最后就是能撑下来的，熬不住就是倒闭，就是这个办法。所以，现在根本不是看谁能赚钱，关键是看谁能赔得起，有的企业赔 5 年都不倒，有的赔两个月就倒了。剩下就是赔得起的企业，这种生产能力能生存下来的，就会成为我们未来的传统制造的中坚力量。企业在熬的过程中，不是看谁赚得起，而是看谁能赔得起，能赔得起就能生存下来，赔不起就被淘汰掉，产能过剩的问题就能得以解决。我们估计“十三五”期间传统制造业产能过剩的问题也可以得到解决。

再一个就是房地产产业。房地产产业库存的压力 2016 年可能会比 2015 年更重，因而要去库存化。去库存化的有效方法是把房地产全部交由市场调节。交给市场调节，实际上市场的供需关系的规律就开始起作用了。凡是严重供过于求的地方，房价就会下跌，而供不应求的地方房价就会上涨。通过供求关系规律让房地产回归为常态性产业。这个规律现在已经开始起作用。最近调研的时候，我碰到一个我的学生，他是搞房地产的，他说房子卖不掉可能有两种情况，一种是供给过剩，一种是需求不足。供给过剩说明不能干了，而需求不足还可以干。问我如何判断怎样是供给过剩，怎样才是需求不足。我告诉他只有一个指标，就是价格弹性。比如一降价马上就能卖掉，就是需求不足；降价也卖不掉，就是供给过剩，那你就要具体评价一下你还能不能再干。总之，我们只要交由市场来调节，供需关系规律必将强势起作用。

现在有些人老问我还能不能买房子，我说不能笼统地问，要问在哪买和买什么样的房子。在市场供求规律起作用的条件下，买房只有一个诀窍，也只有一个办法，就是预计一下这个地方的房子10年后的供需关系。10年后这个地方的房子仍然供不应求，现在多高的价格都敢买，如果10年后这个地方的房子严重供过于求，现在多低的价格也不能买，因为房子的供求关系决定房价。一旦交给市场之后，大家注意实际上就是供求关系在起作用。我们已经决定不救房地产了。因为房地产是严重供过于求的问题，不是资金或者别的方面出了问题，去库存化只能靠市场。当然，有人老幻想救，现在不是救不救的问题，而是要全部推向市场，这就是要让供求关系强制性使中国的房地产产业走向供需平衡，成为一个常态性的产业。

市场调节的力度是很大的，我估计可能房地产产业在2016年的五六月份最难受。一旦房子没法销售，资金回流不畅通，资金流出现问题的话，房地产产业的资产重组及房地产倒闭就会开始出现。因为交给市场后，完全是供求关系来决定，一旦投资失误，这个地方的房子严重供过于求，你再想救也没办法，所以房地产企业自己得想办法突围。

我最近调查房地产产业的时候，有的人很极端，抱怨有关部门不救房地产，抱怨银行贷款收紧，我说你得想办法自我突围才行。因为一旦交由市场，就不是救不救的问题。大家知道，这一次房地产是因为供求关系出了问题，不是什么不放贷款的问题，不是什么制度缺失的问题，就是没有市场需求了。这样一来，市场供求关系这个规律就很起作用了。所以我估计2016年五六月份中小房地产的倒闭潮就要来了。

大致在“十三五”期间，房地产产业可能会逐渐自我调整，转向一个常态性产业。总体来讲，“十三五”这5年期间，原来所谓的支柱性产业即传统制造业、房地产产业、建筑业，将逐渐转向一个常态性的产业。完成这个调整，应该不会有太大的问题。

当然，对于个人来讲，情况就不一样了。有的企业可能压力非常大，有的甚至破产倒闭，所以大家知道，结构调整经常显现出来的就是企业家的改朝换代。过去像传统制造业、房地产产业、建筑业是我们的支柱性产业，因而相关的人，就非常知名，非常活跃。而随着它们逐渐转向常态性产业，过去一些比较活跃的人可能逐渐就淡出历史舞台，而与新的支柱性产业相关的人就应运而生，活跃起来了。这种现象实际上已经开始了。

最近我们一个房地产的老总讲得很有意思。他说过去政府请吃饭，我们坐的是主桌，现在坐得偏点了，现在谁坐主桌？是“互联网+”。我估计再过几年大概好多知名人士都会消失不见，而名不见经传的就会应运而生了。2015年国内评的十大富翁，房地产只剩下两个了。8个都是别的产业的。随着“十三五”的推进，大家将会看到有许多名不见经传的人就活跃起来了，这是结构调整的必然结果，所以这也是企业家的改朝换代。

我估计我们结构调整的难度一定很大，实际上现在各方面都感到了压力，但是一旦结构调整完成的话，中国的经济结构将达到发达国家的水平。这是具有重大历史意义的变革。所以建议大家最近别老看增长速度有些回落的问题，我们对这个已经不那么关注了，很关注结构调整。

“十三五”到2020年结束，等到2020年大家再回过头来看，会发现我们的经济结构发生了巨大的变化。这就是和大家讨论关于结构调整的问题。因为目前经济结构调整主要表现在支柱性产业的变化上，所以主要给大家介绍一些这方面的情况。

深化改革

上述产业结构调整，需要有新投资方面的作用，也需要有存量资产的调整，这既涉及新增投资的结构问题，也涉及存量资产的调整问题，因而需要有资源配置的高效性支持，这既包括新增投资的高效性，也包括存量资源的重新高效配置，即资产重组的高效性。因此，从产业结构调整的角度来说，我国经济体系改革主要应包括以下改革。

金融体制改革实现金融自由化

金融改革就是金融体制的改革。这是率先要完成的改革。

金融改革的重点是什么？过去我们的金融实际上是一个垄断部门，而“十三五”期间及未来较长的时期内，要走向金融自由化。

所谓金融自由化，就是指金融要全面放开，从垄断转向市场，实现市场化。金融改革大致上有 6 个重点。

第一，利率市场化。

商业银行的存贷款利率，国家不做决定了，由市场来决定，这就叫市场利率化，这项改革已经开始。2015 年 10 月 23 日这次降息与以往不同，这一次降息央行公布了一个基本利率，但没有约束性，不再给商业银行规定浮动上限，过去是定一个基准利率，然后给商业银行一个波动的上限，这一次已经没有上限了，商业银行认为利率是多少就是多少，不再受央行约束。我估计未来央行可能还会公布存贷款基准利率，但没有约束性了。商业银行的存贷款利率由商业银行自己来决定。怎么决定呢？根据货币的供求关系来决定。这一项改革已经有了重大推进，这就叫利率市场化。

大家知道，过去商业银行的存贷款利率是国家定的。商业银行利率是行政化的，而现在全部放开了，走向利率市场化。利率市场化启动以后没有出现所谓的高息揽存问题。这也告诉大家一个新时代的到来。过去是资本和土地的天下，未来将是技术与劳动的天下。资本回报率会越来越低。而未来真正上升的是技术和劳动的收入。这是新时代的到来。所以银行利率放开之后，存款利率没有出现太多的上升，而基本就在基准利率上下。这就告诉大家一个新时代的到来，我们知道过去最值钱的是货币和土地，但未来最值钱的将是技术和劳动。

利率市场化从根本上已经开启了，“十三五”期间必定要完成了。利率市场化喊了几十年，这一次要完成这个划时代的改革。利率全部交由市场来调节叫利率市场化。存款人和贷款人、银行之间讨价还价，最后达成一个共同确定的价格就是利率市场化。这项改革要在“十三五”时期完成。

当然，利率市场化改革还是要分步推动。首先是贷款利率市场化，银行根据放贷对象来确定利率。至于存款利率的放开，可能要慢于贷款利率放开，可能央行还要公布一个基准利率，有一个适当的调控方式，然后在条件成熟时再完全交由市场调节。

第二，汇率市场化。

汇率市场化就是外汇价格不再由政府定而是由市场定，市场定就是外汇的供求关系决定汇价。我们国家决定外汇供求关系的重要数字就是我们的外汇储备量。外汇储备量决定了外汇的供求关系，而外汇的供求关系决定了汇价。这一项改革在 2015 年 8 月 11 日就已经启动了。我发现，如果连续 3 天外汇储备量减少，人民币一定会进入贬值通道；外汇量连续 3 天增加，人民币就一定会进入升值空间。而决定外汇供求关系的就是外汇储备量。大家知道，2015 年 8 月，有一天外汇储备量减少了 900 多个亿，人民币的价格一下子贬到 1 ：6.47。所以这时的汇价是由市场决定的。2015 年 8 月 11 日是我们汇价转轨的一天，从完全由政府决定转向由市场决定。

现在我们国内的外汇市场收市已经延长到 23：00。和欧美外汇市场基本对接，解决时差的问题，就是说我们的汇价基本上放开了。估计我国外汇储备量如果能保持在 3.5 万亿到 4 万亿之间的话，人民币对美元的汇率就能保持在 1∶6 到 1∶6.5 之间，因为这是由市场决定的，我们已经基本启动了这项改革。

我国的这项金融改革，使得美国财政部不再讲中国操纵汇率的问题了。国际货币基金组织也正式表态中国没有操纵汇率，七国集团也承认中国汇率是市场调节的结果，而不是政府操纵的结果。我国的这一项改革取得了突破性进展。在汇率市场化的条件下，大家关注汇率的话，一定要关注外汇储备量，它是决定中国外汇供求关系的基本要素，而供求关系决定了汇价，这是新的运转规则，这就是市场调节汇价。

有人讲人民币没有大幅度贬值的基础，实际上这种说法取决于一个重要的数据，即中国政府会把外汇储备量控制在 3.5 万亿到 4 万亿之间。只要外汇储备量控制在 3.5 万亿到 4 万亿之间，人民币就没有大幅度贬值和升值的可能。因为汇价是由市场供求关系决定的。这一项改革实际上已经取得了根本性突破。这是我们金融改革的第二个重点。

第三，人民币在资本项目中可自主兑换。

人民币可自由兑换，我们在贸易项目下已经放开了，从事贸易的企业的换汇与结汇基本上是自由的，但资本项目还没有全放，最近在自贸区试点放。自贸区的企业和个人，只要有国外法律认可的投资凭证，在换汇上也没有太大约束，直接在银行办就可以了。过去要到外汇局批指标，现在不用了，直接由银行操作就行了。当然，在这方面，现在还有一个没有放，就是一个身份证一年只准购买5万美元，这个规定还没有取消，我估计未来会提高这个额度。人民币可以自由兑换，先从自贸区开始，最后逐渐发展到一般人群，但对还没有海外投资凭证的这些人，估计外汇兑换额度可能还会控制在一定限额内。

我估计“十三五”会完成这项改革。为什么呢？因为我们国家希望人民币成为第五种世界货币，而要成为世界货币，当然就必须可自由兑换。现在有4种世界货币，美元、欧元、日元、英镑。人民币要成为第五种世界货币，要成为第五种世界货币当然要能自由兑换才行，所以这一项改革在“十三五”期间是要完成的。

大家知道，国际货币基金组织公布对人民币能不能成为世界货币的技术考核已经完成了。最近将公布这一考核的结果。如果技术考核结果符合要求的话，人民币就会成为第五种世界货币。

当然，我们讲的可自由兑换不是自由放任，而是有效管理下的可自由兑换。因为如果放任自流，外汇就有可能会大量流向海外，外汇储备就会大幅减少，从而引起人民币大幅度贬值，我们要在汇价与自由兑换之间找到一个平衡点，兼顾两项改革，这就是有效管理的可自由兑换。

大家知道最近我国有一件重要的事，就是人民币跨境支付已经放开了。大家注意人民币跨境支付，这个动作很厉害，等于我们要摆脱美元体系。过去我们做任何生意，整个货币流动都在美国的监控之下，因为你都要进入美元体系，你的钱流向哪里，怎么回事，人家都很清楚。但一旦走向跨境支付就要打破这个约束了。实际上这也是在为人民币成为世界货币做充分的准备。因此，我估计资本项目的可自由兑换，也是“十三五”要解决的问题了。这是就金融改革的第三个要点。

当然，诸如企业海外并购、个人海外不动产及证券投资等的放开，可能还需要一个很长的过程，尤其是一旦国际经济情况发生不利于中国的变化，这些项目的放开就更为遥远。

第四，银行自由化。

什么叫银行自由化呢？就是人们可以自发地成立银行，同时银行也可以自由破产。这项改革“十三五”一定会完成的。大家知道，2015 年 5 月 1 日，我们实施了一个制度，叫作存款保险金制度。存款保险金制度是保证银行自由化的一个重要制度。大家如果了解西方金融史的话，就会知道西方之所以能自由地开办银行，银行能破产的原因，就是因为这个制度的实行。过去我国没有这个制度的时候，不准民营企业办银行，因为你办的银行出了问题国家要负责任，国家得托底，这叫作国家信用，因而不能随便办银行。而一旦这个制度实行了，银行出了问题，国家不托底了，而是靠商业信用，当然可以自由办银行了，因为责任自负。这个制度等于给银行上了保险，出了问题保险给银行兜底，既然国家不负责任了，当然国家就不能阻止自由办银行了，所以银行就要放开。

据说，我国 2015 年 5 月 1 日将这个制度公布之后，现在到银监会申请办银行的已经有 60 多家民营企业。谁能办银行，银监会制定了标准，据说这 60 多家民营企业都符合标准。一旦放开的话，几十家民营银行就产生了。前些年我们搞了好长时间才产生了 5 家民营银行，而现在可能会出现几十家，“十三五”期间可能将有大量的民营银行产生。

银行一旦放开，银行的竞争就开始了。银行一旦开始竞争，银行这个职业就不再是一个旱涝保收的职业了。银行最需要什么人呢？最需要的是不需要担保和抵押敢把钱贷给你，因为知道你能把钱还回来，本息能还回来，银行最需要这种人，担保和抵押对银行来讲都有损失。而现在银行里无用的人太多，因而很快就会裁员，而不是未来再裁员，“十三五”时期裁员最多的可能就是银行业，真正的竞争开始了。现在我们国有银行有一些行长，不是真正的行长，是官衙门。现在我们国有银行有的行长到民营银行当行长不会干，几个月就辞职了，真正的竞争已经开始了。浙江台州的民营银行不需要担保抵押敢把钱贷给你，这是真正的银行，随着银行的放开，银行的竞争将会在“十三五”变得非常激烈。裁员和变现不动产都是很正常的事。这就是金融改革的第四个重点，即银行自由化已经启动，“十三五”要基本完成。这项改革很重要。这是金融改革的第四项。

第五，放开非银行金融。

非银行金融将在“十三五”全面放开。像各种基金，无论是私募还是公募，无论是证券基金还是产业基金，都要放开。债券、证券、保险、资产证券化等都要放开。我们在金融方面放得最快的就是非银行金融，加之互联网的冲击，使得非银行金融发展很快。“互联网＋金融”出现了许多新的现象。我们不得不去放开。所以大家看非银行金融最近放得很快。

最近我去西部调研的时候，有人有意见，说你们放得太快了。为什么呢？因为现在谁都可以租个门面房办投资公司来高息揽存，骗我们的钱。我说这不是放得快的问题，而是你要有风险意识才行。你得注意，改革一定是和风险挂在一起，你要是没有风险意识，人家会琢磨你的本金，你琢磨人家利息，你想谁完蛋？要有这种风险意识，因为这都是放开的必然结果。所以，不是我们放得太快，而是人们要随着这种新体制的逐渐建立而有风险意识才行，这些随着改革形成的都是新的意识。总之，非银行金融放得很快。

第六，资本市场改革。

资本市场改革中的一项重要改革，就是把上市从审核制变成注册制。所谓上市从审核制变成注册制，就是指谁能上市谁不能上市不是政府说了算，而是投资者说了算。投资者认可你，你就能上市，这就是注册制。美国就是注册制。谁都可以上市，先在股权交易市场交易股权，交易得很好，大家发现这个企业好，就进入证券交易，最后到纽交所。谁决定企业能不能上市？是投资者。从审核制转向注册制是重大改革。

注册制一旦形成后，股市的牛市体制就基本建立起来了，在注册制条件下，能上市流通的一定是优质资源。非优质资源根本上不去，因为投资者不认可。投资者并不会随意认可你上市的，而是要求你要有相应的承诺。例如，美国投资人认可的能上市的企业，企业对投资者要有承诺，其中一条重要的承诺就是强制分红。企业要先告诉投资者分红是多少。有人问马云，你如果再有选择的话，还会在美国上市吗？马云说坚决不在美国上市，压力很大。新东方在美国上市后，经营班子非常累，基本上都给股东打工了。为什么？强制分红。一旦达不到要求你就得退市。所以美国资本市场是个投资性市场，我们是投机性市场。我们的上市公司第一年还可以，第二年利润就出现问题，第三年就不行了，第四年就得“戴帽子”，第五年就要重组，这实际上就是圈钱。因而在审批制条件下，投资者不可能考虑回报问题，而只能考虑股价问题。

在美国，几乎每家都有股票，但换手率平均两年一次，而我们是一天 20 次，因为我们是投机啊。真正的资本市场应该是注册制度，而我们是审核制度。现在要把审核制变成注册制。2015 年，李克强总理政府工作报告说本年度注册制就要落地。我原本以为 5 月就可以，但后来有关方面提出来，我们的任何改革必须合法。所以要先修改证券法，因为证券法是审核制。4 月人大第一审，这种法一般三审就落地了。因为我们人大是逢双月开会，4 月一审后，应该在 6 月、8 月、10 月这几个月二审和三审，但没想到遇到了股灾，证券法不能随便审一下就行，要认真全面地审核才行。所以 6 月没有上二审，8 月也没上，10 月也没有，二审如果 12 月上的话，那今年肯定还落不了地，应该到 2016 年。但是“十三五”期间完成这项改革应该没问题。目前我们正在为注册制做各种准备，例如要打通新三板与创业板的通道，新三板是股权交易，而创业板是证券交易，等于要开启注册制了。

这个改革一旦完成的话，便由投资者来决定谁能上市谁不能上市，市场决定谁能上市，政府退出。这项改革意义重大。这就是金融的第六项改革。当然，注册制的核心是信息披露必须真实，若不真实，就要以欺诈论处，因而注册制要求以法治市，要形成真正公平的法律体系。

总体来讲，我们这次金融改革，基本上就是以上这6项任务。利率市场化，汇率市场化，人民币在资本项目中可做兑换，银行自由化，放开非银行金融，上市审核制变成注册制，这6项改革基本上在“十三五”都要继续推进。这些改革一旦完成，大家注意，我们整个经济体系就转向真正的市场调节了，转向市场经济了。当然，这种改革也会引发金融监管体制的改革，“一行三会”的体制也得变，可能要变成金融监管委员会。因为现在的监管是以分业经营为基础的，而金融改革实际上转向混合经营了，其监管体制当然要变。

到若干年后，大家再回过头看的时候，就会发现中国的金融体制已经从垄断部门彻底转向金融自由化了。这项改革具有极其深远的意义。因为一旦金融自由化，货币运转自由化了以后，就等于是市场配置资源，而不再是政府了。这是保证中国经济高效发展的重大利好消息。

大家知道，现在国际上对我们的金融改革评价总体比较好。认为中国一旦完成金融改革，即彻底完成上述这6项任务的话，中国经济就要转向真正的市场经济了。所以，对于金融改革大家一定要关注，因为它涉及所有企业和所有的人，我认为我们的改革中非常重要的一项改革就是金融改革。

政府体制改革先实现简政放权

改革中第二项改革就是政府体制改革。政府体制改革之所以是改革中的另外一项非常重要的改革，是因为我国过去的体制是政府在资源配置中起决定性作用，而现在要转向市场在资源配置中起决定性作用，这样的改革的关键是政府体制改革。政府体制改革怎么改呢？现在的总体目标是政府简政放权。政府怎么简政放权呢？要向3个方面放权。

第一，向社会放权。

所谓向社会放权，就是要逐渐放开一大批民间组织，把权力交给民间组织来行使，从而走向一种新的社会治理模式。现在已经放开的民间组织主要有四大类。

1. 慈善类。

慈善类已经放开了，政府不再搞慈善，谁有钱谁搞。任何人都可以创办慈善基金。慈善基金有一个章程，政府监管让你照章办事就行了，慈善活动全部交由社会，所以现在在民政部门申请基金非常容易。

2. 商会类。

各类商会已经放开，比如现在浙江人在北京成立一个浙江商会非常容易，政府不再过多干预了，参加商会的人们互通信息，相互帮助，实现一种和谐的自我治理。

3. 科学研究类。

过去成立这类民间组织难度挺大，现在很容易。不仅自然科学类放开，社会科学类也放开了。最近一位政府人士退休了，给我递了一张新名片，上面写的是新供给学派研究院院长，告诉我他退休后自己成立了个研究院，自任院长。以后这种事没有什么大惊小怪的，有一个章程，到民政部申请就可以了。

4. 社区管理类。

社区管理类要进一步放开。例如北京好多小区很大，最高的决策机构是业委会，它可以决定小区为大家提供什么样的服务。其实小区提供何种服务对提高大家的生活质量有好处，公众自己决定就行了。这种公众自治性机构要大面积地设置。不设置的结果是会出现好多负面的事情，例如一个街道办主任的家里动不动查出几千万赃款，放开不就完了吗？让社区自己管理自己，社区管理制度已经逐渐在形成。尤其应该看到，政府改革的一方面是政府要购买公共服务，因为购买公共服务要比政府自己干的效益好多了，而承接购买公共服务的主体，就是社区管理类机构，因而要放开社区管理类机构的形成。

总之，现在先放开四大类民间组织，要进一步地放。要成立许多这种社会组织。西方把这种机构叫 NGO（非政府和非企业）。民间组织的放开，可以实现社会的自我约束和自我治理。这就是简政放权的一个方向，就是向社会放权。

第二，向市场放权。

凡是市场能解决的问题，政府一定不用管了。比如说职业资格认证，这个应该是市场的权利，一个企业招什么人，企业当然知道，但政府却非要搞个职业资格认证，大学生没毕业得考取几十个证。而考证就得培训，培训就要交钱，灰色收入问题解决不了。染指甲的都有好几个证，政府管它干吗？政府一律不用管了。最近政府放权的重要内容就是职业资格认证统统放了，90多个职业不需要政府认证了，这是市场的职能。

再比如，谁是品牌谁不是，这是消费者的事。消费者知道什么品牌好、什么品牌不好，政府就别搞这个认证了。我去一个企业调研，看到墙上挂了各种证明是名牌的牌子，企业告诉我全是买来的，只要给钱就行。消费者可以决定的事政府一律不得参与。

再比如，谁是高新技术企业谁不是高新技术企业，这是投资者判断的，投资者知道谁是高新技术企业而谁不是，政府不用评判了。有的地方政府保护主义，硬是把养鸡场评价成高新技术企业，企业以此来欺骗投资者。所以，凡是市场能解决的都交给市场。连上述讲的谁能上市谁不能上市政府都要撤出来，交给市场了。

总之，要继续向市场放权。这是改革中简政放权的重点之一。

第三，向企业放权。

向企业放什么权呢？要放3个权。

1. 企业体制选择权。

什么是企业体制选择权，就是投资人办一个什么样的企业，这是由投资人决定的，而不是政府规定的。而我们过去是政府来规定投资人办一个什么样的企业。过去讲不管白猫黑猫能抓住老鼠的就是好猫，但后来有人给猫设计动作，以什么动作抓住老鼠的才是好猫，这是不行的。投资人要办什么样的企业，是他们自己的事，政府就不用具体管了，这个就是要把企业自主选择权交给企业。

现在我们已经启动了这项改革，将全面完成。企业在这方面的权利，有 4 个已经放到位了。

一个是资本金制度，我们修改了，就是你办一个企业资本金是多少，过去是政府定的，现在变成你认为是多少就是多少了，政府不管了。资本金制度从实缴制变成认缴制了。例如过去政府规定办某个企业的资本金是 5 000 万，但创办者没有这么多钱或者想使用这部分钱，就只好虚报或者私自使用这部分钱，结果就出现了两宗罪等着你，一个是虚报资本金罪，一个是偷逃资本金罪。政府规定资本金的结果，是企业家事情还没办，两宗罪等着你。因此，资本金要定多少，政府就别管了，投资人认为是多少就是多少，这就叫认缴制。投资者认为是 5 万就是 5 万、是 1 000 万就是 1 000 万。企业的资本金是多少这个事已经交给投资人自己定。例如北京有 5 个人拿到了新的执照，他们认为自己创办的企业资本金 15 万就够了，一人 3 万，那写上就好了。只要有人愿意跟你做生意就行，政府就不用再管了，因此，我估计刑法上的两个罪，即虚报资本金罪与偷逃资本金罪也就随之消失了，资本金制度改革就能完成了。

向企业放体制选择权的第二件事，就是我们把年审制变成年报制了。大家知道，过去每到年底工商部门要审核企业，审完之后盖个章企业才能有合法经营权。不盖章就是非法经营。企业经营活动是企业自己的事，只要企业没有违法，而且就是违法，有法律部门管，工商部门不应该搞所谓的年审。因此，现在从年审制已经变成年报制了。企业到年底向工商部门发个邮件，告诉一下经营情况就行了，这项改革已经落地了。

向企业放体制选择权的第三件事，就是企业注册的办公条件和注册地这方面的有关规定也放开了。过去办企业办公室什么样子都有规定，现在没有规定了。所以，一间办公室注册多少企业都可以，只要能找到注册地点就可以了。例如，我发现现在有的一个办公地里面注册两三个企业。过去这方面有严格的界定，现在都放开了。

向企业放体制选择权的第四件事，就是“三证合一”①“一照一码”②。所有企业都有单独的编码，像个人身份证一样，个人拿身份证可以走遍天下，企业拿着编码也可以走遍天下，不用别的了。

企业在自身体制方面的应有权利，要交由企业决定。

企业体制选择权还会继续。因为现在这方面政府还管得太多，比如，怎么开董事会政府都有规定，这种事政府就别规定了，投资人办企业他们知道怎么搞，怎么搞才好，政府就不用管了。就像民政部门给人发结婚证一样，发了结婚证之后，至于怎么恋爱、怎么生活跟政府没关系，只要没有家暴就行，政府不能规定人家怎么去生活。企业也一样，一旦注册完成，政府就只管门外面的事，比如

① 将企业依次申请的工商营业执照、组织机构代码证和税务登记证三证合为一证，提高市场准入效率。——编者注

② 在“三证合一”基础上再进一步，通过“一口受理、并联审批、信息共享、结果互认”，实现由一个部门核发加载统一社会信用代码的营业执照。——编者注

企业危害公众利益不行，这些政府当然要管。但是企业内部的事政府就不用管了。现在管得太多，例如薪酬之类的各种企业自行决定的事都管。就不用管这些事了，甚至连所谓的劳动收入在整个分配中占比的这些事，也不用管了，内部的事情都应该以契约为准，例如劳动者和企业之间的契约，如果当事双方都同意如何办，双方都认可就行，既然双方都认可，政府就别再管了。政府要管的是双方必须遵守契约，保证契约的执行。

但是现在政府管得还是太多，所以下一步这种权利会继续放。上述这方面的权利我们叫企业体制选择权。现在正在放，现在做完了上述这 4 项改革，资本金制度，年审制变成年报制，企业注册地及办公条件的具体要求取消，“三证合一”和“一照一码”。下一步会沿着这个方向继续放权，完成这个放权，就是办一个什么样的企业，是投资人自己的权利。政府不具体管了，就叫向企业放企业体制选择权。现在这方面的放权已经启动，基本完成这个放权。这就是向企业放权的第一个权利，叫企业体制选择权。

2. 投资经营权。

投资经营权应该是企业的，企业投什么产业、多大规模，这是企业自己的事。政府不要管，只要不是纳税人的钱，企业的整个投资经营活动，政府一律都不能再管了。而现在政府却在管，因为我们实行的是审批制。企业的投资经营要经过政府审批才行。这个权利应该是企业自己的事而不是政府的事。投资人拿他们自己的钱投资，投资责任自负，投资什么产业、投资规模多少，这是企业自己的事，政府不用审批。所以，这个权利要交给企业，但若交由企业的话，就必须取消审批制度。但是若取消审批制，政府又要作为重要的社会管理主体存在，政府应如何实现自己的职责呢？政府完成自己职责的主要办法就是负面清单管理，因而我们取消审批制后，准备推广新出的管理制度就叫负面清单管理。政府自身只公布负面清单，告诉企业什么不能干，凡是和负面清单没有关系的经营活动，企业自己干就行，政府一律不审批，这就叫负面清单管理。

大家知道，负面清单这个制度要在 2018 年完成。我们现在已经开始在自贸区试点了。在“十三五”的 2018 年要在全国完成负面清单管理，从政府的审核制变成负面清单管理制。在负面清单管理条件下，政府只挂出负面清单，告知什么事不准干，与负面清单没有关系的所有投资活动，企业都不用再找政府了，企业自己干就行，因为不再审批了，目前我们在为这个制度做各种准备，我估计未来的政府负面清单基本上以国务院现在给天津、广州、福建自贸区的清单为主。

我看过目前已有的政府负面清单的内容，放得很开，除了黄赌毒之外，什么经营活动都可以干。不要再找政府审批了，你干就行，这叫负面清单管理。这个改革力度蛮大的。大家知道，西方国家就是负面清单管理。企业根据负面清单的要求进行自主投资和经营，我们要从审核制转向负面清单管理了。应该说，这方面放得很厉害，而且已经明确规定，2018 年要全面铺开负面清单管理，要在“十三五”期间彻底完成。

负面清单管理实行后，不像现在干任何事都要找政府审批，投资经营权完全归企业了。企业自己投资经营，责任自负，损失企业自担，政府为什么审批啊，不用再审批了，所以转向负面清单管理以后，投资经营权就交给企业了。在审批制条件下，投资经营权一定不会给企业的。一旦把审批制变成负面清单管理，才能把这个权利交给企业。所以我们在“十三五”期间向企业放开的第二个权利，叫投资经营权，一定要交给企业。而将投资经营权交给企业改革，就表现为从审批制变成负面清单管理。我估计这项改革会在2018年全面铺开，2020年就是在“十三五”结束的时候基本完成。这就是向企业放权的第二个权利，即投资经营权。

3. 独立法人权。

企业是一个独立的法人，它拥有的权利必须给企业，这叫向企业放独立法人权。比如，任何部门的公共管理权利都不能影响独立法人运作。如果公共管理权影响了独立法人权，那就会影响企业的经营活动，企业就可以起诉。最近我国新的行政诉讼法已经通过了。这个行政诉讼法给企业的重要权利就是企业可以起诉政府。既可以起诉人也可以起诉文件。若政府的某个人影响企业的经营就可以起诉人，政府的某个文件影响企业的独立法人权利，企业可以起诉文件。

“十三五”期间会将企业独立法人权逐渐交由企业。因为这是企业应有的权利，政府的行政公共权利不能干预它，所以目前政府要全面进行调整。

总之，现在我们对企业放3个权利的思路是很清晰的。在“十三五”期间基本要完成。也就是说，向企业放什么权？就这3个权，一个是企业体制选择权，一个是投资经营权，一个是独立法人权，将这些权利全部交由企业这就叫向企业放权。

上述可见，我们这一次政府改革简政放权，在操作上还是有板有眼的，思路很清晰。向社会放权、向市场放权、向企业放权。这种放权的重要理论基础是什么呢？就是政府不再是经济建设的中心，政府是社会公共管理的主体，企业将是经济建设的中心，政府将成为一个社会公共管理主体。

政府作为社会公共管理主体，其职能只有4个。一是稳定宏观经济，这是中央政府的事，因为货币发行、财政收支是中央政府定的，稳定宏观经济是中央政府的职能。二是保障民生，三是提供公共产品，四是维持公平竞争的环境。政府职责就这四件事。以这四件事为职责，就标志着政府将成为社会公共管理的主体。

所以，这一次政府简政放权，实际上就标志着政府不再是经济建设中心，而是社会公共管理主体。所有有关经济建设的权利都要逐渐交由企业，要完成这个大的调整。这一次的政府改革，简政放权，其理论基础实际就是这个基础。政府要从经济建设中心转向社会公共管理主体。这样一来，政府要将相关权利交给企业、交给市场，交给社会。

当然，我最近在调研的时候，发现许多人对此很不理解。有一次碰到一个工商管理所的所长，我去时他正准备约谈一家企业，我说你为什么约谈？他说两件事，第一件事是5年前它的资本是40万，现在经营规模这么大怎么还是40万？我说这个事现在不归你管，他说我怎么不知道。第二件约谈的事就是，他把去年有关经营状况的邮件发给我，他没有等我回复他，他就自己干了。我说，回复叫年审，不回复就叫年报，现在是年报制了，他说我怎么不知道。当然，后来我们聊着聊着就熟悉了，他说真话了，他告诉我说，魏老师，实际上我们现在心里很失落啊。现在没人找我们了，过去到年底是排队请吃饭的。现在别说董事长，连董事长秘书都找不到，不理我们了。所以魏老师，我们很失落，很寂寞啊。我说不找你，你不就挺好的嘛，可以学习学习，就不用那么费神了。他说但是没人请吃饭了。我说你要知道，过去请你吃饭，不是人家自愿请你，而是迫于无奈，一边请你吃，一边心里嘀咕，那你何苦吃这种饭呀。

还有一次我到一个地方调研，一个人告诉我说，魏老师，你说现在当官有啥意思？我说你要注意，现在当官要清楚，不能想着发财，政府要成为法治政府与服务型政府，如果你们想要发财，那就下海经商，在商海中拼搏，你别到政府这个地方来，这里不发财。你要走错门就麻烦了。我后来对他说，你要注意，现在是新规则了，不能用过去的思维。他说魏老师你放心吧，我交的企业家都是哥们，不会出卖我的。我说，老弟，你要注意，在利益场合可是没有哥们的，只有利益平衡，你在利益场合找哥们等于在娱乐场所找爱情是一样的，这是不可能的，你要小心呀！

因此，我现在的担心在哪里？就是我们的体制在变，但有人老是不理解，还在坚持原来的思维，这样会毁掉人的。因为这一次反腐坚定不移，“十三五”规划建议里面还专门强调了反腐的问题。我们“十三五”基本要完成整个体制改革的基本框架，其中政府体制改革的基本框架将于2020年完成。所以大家想想，有人还用老思维来理解的话，那肯定是很麻烦的。因而我老是建议许多人要面对现实，因为我们坚定不移地向这个方向转，那你也得调整，若不调整的话，我估计就挺麻烦。

政府改革的方向是不会变的，从目前来看，我认为政府体制改革有一个非常清晰的改革方向。

总之，我觉得改革虽然很多，但是上述这两条很重要，一是金融体制改革，二是政府体制改革。这两项改革的思路和整个运作都很清晰，所以建议大家在理解"十三五"规划建议的时候，在对改革的理解上，要看到虽然改革的各个方面都很重要，但是我觉得可能推动最快的，最终要在"十三五"真正完成的，是两项改革：金融改革和政府体制改革。

建议大家能够关注一下上述这两方面的改革。当然，还有别的方面，比如国企改革等。但是我觉得可能"十三五"期间能够尽快完成的是这两项改革的框架。

总体来讲，虽然供给侧结构性改革可能涉及的内容很多，但有两个我认为很重要的事，一个是产业结构调整，一个是改革。大家知道，我们这种论坛实际上不是传播知识和结论，而是思维和信息的交流。所以就这些方面我给大家提供一个思路和信息，供你们参考。你们接受了是进步，不接受也是进步，因为能够引发思考就行，引起你们的思考我就完成了任务。我认为"十三五"规划里面关于所谓新常态、新体制，涉及的问题可能很多，但最为重要的可能是上述这两件事。

（本文是作者于2016年3月15日在中国经济新常态论坛上的讲话录音整理稿。）

第四部分

三大因素与中国宏观经济走势

进入 2019 年以后，中国经济实际上受到三大因素的影响：一个是自 2017 年下半年发生的中美关税战，这个因素实际上使得中国经济要做许多方面的调整，从而影响到中国经济的运行；一个是 2019 年 2 月 22 日，中共中央政治局会议提出要推动金融供给侧结构性改革，金融的变革当然会引起经济运行的变动；一个是 2019 年为了稳增长推进了更加积极的财政政策，积极财政政策对经济运行有着极为重要的影响。因此，目前讨论中国经济的问题，不能不讨论这 3 个因素。

正确处理中美经贸关系

中美关税摩擦的真正起点是 2017 年。当时美国提出中美之间的贸易严重不平衡，美国的逆差很大，这种贸易不平衡导致贸易不公平，因而要给中国加关税。按照美国当时的计算方法，我们对美国出口 5 000 多亿美元，美国对我们出口 1 300 亿美元，美国的贸易逆差 4 000 多亿美元。实际上美国这个计算方法是不对的。我国企业对美国出口没有那么多，5 000 多亿美元对美出口中有 2 000 多亿美元是跨国公司在中国生产而出口到美国的，不少是属于贸易加工性质的。尤其是现在国际贸易的产品中大部分不是最终产品，而是原材料、半成品及零部件，因此从中国出口到美国的许多产品并不完全是中国企业生产的产品。但是即使如此，中国的态度也一直很明确、很积极，提出可以通过增加对美国农产品、能源产品的购买来解决贸易逆差问题。当然如果美国愿意卖工业集成品、高新技术产品，我们更会买。不过，美国不会卖给我们。也就是说，中方对美国与中国的贸易逆差一直是很重视的，态度也很积极，一直希望能够通过谈判解决。

从 2017 年下半年到现在，两国不断地进行交流与谈判。2018 年 4 月 27、28 日两天，在即将签署协议之际，美国又变卦了。后来在 2018 年的阿根廷 G20 会议上，两国元首会谈后再次启动了双方的谈判，没有想到的是在 2019 年 5 月份即将谈判成功时，美国又变卦了，而且威胁中国要对另外的 3 000 多亿美元的产品加关税，而且将关税战发展成为科技战，围剿中国华为，调整留学生政策及学术交流政策，似乎要全面挑起与中国的摩擦。

这样一来，有一个问题就不得不引起我们的思考：如果中美只是简单的贸易逆差问题，中国已经拿出诚意，可以增加对美国产品的购买，帮助美国减少逆差的压力，那么为什么美国还一直变卦，甚至将关税战演变为与中国的全面摩擦，这就使我们不得不思考美国的目的到底是什么？

美国遏制中国崛起的 4 个目标

最近我把特朗普等美国当政者的文章和讲话做了一个全面的梳理，体会到中美之间不是关税摩擦问题，而是美国要调整中美建交以来的关系，美国真实的目的是要遏制中国的崛起。

近期特朗普和美国前总统卡特通了个电话。卡特在一个公众演讲中讲了这件事，他说特朗普总统的意思是中国现在在许多方面都要超过美国，我们不应该让中国成为世界第一大经济主体，要遏制中国才行。卡特回复他说：中美建交以来，美国花了3万多亿美元在打仗，可中国一直在搞民生、搞经济、搞高铁，中国的崛起是必然的，是遏制不住的。

这个通话说明美国的总体目标是要遏制中国的崛起，美国要重新调整中美关系，从原来的合作与牵制转向遏制。当然，美国遏制中国崛起的这个总体目标，在现实中又分为4个具体目标。

第一，修改“二战”以后人类社会的基本经济秩序。

“二战”之后的基本经济秩序是以国际贸易为核心的全球化。人类社会经历过两次全球化。第一次是1750—1950年，这次全球化的特征是殖民，是以殖民方式推动的，主导方是欧洲列强，即英法德意，再加上两个“牙”，即葡萄牙与西班牙，因而亚洲国家基本上都是欧洲列强的殖民地。殖民的背后就是暴力与战争，因而引发了两次世界大战。这种殖民方式的全球化，随着“二战”而结束。美国是“二战”的主要战胜国，美国启动了人类社会第二次全球化，即以国际贸易为特征的全球化，从1950年到现在。像世界贸易组织、世界银行等国际机构都产生于这个历史时期。中国是在这次全球化的后半场进来的，因为中国在1978年才改革开放，但后进来却往往有后发优势，中国在这次全球化中得以快速发展。例如，1999年，我们GDP的总量不到10万亿元，而2018年年底到了90万亿元，差不多翻了9倍；1999年，我国外汇储备量仅为 1 300 亿美元，而 2018 年年底到了 3 万亿美元以上，最高的时候曾经到过4万亿美元；1999 年我国月人均收入为几百块钱，而现在到了几千块钱；1999 年中国的基础设施非常陈旧落后，连像样的高速公路都没有几条，而现在中国的基础设施则引领世界。

与此同时，美国却因为战略及体制原因，年年贸易赤字，年年借债，国债与 GDP 总量几乎持平；蓝领工人的工资几十年没有增加 1 美分，美国有 3 亿多人，却只有 1 亿多人有护照，不少人没有出过国，仅仅是到加拿大或墨西哥转了转而已；基础设施陈旧，却没有钱修，近 20 年来几乎没有增加像样的基础设施。因此，美国不只是特朗普一个人，而是不少人都误以为这次全球化成就了中国而损害了美国，所以美国要修改全球化的规则，反对以国际贸易为特征的全球化。中国是这次全球化的主要受益方，因而首当其冲，成为美国打关税战的首要对象。坚持全球化，坚持多边主义是中国的一贯主张，因而这种冲突是必然的。我在 2010 年曾经拜访过美国一位著名的经济学家，他当着我的面就指责我们。他说这次全球化就是你们中国加入进来以后把事情搞坏了。他说，这次全球化的特征是国际贸易，国际贸易的根本原则是比较优势原则，即每个国家都生产自己最好的产品，然后拿出来交易，大家分享利益，但中国进来后什么都要搞，你们是全产业链战略，一开始你们搞服装与家具，刚一搞完就搞家电，家电刚一搞完又搞汽车，汽车刚一搞完又搞高铁，高铁刚一搞完又搞 IT（互联网技术），IT 刚一搞完又搞飞机，你们都做了，我们做什么？当时他身边还坐了一位教授，这位教授把话讲得更难听了，他说现在世界就像一个大赌场，美国是庄家，发的赌牌是美元，中国是在赌场打工的，赚了不少钱，但你们在赌场只赚不赌，因为知道赌不过庄家，现在钱赚够了要自己开赌场了。

由此可见，美国不少人将自己的问题都归结为全球化，误认为是全球化成就了中国，损害了美国，要改变全球化的方向，从多边主义转向单边主义。美国的这种误判必然会引发中美之间的关税战。

第二，美国担心中国挑战它的金融话语权。

二战之后美国拥有了金融话语权，因而现在可以随便在经济上制裁一个国家。美国的这种金融话语权，支撑了它的世界霸权主义，因而美国非常担心别人挑战它的金融话语权。正因为如此，中国根据自身利益推出的任何举措，美国都误以为是在挑战自己的金融话语权。例如，美国之所以有金融话语权，是因为美元和石油挂钩，产生了美元石油体系。中国现在是世界第一石油消费国，为了规避石油上的外汇风险，中国去年 4 月在上海成立了石油期货交易所，并宣布用人民币结算，要塑造人民币石油体系。这本来是中国根据自身利益做出的抉择，但美国认为中国想挑战他的金融话语权。又例如，最近有一种声音，认为中日韩三国的 GDP 总量已达 20 万亿美元，加上东盟其他国家，这个地区的 GDP 总量已达 23 万亿美元，超过了美国，因而这个区域应该使用日元与人民币结算，结果美国又怀疑这是在挑战其金融话语权。再例如，最近俄罗斯与欧盟达成意向性协约，欧盟与俄罗斯将用卢币与欧元结算，美国对此大为恼火。

第三，美国担心中国挑战其技术话语权。

中国近些年根据自己的短板，即技术，提出了制造2025、千人计划，并重视知识产权与技术转让，不断加大技术创新的投资。这本来很正常，但美国又担心这会挑战其技术话语权。大家知道，二战之前，金融话语权掌握在英国人手里，技术话语权掌握在德国人手里，二战之后美国才拥有了这两个话语权，正是这两个话语权成就了美国的霸权主义，所以美国很担心别人挑战自己这两个话语权。正因如此，当中国强调技术创新时，美国便全方位阻止中国的技术进步、全面封锁中国与美国的技术与学术交流。中国从自身发展利益出发，重视技术创新是对的，但美国却认为这损害了美国的技术话语权，实在是没有道理。

第四，美国担心中国模式会挑战华盛顿模式。

《华盛顿宣言》曾对西方模式和美国模式做了系统分析，所以一般把西方模式与美国模式称为华盛顿模式。

美国现在很担心中国模式挑战华盛顿模式。美国一些学者近期总问我：你们一会儿搞“一带一路”，一会儿搞上海经合组织，一会儿搞金砖国家体系，一会儿搞中非论坛，一会儿搞“中欧的16加1”等，你们到底想干什么？他们很担心中国模式挑战美国模式，因而提出了所谓两种文明的冲突，也就是害怕中国模式要挑战他们的模式。

我和一个美国朋友说，你要正确理解，中国这几十年是很辛苦才干起来的，不是你们想象的那样。我还专门送给他一部电视连续剧的光盘，叫《外来妹》，告诉他当时大量内地人到沿海地区打工，几代人献出了自己的青春，一个月的工资就几十元钱、几百元钱，中国人是靠自己的努力干起来的。当时靠自己的成本优势而实现全球化的。但是他们根本就听不进去。有次一个美国朋友来访，我说你们不要高看中国，中国的经济没有你们想的那么好，你只是看了北京与上海，觉得中国发展得不错，但你如果开车离开北京与上海一个小时，就会发现不怎么行了，但他回复说，你这是废话，你在美国开车离开纽约与华盛顿一个多小时，也会发现美国不怎么行了。总之，对他们解释是无用了。

现在跟美国怎么解释都没用，原因是他要遏制中国崛起，可是中国又要崛起，因而这个冲突是必然的。

有人认为现在出问题的原因是我们韬光养晦没做好，过早地暴露了自己。这个判断实际上是错的。1978 年我们的 GDP 总量是 3 000 多亿人民币，在美国人眼里我们根本不是经济上的竞争者，现在我们的 GDP 总量达到 90 万亿，美国人就认为你是经济上的对手与竞争者了。

中美关税战所引发的问题，我估计不是短时间能解决的，可能会存在较长时间，甚至在中国整个崛起的过程中都将伴随我们，可能只是表现的方式不同而已。

但在中美这种遏制与反遏制的过程中，中国既不能与美国打冷战，也不能打热战，不能与美国彻底割离，而是要与美国“热情”地拥抱在一起，大力发展与美国地方政府和美国企业的关系。我们不希望那些很极端的人总是讲一些狠话，没有多大意义。在美国关系上中国要有定力，要以理性为原则，绝不能走向极端。现在双方都有很极端的人，2018 年 8 月，中美关税战最热闹的时候，来了几个美国朋友，北京有几个朋友请他们吃饭，邀请我作陪。在饭桌上讨论中美关系时他们都很激动，吵起来了，差点把桌子掀翻了。实际上冷静对待就行了，该怎么做就怎么做，不一定要讲狠话，不一定要对立。中国要有长期的观念，审慎地对待中美关系，和美国绝不能冷战，也不能热战，这是原则。

中美关税战标志着中美关系进入新时期。过去美国对中国是合作与牵制，现在是遏制，我们要适应这种变化，在美国的遏制中崛起，崛起与反崛起是新常态。

中国需做好 3 件事来强化自身

中国必然要崛起，美国也必然要遏制我们，我们该怎么办？我认为短期内要做好 3 件事。

第一，中国应继续强化制造和市场两大优势。

美国的优势是技术和军事，中国的优势是制造和市场，中国应继续发挥自身这两大优势，并强化这两大优势，只有这样，才能有话语权。

1. 强化制造优势，从制造大国变成制造强国。

中国现在是制造大国，有两大特点，一是规模大，很多产业的生产规模是全球第一。二是工业门类齐全，是联合国所公布的工业门类最齐全的国家。

制造大国这个优势把中国带到了世界舞台的中央，让中国在世界产业链中占据了非常优势的地位，发达国家离不开我们，发展中国家也离不开我们。发达国家为什么离不开我们？因为发达国家这几十年都在搞所谓的创意经济，所谓创意经济实际上就是去工业化，最后他们发现创意经济只有在中国才能落地。特朗普一直要求苹果撤回美国，结果回不去，美国生产不出手机，毕竟手机生产中的多个生产线都在中国，中国的零部件配套极为齐全。

美国打关税战的目的是要分裂中国的制造，让许多制造企业离开中国。我们一定不要上这个当。美国当年为了打垮日本这个竞争者，迫使日本签了个《广场协议》，《广场协议》中关键的一条，是要日本从 1985 年到 1990 年，日元每年升值 5%。这样日本就无法出口，只好提出启动内需，日本当时已完成工业化与城市化，人口只有 1 亿多，没什么内需，结果把房地产与股市启动起来了，把泡沫启动起来了，最后泡沫破灭，再也无力与美国竞争。当时德国也签了《广场协议》，但德国强化工业，强化技术创新，德国顶住了。因此，中国绝不能放弃制造这个优势。

当然，我们现在是制造大国，还不是强国，要进一步发挥制造的优势，就要把制造大国变成强国才行。

导致我们是制造大国而不是强国的原因，是我们的制造中有这

5个短板。

（1）**航空，像大飞机制造就不行。**

（2）**材料，不少关键性材料生产不出来。**

（3）**数控机床，许多尖端零部件实际上是靠数控机床才能生产的。**

（4）**医药，好多关键的药生产不出来。**

（5）**信息硬件，比如芯片就不行。**

现在国家下大力气要在几年内重点突破这5个短板，让中国成为制造强国。这样的话，我们才会有更多的话语权，才能使美国阻挠中国崛起的意图成为一种空想。

2. 强化市场优势，要成为市场大国。

中国是世界上最大的单体市场，人口接近14亿，中产有4亿多人，而且数字在不断增加，工业化与城市化还未完成，市场需求巨大。因此，市场是我们的重要优势。

中国要发挥市场这个优势，就必须全方位开放市场。我们近几年做的一件重要的事就是全方位开放市场，让中国成为世界市场大国。一旦成为世界市场大国，所有国家都来搭便车的话，利益在中国，当然美国就不可能联合别的国家来遏制中国。

为了使中国成为世界市场大国，我们要开放三大市场：

（1）**物质产品市场。**

中国现在全方位开放物质产品市场，降低市场准入，降低关税，让上海成为永久性的进口博览会，广州是出口博览会。这些信息都表明中国在开放物质产品市场。

有人担心如果这样全面开放，会不会影响中国的供给体系。不会的！我们越开放，越是能推动中国供给体系的提升。因为中国最大的特点是学习能力极强，只要好东西进来，用不了半年，就可以生产出一样好的东西。

（2）**服务业市场**。

金融、教育、医疗等服务业市场要全方位开放。例如，金融行业最近推出了22条开放举措，放开12家金融机构进入中国，在中国组建他们绝对控股的金融公司。这次我们真的是彻底全面开放了金融。教育、医疗等服务也开放。

我估计未来海外医生在中国行医、海外教师在中国执教，海外律师在中国做执业律师，都不遥远。中国成立新的移民局，就是要应对这种开放，物质产品市场开放是海关的问题，服务业开放则是移民局的问题，因为人要进来。

（3）**投资市场**。

投资市场也要全方位开放，我们通过了《外商投资法》，里面有关键的两条：外商进入中国由审批制变成负面清单制，而且负面清单不断地压缩；对外商实行和中国企业平等的国民待遇原则，不再要求转技术与知识产权。

世界看好中国的投资市场。中国的投资市场有5个优势：一是工业门类比较齐全，二是交通便利，三是没有民族与宗教问题，四是社会治安总体较好，五是没有工会之类的社会问题。只要中国开放投资市场，就会成为投资市场大国。东京G20会议上，习主席发言再次强调这一条，要吸引整个世界的投资者进入中国，要开放投资市场。

由上述分析可见，我们现在的思路已经很清晰了，就是要充分释放两大优势，一个是制造，另一个是市场，要加速推进才行。这就是中美关税战中我们要做的第一件事。

第二，中国要加快补技术创新的短板。

防止美国遏制中国崛起要做的第二件事，是要清晰地认识到我们的劣势和短板，尽快补短板。

我认为，技术创新不行是中国目前最大的短板与劣势。华为是中国很好的企业，结果美国一搅乱，搞技术围剿，供应链就出问题了。为什么？我们总体技术不行。

中国科学技术实际上一直不占优势，例如，中国过去的四大发明都是经验使然，没有从规律上解释问题。像火药，我们只知道这几种东西放在一起能够燃烧，但没有发现火药的化学分子式与物理分子式，而西方发现了炸药的化学分子式与物理分子式。我们知道指南针一直指着南方，能把自己领回家，但不知道为什么。因为我们没有发现地球引力与万有引力公式，这些都是西方人发现的。

再例如，近现代的五大技术，即：家电、汽车、高铁、飞机、信息，我们都不是技术原创国。

中美关税摩擦让我们沉痛地认识到我们技术不行这个问题，我们一定要想办法尽快补短板，加快技术创新。

怎样才能够做好技术创新？要做好 3 件事。

（1）解决技术创新的资金问题。

大家知道，技术创新是烧钱的行为。美国之所以是技术创新大国，是因为它有大量资金支持。美国的很多富人离开世界后，他们的钱都变成公益基金，这些公益基金最后都大量投入技术创新领域。公益基金不是慈善基金，把钱给穷人，还不如用来创造技术，从而拯救社会。

我们的许多留学生不回国的主要原因是在国内找不到研究基金。技术创新资金是我们一定要解决的问题，最近有两件事已经开始做了。

一是加大政府的资金投资，今年的技术投资资金接近 1 万亿元，如果包括国防预算中的那部分技术投资资金，总量应该在 15 000 多亿元，这是多年来技术创新投资最大的一年。

二是 6 月 13 日放开科创板，打通社会资本与技术创新的通道，吸纳社会资本进入技术创新领域。

这两件事的主要目的是增加社会技术创新的资金支持。有了巨大的资金支持，技术创新才有大的发展。技术创新是资金密集型工作，没有大量的资金投入是不行的。

（2）**建成现代化实验室，构造技术创新的物质基础。**

没有庞大的实验室经济体系，是不可能搞技术创新的，技术创新都是在现代化实验室里完成的。

美国是世界上最强大的实验经济国家，从 1900 年到现在，75% 的诺贝尔奖之所以在美国产生，就是因为它有庞大的物质基础即庞大的实验室经济。现在美国对我们在这方面封锁较严，留学生及访问学者根本不能进入美国的核心实验室。怎么办？只有自己干才行。我们要大力发展实验室经济。

最近我们在推进科学城建设，就是构建实验室体系。要注意，中国改革开放实践的快速发展，也使一些名词的提法变化加快，例如过去叫开发区，后来叫产业园，现在是科学城。科学城的核心是现代化的实验室，这是最关键的问题。

现在，北京搞三大科学城，怀柔科学城、未来科学城、中关村科技城。怀柔科学城要建立五大类自然科学的实验室体系，为此将一个大学，即中国科学院大学办在它的旁边，要为科学城的运行提供人才保证。粤港澳大湾区批准文件提出建立世界一流的华南技术创新中心，实际上就是要在华南建立世界一流的实验室经济；杭州成立西湖大学，只招 3 个专业：人工智能、移动互联网、生命生物工程，从招博士开始，博士做论文是在现代化实验室完成的，要建立一流的实验室经济。西湖大学实验室加上浙江大学实验室、阿里巴巴实验室，可以形成之江实验室体系。

未来几年内一个重要的政策导向是推动科学城体系的形成，为企业提供现代化的实验室体系，完成技术创新。实验室体系一旦形成，将向社会开放，向所有企业开放。

（3）**调动人们技术创新的积极性，做好知识产权制度的调整。**

技术创新最终是靠人完成的，因而要推动技术创新，就必须充分调动人的积极性，为此，我们要修改知识产权制度。过去几乎所有的知识产权都是国家或者某个机构的，与个人无关。这次全面修改知识产权方面的法律体系，个人可以拥有知识产权所带来的收益，个人可以持有技术创新方面的股权。技术创新与创新者的收益连在了一起，这将有效地调动技术创新的积极性。

在让技术创新者享有技术创新的经济收益这个制度的推动下，中国将产生第三次造富行动。

中国的造富分了几个阶段。

阶段一，体制造富。体制内、体制外差异很大，有些体制内的人胆子大，冲到体制外，获得了财富。

阶段二，产业造富，主要是房地产和信息产业。我们国家的富翁基本都产生在 2010 年以前，2010 年以后就停止造富了，因为产业已经饱和。

阶段三，技术造富，拥有技术知识产权的人将变成富翁。我估计科创板一上线交易，当天就能造就百余亿万富翁。

所以我说中国进入第三次造富即技术造富阶段。我估计要不了三五年就会爆发一批因为技术而形成的富翁。

最近我去调研，有的实验室凌晨两点还没熄灯，在继续干活。这个制度的调整——让个人能获得知识产权带来的收益——会极大地调动技术创新的积极性和创造力。这对未来技术创新有巨大的意义。

我查了一下，可能有 10 多项技术会在短期内有所突破，从而会产生一大批新富翁。

我们过去技术不好是因为我们的制度设计有问题，而现在要全面调整。

以上这 3 件事如果持之以恒做的话，中国技术创新这个短板会很快得以弥补，未来 10 年内中国的技术创新一定会有所改观，逐渐摆脱西方对我们的遏制。

第三，构造新的贸易与投资体系。

防止美国遏制中国崛起，我们要做的第三件事，就是构建新的贸易和投资体系，主要表现为要落实好“一带一路”倡议。

“一带一路”是2013年提出来的，当时预计到中美之间可能会出现问题，因为世界上历来老大和老二一定会闹矛盾、有摩擦，老大要遏制老二的崛起。现在再看，还真是看准了。

当时想，美国一旦不要中国的产品、不要中国的投资怎么办？中国要有预案，要形成新的贸易体系和投资体系，不能过度依赖美国，于是根据历史上“丝绸之路”的这个提法，相继提出了“一带一路”，即新丝绸之路，陆地上叫丝绸之路经济带，简称“一带”，海上叫“21世纪海上丝绸之路”，简称“一路”。

“一带一路”包括三大洲两大洋，三大洲是亚洲、欧洲、非洲，两大洋是太平洋、印度洋。注意，“一带一路”没有包括大西洋，也没有包括北美，因为要避免和美国发生直接冲突。

“一带一路”涉及75%以上的世界GDP总量，85%左右的人口总量。

“一带一路”成了我们现在要做好的一件重要的事情。这件事若要做好的话，在和美国博弈的过程中，中国将有非常大的话语权。

从国家的角度看，经营好“一带一路”，主要要做3件事。

（1）**金融服务**。

中国的产品要走出去，企业要走出去，金融服务必须得跟上，因而成立了亚投行。以亚投行为突破点，构建一个发达的金融服务体系。例如丝路基金就是为此而设的。

（2）**基础设施服务**。

基础设施要互联互通，最近又增加了两通：电通和网通。之所以提出电通，是因为最近我们正在干一件事，就是用特高压输变电体系把电送到5 000千米以外，速度最快、时间最短。这种技术可以把中国电网与南亚电网联结，与中亚电网联结。目前“一带一路”的基础设施互联互通的进展很好，像现在的泛亚高铁，以后从昆明可以直接到雅加达；欧亚高铁的俄罗斯段已经开建了，同时，我们还在构建“一带一路”空中走廊等。

总之，我们在构建一个发达的基础设施体系，这样中国的产品、资本才能顺畅地走出去。

（3）**法律服务**。

我们一直建议成立“一带一路”法院，同时构建中国庞大的国际律师团队。“一带一路”难免会遇到法律问题，要做好法律服务，为中国的企业服务。

“一带一路”不仅让中国的大企业，而且也让大量中小企业开始走出去了，并且现在中国人基本是以群体的方式集体走出去。像开普敦以上海人为主，匈牙利以浙江人为主，等等。

我在去非洲调研“一带一路”中小企业的情况时，发现像摩洛哥这样的国家，只有旅游业，没有任何工业，好多产业在我们国内是过剩的，在那里不过剩。中国中小企业过去机器一开工就是营收。据我观察，摩洛哥的企业家来自福建比较多。我去老挝调研发现，老挝以湖南人为主，可能是与老乡及朋友的介绍有关系。

我建议企业家可以去“一带一路”看看，有很多机会。

不要小看“一带一路”。再过 10 年，大家的认识会发生巨大的变化。我们用 6 年的时间消化了中国 6 万多亿美元的产品，而这才刚刚开始。未来中国利用“一带一路”，可能可以摆脱对美国市场的依赖。现在效果逐渐出来了，我们对东盟、欧盟、日本的出口额分别占总出口的 15%、17%、13% 左右，这 3 个加起来接近 50%。

我估计亚洲到 2050 年经济发展就基本饱和了，2050 年以后整个世界经济增长的重心将在非洲，未来会有很大的吸纳力。中国提前布局非洲是正确的。

当然，未来的摩擦还会产生，中国人要改变一些观念。去年调研，我发现好多摩擦是中国人在当地大量买房子、买地引起的，这让当地人很头痛。斯里兰卡的第一个直航是从成都开始的，成都人率先过去，有钱以后就买山，而且一买就是一座山，还挂个国旗。斯里兰卡曾是个殖民国家，很害怕别人再殖民它，于是便通过一个法律，不准把地卖给中国人。不是这个国家不友好，是害怕。

总之，中美关税战是目前宏观上对中国影响比较大的一件事，这种摩擦可能在较长时期都会存在。但是中国和美国绝不打冷战。中国还要崛起，我们要做好这 3 件事：一是强化自己的优势，二是补短板，三是构建新的贸易和投资体系。如果能做好这 3 件事，未来中国还会有继续上升的空间。中国的崛起是必然的，不是任何人能挡得住的。

推动金融供给侧结构性改革

在 2019 年 2 月 22 日的政治学习会上，中央提出要推动金融供给侧结构性改革，后来在 4 月分析 2019 年第一季度经济运行情况的政治局会议上，再次强调要推动金融供给侧结构性改革。因此，金融供给侧结构性改革会成为影响宏观经济的重要因素。什么是金融供给侧结构性改革？金融活动的核心是资金，因而金融供给侧结构性改革就是指资金供给侧结构性改革，也就是与资金供给相关的规定、政策、体制等需要的改革。从这一点出发，我认为目前我国金融供给侧结构性改革涉及如下几件事。

结构性去杠杆不搞一刀切

去杠杆政策与资金供给有着极大的关联度。我们实行去杠杆政策是对的，我国的杠杆率确实太高，如果放任杠杆率上升，必将引发金融风险。但是去杠杆政策要注意两个问题。

1. 控制好去杠杆的力度。

中国杠杆率高不是一年两年形成的，而是几十年形成的，而且杠杆率高有体制原因，即我国是一个以债务资金融通为主的国家，而不是以资本金融通为主的国家，因而杠杆率过高。这就决定了我国去杠杆需要一个较长的过程，需要几年甚至十来年，而且必须控制好力度，若力度太大，就会引起企业资金链紧张，甚至断裂，出现大量债务违约，引发金融及整个经济活动动荡。我自己认为，控制好去杠杆力度应该是每年去杠杆的力度要控制在 GDP 总量的 10% 之内。

2. 结构性去杠杆，即谁的杠杆率高就去谁的杠杆，不能搞一刀切，一刀切会伤及无辜，使那些正常杠杆率的企业也出现资金紧张的压力。

从目前来看，结构性去杠杆的重点应该是国有企业与地方政府。国有企业去杠杆有两个重点，一是确定主业，非主业资产必须变现还债；二是推进混改，将债权变成股权。地方政府去杠杆首先要将新增债务控制住，一是要控制好开发区与地方政府融资平台的负债；二是要将干部提拔与任免同负债率挂钩；三是地市债都必须以发债券的方式进行，开“前门”堵“后门”，推进债务公开化，对负债实行有效监督。

调整货币政策有三大要点

货币政策与资金供给有着内在的联系，金融供给侧结构性改革的重要举措是控制好货币政策。要点有三。

1. 实行稳健的货币政策。

稳健的货币政策既能防范金融风险，又能保证经济的正常运行。稳健的货币政策的实质是货币的生产要与财富的生产相平衡。反映货币生产的数据是 M2 增长速度 ，反映财富生产的数据是名义 GDP 的增长速度，因而稳健的货币政策的核心是 M2 增长速度与名义 GDP 增长速度的平衡。从这一点看，2019 年上半年确实是稳健的货币政策。2019 年 1— 6 月的 M2 增长速度分别是 8.4%、8%、8.6%、

8.5%、8.5%、8.1%，而1—6月的GDP增速是6.3%，通胀率是2%左右，M2增速与名义GDP的增速基本持平。

2. 降准降息，保证流动性充足。

当然，降准虽有空间，但已不大，不能搞太多的普遍降准了。降准的重点是将存款准备金率制度改革成为3个档次的存款准备金率制度，对仍然有降准空间的小型金融机构降准，例如小型金融机构的法定存款准备金率为8%，而实际上是11%，因而有3个百分点的降准空间，这种情况属于定向降准，不是普遍降准。降息只能对无风险利率降息，而风险溢价较高，即呆坏账率较高的产业及企业则不能降息，降息也是定向性与结构性的。

3. 保证货币政策传导机制顺畅。

在这方面，要使货币政策为民营经济发展服务，为发展实体经济服务。为此，应该对金融资源的使用进行比例性控制。

稳定股市有四大举措

股市既涉及资本金供给也涉及债务资金供给，因而金融供给侧结构性改革必然涉及稳定股市的问题。股市若不稳，资金供给就不稳，因此要稳股市。从目前来看，稳定股市的主要举措有四。

1. 提高上市公司质量，完善上市公司治理，加快退市制度的推进。这条举措对提升投资者的入市信心有重要作用。在投资者对股市丧失信心的条件下，股市是稳不住的。

2. 减少行政干预，让股市以自己的规律运行。所谓救市及抑制股市过热的行政方式都是不对的，应该禁止。

3. 推动中长期资金入市。例如推动保险资金、社保基金、企业年金等资金入市，只有中长期资金入市，才能稳定股市。中国股市不是缺钱，而是缺中长期资金。

4. 推动股市改革。例如推进科创板的形成与发展，将入市制度由审批制转向以信息披露为核心的注册制，当然，这就要求推动以法治市，强化股市的法治化。任何形式的披露作假都以欺诈罪论处，欺诈罪是要入刑的。

调节外汇供求关系来稳定汇率

汇率不稳，本币就不稳，本币不稳当然资金供给就不稳，因而金融供给侧结构性改革必须稳定汇率。但稳定汇率不能直接干预汇率，而是将汇率作为范畴，通过调节外汇供求关系来稳定汇率。从这一思路出发，稳汇率有两个方面的举措。

1. 稳定外汇需求。

在中国，外汇需求目前与3个因素有关，一个是企业海外并购，一个是个人海外投资，一个是“一带一路”投资。从稳定外汇需求来看，一是企业海外并购只能放开技术类并购，对于非技术类并购则须全面禁止；二是个人海外投资只能放开正常用汇，而不动产投资、证券投资、投资类保险投资要全面禁止；三是“一带一路”投资将逐渐转向用人民币投资。用人民币投资可以说是一箭三雕：一是减少外汇消耗，二是推动人民币国际化，三是人民币投资在原材料的采购上一定在国内，从而对国内稳增长有好处。

2. 稳定外汇供给。

外汇供给主要是依赖外汇储备，而外汇储备又受制于国际收支的资本项目与贸易项目，因而我们应该通过国际收支的贸易项目及资本项目的调整，保证外汇储备的正常稳定增长，通过外汇供给调整外汇供求关系，促进汇率的稳定。在这方面，我们在国际收支的贸易项目顺差收窄的条件下，更加注重对资本项目的运作。

处理好新技术与金融的关系

金融秩序不稳，资金供给当然就会动荡，因而金融供给侧结构性改革必须稳定金融秩序。从近几年的情况来看，金融秩序的稳定与新技术进入金融有很大的关系，因而要处理好新技术与金融的关系，在推动金融技术化的过程中应注意两大问题。

1. 协调好互联网技术与金融的关系。

互联网技术推动了金融的便利化与高效化，这是值得称道的，但金融的核心是防范风险，因而对互联网引起的金融新业态要做好监管，防止产生新形态的金融风险。2018 年以来大量的互联网金融平台爆雷的教训一定要吸取。因此，任何互联网金融公司都必须持有牌照与接受监管。

2. 协调好区块链技术与金融的关系。

区块链技术具有多中心及保证信用真实性等特征，其进入金融后必然推动金融的深度发展，但区块链技术在与货币的关系上，我们应该看到在金本位消失后，货币实际上是国家主权范畴，也就是只有主权国家才能发行货币，因而区块链技术所引发的金融变革必须以此为基础，例如数字货币及加密货币必须以“国币”为基础，个人是不能发行货币的，这是一个基本原则。这方面我们要吸取近几年因为数字货币平台所引发的金融秩序混乱的教训。

推动金融体制改革的 3 个问题

金融体制与资金供给有着内在的关联度，金融体制的缺陷必然影响资金供给的正常运行，因而金融供给侧结构性改革要推动金融体制改革。从资金供给角度来看，我国目前的金融体制改革有 3 个问题。

1. 债务资金供给的金融机构很多，但缺乏资本金供给的金融机构，应该大力发展资本金融通的机构与机制。

2. 短期资金运作的机构很多，但缺乏中长期信用机构，因而出现了短贷长投等易于引发金融风险的企业经营行为，所以我们要大力发展中长期信用机构。

3. 充分市场化的信用机构有很多，但缺乏普惠性信用机构及业务，因而“套路贷”问题禁而不止，所以要大力发展普惠性信用机构及业务。

调控好金融与地产的关系

讨论金融问题为什么涉及地产问题？因为房子有居住功能，必然就有金融属性与投资属性，因而虽然我们强调房子是住的，不是“炒”的，但它确实能“炒”。金融与地产的这种关系，决定了我们在金融供给侧结构性改革中，必须处理好金融与地产的关系。尤其是在中国普遍出现房价上涨过快，住房供求关系又出现重大变动的条件下，更要注重调整好金融与房地产的关系，主要要做到下述两点。

1. 防止地产金融化。

在这方面，要淡化房地产的投资性与遏制房地产的投机性，让公众认识到房地产风险的危害性，在房地产长效机制及短期对策方面出台相关举措，高度关注任何一个城市的产业指数、人口指数、房产指数这三大指数之间的关系，这三大指数一旦失衡，都会引发相关金融风险，必须注重监控与调节。一般来说，如果只有人口增长与房产的增长，而没有产业的有效增长，其结果必然包含着泡沫的倾向；如果没有产业与人口增长，只有房产增长，那就必然引发泡沫的破灭。因此，必须防止地产金融化。

2. 防止金融地产化。

在这方面，对资金进入地产要做严格监控，除了对银行资金进入房地产要有严格限制外，对信托之类的非银行金融机构的资金流向也要严格监控，金融地产化的危害性是巨大的，一旦房地产泡沫破灭，必将形成严重的金融危机，这是世界性的教训。几乎近些年的金融危机都是金融地产化引起的，必须高度关注。

最近有同志问我，为什么要防止地产金融化与金融地产化？原因很简单，金融地产化与地产金融化，实际上都会推动住房供给的过快与过多增加，当住房供给的增加使总房供给过多超过刚性需求之后，房子过剩就会使住房失去居住功能，而房子一旦没有了居住功能，当然就没有了金融属性与投资属性，从而引爆房地产泡沫，房地产泡沫必然会引发金融风险，尤其是会引发银行的信用风险，银行信用是整个金融稳定的基础，一旦银行的信用出了问题，整个金融就会稳不住，甚至引发金融危机，因此，目前必须要解决好地产金融化与金融地产化的问题。

实行积极的财政政策

稳增长从中长期来看，实际上有许多可选择的举措，但从短期来看，稳增长的重要举措是积极的财政政策。我国在 2019 年开始推行更为积极的财政政策，这对稳增长是有巨大意义的。总体来说，当前的更为积极的财政政策有 5 个要点。

减税减费

我国这次减税主要是减企业增值税。这与我国的税收制度改革有关。大家知道，全世界的税制分为两种。

1. 直接税制。

即收入税，赚了钱再缴税，例如所得税就属于直接税制。

2. 间接税制。

即行为税，有行为就要缴税，例如营业税、增值税、消费税等，就属于间接税制。

上述两种税制在现实中有 3 种模式。

1. 美国模式。

美国模式是实行直接税制，无论企业与个人，只要赚了钱就必须缴税，是所得税模式。

2. 欧盟模式。

以直接税为主而间接税为辅，所以欧盟主要是所得税，但也有一些增值税，不过增值税所占比例较低。

3. 中国模式。

直接税与间接税并举，例如所得税与增值税都很高，因而企业税赋较重。

我国税制改革的方向实际上是欧盟模式，要大幅度减少间接税，例如增值税，因而此次减税主要是减增值税，将减税与税改结合起来。

如何减增值税？2018 年年底我国的增值税分为 3 个档次：16% 主要是制造业税率；10% 主要是交通运输业与建筑业税率；6% 主要是服务业税率。这次减税有 4 个要点。

1.16% 降为 13%，主要是制造业税率降低。

2.10% 降为 9%，主要是建筑业与交通运输业税率降低。

3.6% 的税率不动，也就是服务业税率不动，但可以增加抵扣，通过增加抵扣降税。

4. 提高微小企业增值税起征点。过去是月营业额3万，年营业额36万就要缴税，现在提高到月营业额10万，年营业额120万再缴税。我国实际上年营业额120万的微小企业不多，因而等于把无论从事哪个行业的微小企业的增值税都取消了。

上述4个要点的减税，能减多少？我们估计2019年可减税约1.5万亿。1.5万亿是什么概念？2018年我国全年企业增值税总额为6.1万亿，这次减税等于减四分之一的税，应该说力度还可以。与美国相比力度也可以，特朗普上台搞了减税改革，减10年，折合为人民币的话，大约为4.5万亿元，每年4 500亿元，而我们今年则可达1.5万亿元。当然，美国是减所得税，我们是减增值税，在一定意义上没有可比性。

在2019年减税的基础上，2020年继续减税。国务院已经提出，2019年的减税为2020年将增值税合并为两个档次打下了基础。这表明中国已经开启了减税的通道。

除了减税，还要减费。企业费包括两大类。

1. 保障性费用。

像五险一金或者三险一金就属于这种费用。在企业保障性费用的缴纳中，最大的是养老保险金的缴纳，占比非常高，因而此次减费主要减养老保险金。如何减？首先是降费率，从20%降为16%；其次是降低起征点，原来按月收入6 000元征收，现在按月收入3 000元征收，减少了一半。

当然，有人担心这样会不会影响未来养老保险金的发放，答案是不会，因为国务院决定加大国有资产向社保基金的划拨，用优质的国有资产收益来弥补养老金的不足，例如保险类的人保（中国人民保险集团股份有限公司）及太平保险的相关资产已划拨完成。目前向社保基金划拨的国有资产约 7 000 亿元。

2. 生产性费用，包括电费、通信费、土地使用费、交通运输费等。

国务院决定 2019 年电费下降 10%，通信费下降 20%，土地使用费只减不增，年底前撤销省级收费站，等等。

上述两项减费，在 2019 年应该是 7 000 亿元左右。

由上述分析可见，按计划 2019 年减税及减费共计 22 000 亿元左右，4 月 1 日起开始减税，5 月 1 日起开始减费。减税费的作用应该会在 3 个月后逐渐显现出来。

增加投向公共产品的政府投资

政府投资不能投向生产经营领域，因为这不符合市场经济改革的方向。政府投资只能投向公共产品。我国现在的公共产品主要有 3 个。

1. 基础设施。

在这方面，2019 年准备增加 2.6 万亿元投资，其中高铁为 8 000 个亿。

2. 民生投资。

2019 年增加大约 5 000 亿元投资，例如常见病的报销比例会提高到 50%。

3. 技术创新投资。

2019 年技术创新投资接近 1 万亿，是历年来最高的。当然，如果加上国防预算中有关技术创新的投资，这方面投资可超万亿。

上述 3 种公共产品投资在 2019 年大约增加 4 万多亿，这对于相关投资，进而对经济增长有重要的推动作用。

实行财政赤字

减税减费，等于减少财政收入，而与此同时又要增加财政投资，因而财政预算当然是赤字，2019 年确定赤字率为 GDP 总量的 2.8%。比 2018 年高 0.2 个百分点。但没有超过 3%。符合国际上这一规则：赤字率原则上不能超过本国当年 GDP 总量的 3 %，因为如果超过了，会增加国家未来的债务风险。因此，我们实行积极的财政政策，既考虑短期对稳增长的作用，又考虑长期不能加大国家债务的压力，实现中短期利益组合。

国家举债

有赤字当然就要借债。2019 年借多少？确定借 2.76 万亿。这个借债量是合适的，符合我们的短期及长期利益，有利于稳增长与防范国家债务风险的有效组合。

政府过紧日子

上述以赤字与借债为特征的积极财政政策，当然要求政府过紧日子。因此，2019 年政府一般公共预算会减少 5%，“三公经费”[①] 预算减少 30%。在政府预算压缩的条件下，需要有效提高政府工作效率。

以上就是积极财政政策的全部内容。按照 2019 年的积极财政政策的安排，积极财政政策对经济增长的贡献大约在 1 个点左右。从这一点上讲，2019 年 6%~6.5% 的增长目标基本上可以实现，增长速度约为 6.3% 左右。

（2019年6月29日在中国人民大学宏观经济政策解读研讨班的讲话录音整理稿。）

① 指政府部门人员因公出国（境）经费、公务车购置及运行费、公务招待费产生的消费，是当前公共行政领域亟待解决的问题之一。——编者注

第五部分

坚持“稳中求进”的总基调

“稳中求进”是我国近些年来一直坚持的经济工作的总基调，它对于保证中国经济平稳发展起到了根本性的指导作用，是我们长期要坚持的经济工作的总体指导方针。但什么是稳中求进？我们认为所谓“稳”，就是指要认真应对与化解经济改革开放中的风险与挑战，使经济总体上处于平稳运行的状态；所谓“进”，就是指要全方位推进改革开放的新举措，推进新体制的形成，在稳中求进。有的同志问我，为什么稳中求进要将“稳”放在前面，似乎只有“稳”才能“进”，而不是“进”中求“稳”。道理很简单，中国经济的改革与发展已进入一个风险高发期，我们只有在“稳”中才能求“进”。因此，稳中求进是总基调。当然，不同时期中国经济所面临的风险与挑战是不同的，改革开放的举措也有所不同，因而稳中求进的总基调在不同时期的实践也就有所不同。在这里，我们主要讨论 2017 年如何“稳”中求“进”，因而可以帮助大家以 2017 年为例，理解“稳”中求“进”的总基调。

“稳中求进”的核心是“稳”

“稳中求进”的核心是强调以“稳”为基础，虽然最终目标是为了“进”，但没有“稳”这个基础，“进”是不可能实现的。我认为，将“稳中求进”作为我国经济工作的总基调，是由我国经济进入新阶段，以及由此产生的新情况与新问题所决定的。

改革必须以“稳”为基础

第一，我国的改革已从原有的以经济建设为中心的经济体系改革转向五位一体的改革。即政治改革、经济改革、文化改革、社会改革、生态文明改革，改革面非常宽；同时，改革已极其深化，涉及社会经济生活的各个层面的深层次问题，尤其是改革所涉及的问题都极其尖锐，属于啃硬骨头的范畴。改革的广泛性、深入性及艰难性，决定了改革必须以“稳”为基础，若不“稳”，改革就很难推进，甚至会引发各种风险，中断改革。

防止债务危机需要稳定的环境

第二，中国在高速增长及快速推进改革的过程中，已经积累了各种风险，这些风险的消化与处理，需要稳定的条件与环境，若不稳，就会引爆这些风险。例如，我国宏观负债太高，债务的处理既不能引发大规模的债务违约，从而影响经济的正常发展，又要有效地处理与降低债务，以防止债务变为债务危机，中止中国经济的发展过程，需要稳定的环境与条件。又例如，由于过去过度宽松的货币政策，我国货币风险压力较大，我们必须坚持稳健的货币政策，做到松紧有度，既不能因为流动性不足而影响经济的正常发展，又不能因为货币供给过大而使货币风险压力增大，这本身就是以稳为基础的货币政策，体现了稳的要求。可以说，对于风险的化解与防范，从某种程度上讲，基本上都是两难的选择，这种情况决定了我们必须以“稳”为主基调，稳中求进。

经济发展需要先“稳”才能“进”

第三，我国目前社会经济生活中的各种问题，其背后既有周期性原因，也有结构性原因，更有体制性原因，这表明我国目前的诸多经济问题具有极其复杂的特征，而且各种问题相互影响的关联度又很高，有时有很强的负面叠加效应，这就决定了我国社会经济的发展必须建立在“稳”的基础上，若不“稳”，便会出现一些冒进行为，其后果必然是整个社会经济生活处于动荡状态，改革与发展均难以进行。因此，“稳”是基础，只有“稳”才能保证“进”。

处理效率与公平需要“稳”

第四，我国经过40余年的改革，已由穷转为富，并向强的方向过渡，这种状况决定了人们不再单纯考虑温饱性问题，甚至不简单计较经济收入问题，而是更加关注自身的全面发展，对教育、医疗、社会保障有了更高的要求，从而出现了人们日益增长的对美好生活的各种需求与供给不充分不平衡的矛盾，这种矛盾的解决比解决温饱性问题的难度要大得多，而且容易引起人们的不满情绪，使得我们在处理公平与效率的关系上更加困难，这就决定了我们必须要以“稳”为基础，稳步推进，在“稳”的基础上才能进一步实行令人满意的社会政策，包括教育政策、医疗政策与社会保障政策。实践表明，不少深层次问题的解决，往往是以“稳”为基础的，只有“稳”才能“进”。任何的社会动荡都会打断“进”，动荡与“进”是对立的，“稳”与“进”才是相辅相成的，只能稳中求进。

中国稳定才能促进世界的稳定

第五，国际环境出现了百年不遇的大变局，以美国独大为特征的单边主义的治理世界的国际秩序要发生变更，人类社会将走向多边化治理方式，在这种大变局中，中国必须要发挥自身应有的作用，但这种作用的发挥，需要中国自身的稳定，中国的稳定才能促进世界的稳定，才能在和平中实现世界治理方式的转变。中国的稳定至关重要，可以说，中国的“稳”是世界稳定的基础与保障，因而我们必须以“稳”为基础，“稳中求变”，“稳中求进”。这不仅是由中国的国情决定的，也是由目前的国际环境决定的。

GDP 总量的巨大与审慎的需要性成正比

第六，中国 GDP 总量在 2018 年年底已达 90 万亿元，位居世界第二，如此巨大的财富总量，若稍有不慎，发生经济动荡，其结果必然是非常严重的，就是增速因为经济动荡回落一个点，巨大的社会财富也将受损。财富的巨大性与审慎的重要性是成正比的。古语讲“船小好掉头”，但船一旦很大，掉头就很难了，因而中国这艘巨轮不能出现方向性错误，一定要方向正确才行，否则掉头会很难，甚至会翻船。因此，一个国家的 GDP 总量增加到一定程度时，就必须以“稳”为主，在“稳”的基础上才能“进”。GDP 总量与社会动荡的危害成正比，GDP 总量越大，社会动荡对经济的损害度就越大，经济不稳往往会引发更大的经济损害。因此，我国目前在 GDP 总量已非常大时，“稳”就成为重要的问题，只有“稳”才有“进”，才能保证经济的进一步发展。

由上述分析可以看出，“稳中求进”确实应该成为我国社会经济生活的总基调，这个总基调的确定不是某个人的主观意志，更不是某些人所批评的那样，是保守，而是根据我国目前国内的实际情况与国际环境做出的科学选择。最近有的同志对我说，“稳中求进”会不会因为过度强调“稳”，而放松改革的推“进”，耽误时机，错过机遇，出现求“稳”而放弃“进”的倾向。我认为这是一种误解，因为“稳中求进”虽然强调“稳”为基础，但并没有放弃“进”，强调“稳”的目的是为了“进”，为了“进”而求“稳”，这是一种更加有效的“进”。如果因为不注意“稳”而推进改革与发展，这不仅不能有效地“进”，而且还会使已经取得的成果因为不稳而化为灰烬。因为社会动荡不仅不能使我们继续“进”，而且还会破坏已经取得的成就。因此，我们应该坚持“稳中求进”的总基调。

上述分析表明，“稳中求进”并不是不改革，不重视增长，而是为改革的深化与高质量增长提供应有的条件与环境，有效协调好“稳”与“进”的关系，最终的目的还是为了“进”。实际上，有效处理“稳”与“进”的关系的关键，是补短板。补短板能实现“稳”，因为不稳往往与短板有关，是短板导致了不稳，同时短板往往是改革的对象与内容，属于“进”的范畴，因而补短板实际上就是“进”，“稳”与“进”在补短板上实现了内在统一。例如，我国汽车生产的能力增长很快，在2018年达到了年产量3 000万辆的水平，但是短板是停车场不足，不仅使人们的生活极为不方便，导致人们意见很大，甚至因此出现了各种纠纷，而且也影响了汽车工业的有效发展，这就要求必须有效解决停车场不足的问题，这种补短板既是“进”，也是“稳”。因而“稳中求进”是一种更有效的“进”，以“稳”为基础的“进”。

在这里，有一个问题值得我们探讨：中国经济增速在2012年破8%，在2015年破7%，可能会在2021年破6%，这是否标志着中国经济进入衰退期？这不是标志中国经济进入衰退期，而是与GDP总量的基数增大有关系。一般来说，当GDP总量达到一定程度时，GDP增速与GDP总量在某种程度上会出现相反方向的变化，随着GDP总量的增加而降速，甚至GDP总量达到一定程度后，GDP增速就会稳定下来。GDP总量与GDP增速的这种内在联系，也恰恰说明了GDP总量达到一定程度后，“稳”就成为经济增长的重要前提，没有“稳”，就没有增长，只有“稳”才能“进”。“稳”与“进”的关系在GDP总量达到一定程度后，必须要以“稳”为基础，增速回落是必然的，这种回落不是衰退的标志，而是经济发展的必然规律，因为财富增长没有因为增速回落而减少，而是由于基数的增大而增加了。因此，我们需要以“稳中求进”为总基调。

当然，“稳中求进”虽然是我们在未来一段时间的经济工作都要坚持的总基调，但“稳中求进”在不同时期是有其自身特点的。我们对2017年中国经济的走势分析，发现2017年“稳中求进”就有其自身的特点。

2017年总体的经济指导思想叫“稳中求进”。“稳中求进”的提法就是告诉大家，今年会把困难看得更重一些。因为“稳”放在前边，“稳中求进”，先是“稳”，然后才是“进”，所以把困难看得更多一点。

之所以将困难看得重一些，其原因来自我们自身，例如目前的结构调整和改革似乎还没有太大的起色。从2016年年底的情况来看，我们在改革与发展的一些关键性工作上，还没有太大的起色。同时，外部环境发生了很大变化，比如特朗普上台。特朗普刚一参加竞选，就有人预测过两件事，第一是特朗普会不会上台？第二是特朗普上台以后会对中国怎么样？我当时就知道他会上台，而且一定会上台。美国几乎所有的主流媒体和所有的精英都在特朗普能否上台这个问题上被打脸，他们都预计特朗普不可能上台。之所以产生这种现象，是因为特朗普上台是一个反常的行为，所以叫作黑天鹅事件。特朗普为什么能成功？因为他适应了美国目前的社会情况，即反全球化的思潮。

第一次全球化是1750—1950年，200年的时间。第一次全球化是以欧洲国家为主导的，比如英、法、德、意等国。第一次全球化的主要“遗产”就是殖民地，通过殖民地的方式推动了全球化，所以第一次的全球化以殖民为特征。从1950年开始的第二次全球化是以美国为主导的。第二次全球化的主要遗产是国际贸易，国际贸易成为第二次人类全球化的浪潮。在第二次全球化的过程中，中国是后半场加入的，是在 1978 年改革开放以后加入这次浪潮中的。因为我们是后半场加入，所以就有许多优势。这就像打篮球一样，我们在人家累得不行的时候上场了。中国是这次全球化中获利最大的国家之一。所以一旦反全球化，中国就会首当其冲。

在国际压力很大的同时，国内的经济情况也不容乐观，因为周期原因、体制性原因、结构性原因等深层次原因而引发的各种问题不断暴露出来，有些问题还是很尖锐的，风险点确实不少，由此引发经济增长的下行压力比较大。中国现在仍然还是经济增长掩盖和淡化了别的社会问题的国家，因而经济增长一旦下滑，必然会引发诸多社会问题和动荡。因此，国内经济情况并不太好，由此引发的诸多社会问题也会逐渐显现，经济与社会问题交融在一起，给我们带来了巨大的压力与挑战。

总之，我估计今年的内外情况总体都不太好。反全球化是美国挑头，全世界似乎都对中国开始了行动，欧盟国家、美国、日本都宣布不承认中国的市场经济地位。中国于 2001 年签订世贸协定，在 15 年之后就是天然的市场经济国家。结果时间还没到，他们就宣布不承认中国是市场经济的国家。既然不是市场经济国家，对我们如何征税？就要选一个参照国，参照这个国家来征税，结果就选了新加坡。新加坡的成本肯定比中国高得多，中国怎么可能像新加坡那么富有。接下来就是他们认定中国搞倾销，他们就要搞反倾销，惩罚中国。15 年之后还解决不了市场经济国家这个问题，是因为发达国家几乎都在反对中国。中国现在的国际情况令人头疼，而且中国内部的调整还没做完。我与几位企业家聊天，大家都觉得现在钱不好赚，日子很难过，没有几个说日子好过的。这是因为我们内部还没有调整完，外部反全球化又开始了。中国现在讨论如何应对，能不能推动人类社会进入第三次全球化，所以习近平主席飞到瑞士去参加达沃斯年会，阐述中国的主张。我估计中国会不断地推动全球化。第二次以国际贸易为特征的全球化肯定是不行了，第三次全球化能不能成功还不得而知，但中国必须努力去推动。

上述可见，2017 年中国的内外压力都比较大，风险点较多，诸多尖锐性问题，所以提出“稳中求进”。“稳”是第一位的，在“稳”的基础上才有可能“进”。具体来说，“稳中求进”就是两件事：一个是“稳”什么，如何“稳”？另一个是“进”什么，如何“进”？

“稳”什么，如何“稳”

“稳”的核心是勇于面对挑战，有效化解风险。只有应对挑战与化解风险，才能实现“稳”。那么，现在的挑战与风险是什么？主要包括下述几个方面，因而“稳”就是要做好下述几个方面的工作。

稳通货膨胀

大家知道，由于 2015 年及 2016 年货币政策的宽松及杠杆率过高，2017 年的通胀压力将会比较大。去年 12 月份的数据已经出来了，CPI（居民消费价格指数）同比上涨 2.1%，PPI（生产价格指数）是 5.1%，都超过了预期。我们对 PPI 的承受能力是 3%，超过 3% 就不行了。目前 PPI 已经超过了 5%，所以 2017 年的通货膨胀压力会比较大。通货膨胀说到底就是钱发多了。2015 年股灾有 2 万亿元砸进股市，到现在还没回来。2016 年 1—3 月，3 个月内向市场投放了 5 万亿元。虽然 GDP 的总量上升到 17 万亿元，比 2015 年同期增加了 1 万亿元，但新增的这 1 万亿元 GDP 是 5 万亿人民币换来的。这就等于向市场投放 1 元钱，回报率只有 0.24%，本钱都收不回来。过去我们向市场投放 1 元钱，换来的是 3 元钱、5 元钱的增长。所以 2015 年和 2016 年的货币投放实际上并不是因为经济的真实需要，而是在 GDP 压力下的强刺激而已。后来国务院讲小阳春、开门红。结果 5 月的《人民日报》的权威人士谈中国经济就大批所谓的开门红，小阳春，强调没有开门红，也没有小阳春，是强刺激，是乱搞，并严厉地批评了有关方面。2015 年和 2016 年根本就不用这么多钱，但还是投放出来了，按照我国的货币运行规律，如果过多地投放货币，弊端一般在 11 个月后就会逐渐显现出来。所以通胀压力在 2017 年就会显现出来。因此要稳住通胀，CPI 不能超过 3%，PPI 不能超过 5%。现在其中一个已经超过了，另一个很快就会超过，因此决策层的压力就比较大。同时，我们又处于调整期，还是需要货币的投放，但是又不能让通货膨胀太严重，这样难度就比较大。

今年怎么来协调这个问题？一方面要满足市场对货币的需要，

另一方面通货膨胀不能过快。这就要看操作的水平怎么样。今年可能会适当收紧货币，因为通货膨胀的压力比较大。我在去年10月说：搞企业的可以提前购买原材料，因为2017年肯定会涨价，同时，资金可能会比较紧张，利率相应的要提高，因为紧缩货币导致货币紧张。企业2017年的困难会更大一些，因为企业最害怕原材料涨价，PPI恰恰涨得很快，超过了5%。原来预计PPI在2018年12月底是4.5%左右，但实际情况是5.1%，涨了很多。当然，一旦收缩货币，货币就会紧张，利息就会提高，成本就会上涨。企业在2017年所面临的是两难的选择，要么接受原材料价格上涨的压力，要么接受金融成本上升的压力，所以2017年企业经营的压力会更大一些。按常规来讲，我们今年应该适当地让货币再宽松一点，因为我们在调整结构，在深化改革。但是通货膨胀的压力又这么大，导致的结果就是收紧货币。货币收紧会导致融资成本的上升。我们实际上是两难的选择。无论是原材料的价格上涨，还是融资成本上涨都对企业不利。2017年的日子估计会比2016年更难过，因为2016年不需要应对通货膨胀的问题，货币基本上比较宽松，而2017年为了应对通货膨胀就不得不收紧货币，从而导致原材料价格高，融资成本也会高。这些都会增加企业经营的困难。因此，稳通货膨胀就是指今年不能让通货膨胀过于加重，不能让CPI上涨到3%以上，不能让PPI继续维持在5%以上，同时金融成本也不能上升过快。今年这方面的情况比较特殊，稳通货膨胀成为第一要事，一定要稳住才行。这是“稳中求进”中“稳”的第一件事。

稳外汇就是稳外汇储备

外汇有两个问题，一个是汇率，一个是外汇储备量。2018年10月以后，人民币贬值的压力非常大。汇价不断在降，同时外汇储备也在减少。这就给我们提出了一个问题，到底保哪一个？不可能两个都保，是保汇率，还是保外汇储备？2018年10月以来一直摇摆不定。我当时的判断是，会保外汇储备，不保汇率，所以建议对外投资的企业赶快多换外汇。一旦保外汇储备不保汇率，就会严格控制外汇的兑换。果不其然，就是保外汇储备而不保汇率。从2017年1月1日起，所有人买外汇都得填表，非常详细。现在都是大数据，得填准了，否则就会受处罚。

我的学术观点也是保外汇储备，不用保护汇率。汇率的波动取决于两种情况，一个是我们自身的情况，另一个是美元的情况。我们的自身情况没有变化也可能导致人民币贬值，因为美元的情况在变化。这次人民币贬值的原因就是美元加息。美元加息让所有货币对美元都贬值了。我们是贬值3.5%，日元是10.5%，欧元是7%，英镑是8%。我们是贬值最少的。既然贬值不是因为我们自身的原因，那就不要保汇率，否则就要消耗外汇储备。中国的外汇储备目前已经是3万亿美元了。如果不保外汇储备量，麻烦就会更大。汇率不用保，该贬就贬，贬值反而有利于中国出口。贬到一定程度，美国就会着急，所以只要保外汇储备量就行。我们算了一下，美元的指数最高会到110，到了110以后就会自动回落，而且是一直处于回落状态，这时美国和全世界都会着急了，因为所有货币对美元都贬值。美元现在的指数是 103，继续上升就会顶不住。我们估计人民币对美元可能会贬到接近 1 : 7。如果真要贬到接近 1 : 7，美国就急了，所以保外汇储备是对的。再说人民币的贬值是美元加息引起的，管它干什么？如果要保汇率，那就得消耗外汇储备，需要不断购买外汇才能把汇率稳住。这反而会给特朗普口实，指责中国操纵汇率。既然 2015 年 8 月 11 日汇率改革完成，汇率不再由政府决定，而由外部的供求关系决定，那我们还保它干什么？所以 2017 年在稳外汇问题上基本已经定下来，是保外汇储备，而不保汇率。既然汇率保不住，那么外汇储备量就要保证在 3 万亿美元以上，这对中国有好处。

总之，2017 年“稳”的第二件事是稳外汇，就是稳外汇储备量，方向基本已经清晰了，只是企业一时适应不了。针对人民币贬值，大家应该有思想准备。

稳定资产价格就是抑制货产泡沫

稳定资产价格也叫抑制资产泡沫，是一个问题的两种提法。我们的资产价格主要包括两种，一是股价，二是房价。CPI 是消费价格，PPI 是工业品价格。股价和房价是资产价格。稳定资产价格就是我们所讲的抑制资产泡沫，资产价格不能涨得太快。2017 年稳定资产价格的重点不是股市。股价在 2017 年不会出现太大的上升，因为 2015 年发生股灾，投资者被打了一巴掌，还没忘记疼。从目前来看，这次股市要上涨的话，保险资金就必须入市，但保险资金刚进来就被挟制住了，甚至被称为野蛮人。其实，全世界的保险资金都可以进入股市，而且很正常。巴菲特炒股票的关键就是因为他下面有一家保险公司。险资进入股市可以做长期投资，所以稳赚不赔。保险资金实际上是没有成本的，所以保险资金进入股市是对的。但是中国的框架没有制订好，是短进短出，成了炒股票，因此决策层就有点紧张。证监会之所以对这件事情的反应这么强烈，就是因为2015年股灾虽然爆发在证监会管的股市上，但实际上是银监会信贷松动引起的。2015年的这场股灾实际上是银行资金的场外配资进场引起的，但最后是证监会顶包了，股灾成了证监会的罪过。应该说，险资入市一旦被控制住了，2017年的股市泡沫就不会爆发。这样一来，资产泡沫就不在股市，因为股价不可能涨得太多。因此，2017年稳定资产价格的重点实际上是房市。

评价房地产泡沫有一个重要指标，即购房的三大需求比例。大家知道，人们买房子有3种目的。一是为了住，叫刚性需求；二是为了投资，以后收房租，叫投资性需求；三是为了炒房价，叫投机性需求。这3种需求在购房系统的比例就反映房价的泡沫大小。2007年以前，75%的买房是刚性需求。去年10月以后，情况发生了变化，75%的买房是投资型需求和投机性需求。既然买房不是为了住，最后就有可能产生巨大的泡沫。房子的泡沫有多大主要取决于房子的供求关系，即房子的供给不能超过刚性需求，一旦超过刚性需求就说明泡沫产生了。一旦泡沫被刺破，麻烦就比较大。其中的关键就是对供求关系的判断，即房子的供给和刚性需求的关系，因为房子是用来住的不是用来炒的。房子之所以有投资和投机价值，就是因为它能住。如果房子一旦多到因为过剩而没有居住功能的时候，泡沫就破了。现在中国一线城市的投资需求或投机需求所占比例到了 75%，这说明泡沫正在形成。因此必须要防止泡沫继续吹大，但是这个泡沫又不能刺破，因为一旦刺破就不得了了。现在的房地产跟我们整个经济紧紧地联系在一起。有人说房地产绑架了中国经济。这句话难听了一点，但是可以用紧紧连在一起来形容。从 5 个方面可以说明经济和房地产连在一起了。

1. 经济增长。

现在每年经济增长的 20% 都是房地产贡献的。房地产一旦出问题就真不得了了。

2. 金融风险。

房地产是杠杆率最高的产业。现在 105 家房地产上市企业的负债率是 4 万多亿人民币，恒大的负债率是 98%。如果房地产出事就会转变为金融危机。

3. 就业。

房地产的背后是建筑业、建材业、建筑装备制造业，而这 3 个产业恰恰是劳动密集型产业。房地产一旦出问题，就业就会受影响。

4. 地方财政。

现在好多地方政府已经不是税收财政，而是土地财政，靠卖地生存。房地产一旦出问题，地方财政就会出事。

5. 全体老百姓。

房价跌就等于人民的财富缩水。中国老百姓一生的主要财富表现为房子，房价波动会涉及所有人。

以上 5 个方面说明房地产和中国经济是连在一起的。一方面是泡沫不能继续吹大，另一方面又不能刺破。在这中间要形成一个平衡点，难度比较大。我们现在一直在关注日本的经验和教训。日本的房地产泡沫形成于 1985 年，在 1990 年被刺破。

日本之所以短期内形成房产泡沫，第一是因为信贷宽松。从 1985 年开始，日本完成工业化和城市化，钱多了不知该往哪里投资。这个时候银行就找有钱人，你们买房子、买地、买不动产，就抵押在我们银行，我们银行按抵押资产的 70% 放贷，你们还可以继续投资。于是所有人都开始不断放大自己的财富。买房买地之后抵押给银行，拿到 70% 的贷款就再买房子。这种买房子的行为不是为了住，而是出于投资、投机的需求。可见，拉动房产需求的是信贷宽松。

第二个原因是外资。美国在 1985 年强迫日本签订《广场协议》，《广场协议》就是美国剪日本的羊毛。《广场协议》里面重要的一条就是，日本保证日元在未来 5 年内每年升值 5%。因此大量外资涌入日本，每年什么事都不做就有 5% 的收入。这些资金进来之后也没有什么好投资的，也是投向房地产，外资大量地买房买地又把这种投资和投机的需求拉动起来。

上述这两大力量拉动了住房需求。为了满足房地产市场的需求，日本这个时候只好修改建筑法。当时日本的建筑法明确规定：不能把旧房子炸掉盖新房子，尤其是东京、大阪这些城市。建筑法修改以后，大量房子就供给出来了。拉动房子的两大需求不是刚性需求，但是大量房子确实被供给出来了。到1989年时，日本精英们就发现要出事，他们建议日本决策层应该赶快紧缩。日本先收紧了信贷，但没想到却把股市的泡沫刺破了，大量上市公司亏损甚至破产。上市公司为了弥补亏损，防止破产就卖房子。就像中国最近的上市公司一亏损就卖房子一样，卖不动产弥补亏损。紧接着外资要撤走，因为，1990年《广场协议》到期了。外资要走了所以也要卖房子，外资大量抛售不动产。这个时候不知道谁出了个馊主意，日本实行房产税，即房子多的人得交税。于是个人也开始卖房子了。上市公司、个人、外资全部都卖房子，房子的供给远远超过刚性需求的状况就暴露出来了，所以泡沫被刺破了。

决策层对房产税一直很谨慎，因为这是柄双刃剑，有可能把泡沫刺破。但是有人不知道轻重缓急不断地喊，所以政府一直在摇摆。日本就是因为房产税把泡沫刺破的。我们会不会呢？北京现在的房子供求关系发生重大变化，还有多少刚性需求？我们对北京户籍人口做过抽样调查，每家平均有4套房。虽然这个抽样调查可能并不反映全部情况，甚至有很大的偏差，但如果大家一起卖房子会是什么局面？房产税为什么迟迟不出台？因为有日本的前车之鉴，而且我们现在不知道房子供给超出刚需多少。一旦出台房产税，大家就要卖房子。企业、个人都卖房子，很可能会远远超过刚性需求，泡沫就会被刺破，后果不堪设想。

我们现在资产泡沫的重点是房地产。房地产泡沫不能刺破，也不能继续吹大。我最近和清华的一个学习似乎不太认真的学生聊天。我说：你小子不好好学习，天天晃荡，出去以后怎么办？若能力不行，你的收入还不够买房子，怎么行？他说：老师您错了，我有房子。我可以从爷爷奶奶爸爸妈妈那里继承。可见，他们跟我们这代人不一样，他们可以继承财产，不用去买房子，因此他们不想这个问题。中国若到了这个阶段，房子的供给应该做到多大？所以我们很担心。如果供给继续增大，到那时候供给超过刚性需求太多，麻烦就挺大的。现在挺矛盾的，一方面不能继续吹大泡沫，另一方面刺破泡沫又不行，是一个挺艰难的选择。

没办法只好限购限贷，这是唯一的办法。限购限贷限的对象都是买三四套房子的人。按规定北京户籍可以买两套房子，再买就说明不是为了住，而是为了投资或投机。如果把这种投资及投机性需求拉起来就麻烦了。开发商讲：既然大家买房子，那政府就大批量地盖房子吧。但如果每家都是 5 套房子，泡沫破了谁负责？开发商把钱赚跑了，老百姓怎么办？所以还得想办法限制投资和投机性需求，只好限购限贷。但是很难限制，因为有些中国人已经没有底线了，比如假离婚买房子。婚姻多么神圣，怎么可以为了买房子而随便假离婚。现在有人为了买房子可以什么都不顾。我在杭州就见过很多因为买房子而离婚的。那些人已经有两套，还想再买，就只有选择离婚。人若处于这种思维的支配下，欲望实际上是控制不住的，这种私利导向是必然的。就像明明股市已经不能进了，股指太高了，还是照进不误，只有一巴掌打过来，即股市暴跌才能清醒。但是房子不能像这样打一巴掌，一打就出事。股市打一巴掌可以，但是房市不行。泡沫不敢刺破，一旦刺破谁都受不了，没办法只好磨，也就是让别的产业渐渐代替房地产行业，淡化房地产在整个经济中的地位和作用，慢慢实现软着陆。

今年因为担心房地产会出事，所以调控举措会更加严厉一点。现在搞了一个领导责任制。哪个城市的房价涨得太高，先把一把手免了。这招比较厉害，现在所有城市的一把手整天关注的就是房价，而且都有一点不尊重市场规律了，例如房子要卖多少钱，报上来一看价格太高了就不批，结果房子就卖不了。卖可以，但是必须降价。为什么这么严厉？因为剑悬在头上。一旦房价统计结果出来，先拿一把手问责。所以 2017 年的行政手段会更重些。

我估计，2017 年的重中之重是稳定资产价格，重点将是稳定房价，而不是股价。房价要稳定，既不能把泡沫刺破，也不能把泡沫继续吹大。因此唯一的办法就是限购限贷，追究地方责任。因为谁都清楚这个问题不好处理，因而准备用 5 年的时间完成房地产的软着陆，即 2016—2020 年，泡沫没刺破而且又平稳下来。这实际上就是给房地产 5 年的调整期。我跟许多房地产商讲：别拿地了，能撤就撤，价格一旦好就卖。现在不是买地的时候，而是卖房的时候。谁都知道房子供给超过刚需这个数字总有一天会显现出来，住房供给超过了刚性需求，麻烦就大一点。

例如，北京现在在严格控制户籍人口，再加上搞京津冀一体化，房地产的压力就很大。什么是京津冀一体化？就是疏解非首都功能。首都功能就是 4 个中心，政治中心、国际交往中心、文化中心、科学创新中心。除这 4 条之外都不是首都功能。第一，首都不是经济中心。北京现在不适合创办企业，有四五千家企业要搬走，现代汽车、奔驰汽车都得搬走。奔驰打官司说，当时吸引我来时没说要让我搬走，我刚建好就让我搬走。对不起，就得搬走，因为北京不是经济中心。下一步将会对央企总部动手。三峡公司把总部放在北京干什么？搬回三峡去。凡是进行重组的央企，只要有一个机构在外地，就都得以外地为中心。我估计许多央企可能都要迁出北京，政府很快就会动手。第二，首都不是教育中心。北京的许多大学都得搬走，只留搞科学研究类的大学。北京2017年的招生数量和去年相比压缩10%，外地生源压缩10%。北京大学已经正式宣布取消了所谓继续教育的本科学历。北大、清华不会搬走，但是想扩大是不行的，一寸土地都不给，要扩大在外地办分校可以。北大在深圳办分校。清华大学的机械系想扩大就在天津滨海新区办机械学院。在北京就不行，因为这里不是教育中心。第三，首都不是医疗中心。现在在北京看病的80%是外地人。北京所有的好医院在北京一律不准扩大规模，但可以在外地办分院，在北京不行，这里不是医疗中心。北京市政府和市委都搬出城中心了，搬到通州去了。那里不叫首都服务中心，而叫北京城市服务中心，不是首都。北京和首都不是一个概念。中国是首都在北京，但不能说北京就是首都。

各地房地产投资的情况都要取决于对这个城市的房地产供求关系的判断。供求关系是房子供给和刚性需求的关系。凡是产业及人口聚集度很快的城市，房价还会有继续上涨的空间，但是人口和经济停滞的城市就不可能。我估计，黑天鹅事件会在今年的房地产市场出现。建议大家对这个问题还是要警惕一点。因为这次的调控和前几年的控制房价不是一个概念。前几年从来不谈资产泡沫，主要是讲房价太高，人们的承受能力不够。现在是按照资产泡沫来控制，而且强调房子是住的而不是炒的，不能将房地产作为刺激经济的手段。这说明思维模式已经调整，建议大家关注这一点。估计会有不少中小型房企开始倒闭。

稳实业与去产能并举

目前实业的经营压力非常大，而且破产倒闭的压力也非常大。实业压力大的原因主要是严重的产能过剩。从目前的现实情况来看，既要去产能，还要能稳得住实业才行。单纯强调去产能，稳不住实业也不行。除了产能过剩之外，实业还有所谓的“互联网+”的影响。例如网上购物就对实业的影响很大，到商场看一下，除了吃饭那层，别的楼层基本没人。许多人都没有工作了，现在一个手机几乎解决了所有问题。一个老总告诉我，说他的秘书最近就很紧张，老问他：什么时候不要我？过去需要她买机票、订车票，现在手机一点就行，她就没事干了。北京的机票代售点都没有了，好多实业面临着巨大冲击。产能过剩再加上这种新技术的冲击，实业真的有点受不了。西方国家在互联网技术的使用上比我们早得多得多，但是为什么不做网上购物？因为要考虑就业和实业的承受力。我们现在的80后、90后连饭都不做了，手机上点一下就送来了。这样一搞之后，很多人就没事干了。许多实业想要生存就得降价，但一降价就会赔本，所以各种招数都出来了。因此，我们还得想办法稳住实业才行。

在产能过剩问题的处理上，我们还得从稳实业的角度想出适当的办法。从这一点来看，产能过剩主要是用3个办法来解决。

1. 让一部分产能转向国际。

中国与世界进行产能合作，因为我们国家20%左右是现代产能，是有国际市场需求的。福建的搞汽车玻璃的曹老板到美国去办公司、办企业，因为他的技术是一流的，而且美国的成本、税收都比中国便宜。这类企业要让他们走出去，不能控制，而且不让他们走也不行。一部分产能真的是要走出去才行。

2. 要去掉一部分僵尸企业。

国企的僵尸比例太大，许多国企的下属公司就是僵尸企业。只要僵尸企业存在，产能便永远过剩，效率又很低。

3. 还有一部分企业需要推动升级换代，产品不升级不行。

这部分企业的市场需求仍然存在，主要是产品不行，需要推动产品升级。我这次去泰国参观正大集团，正大有不少企业属于传统制造业，我发现正大做得真的很精细，而且越来越精细，从源头上开始控制成本与质量。未来有一部分好的企业会留下来，但要让这部分企业升级。

我们对实业尤其是传统制造业，不能一味地采取放任不管的办法，还是得想办法稳住才行。现在都没人愿意做实业了，因为很累，回报率很低，风险很高。大家都去做金融了，现在中国的金融类公司越来越大。最近一位商业地产商从地产退出来，用50个亿搞PE，就是搞股权投资。股权投资也要尊重创业者，不能老去揩油。人家辛辛苦苦办公司，你动不动就拿走了，这也不行。现在有钱就是大爷，实体经济因为资金紧张没有办法，只能让他们进来，但是他们又不会具体搞这个事情。因为PE这种投资公司根本就没人进经营班子，熟悉经营的人并不多，是纯粹的股权投资。该如何处理这个关系？尤其是现在的PE公司要求的回报率还挺高，这怎么可能？所以必须适当保护实业才行。实业公司可以直接上市，不一定非要让PE去包装上市。总之，我估计，2017年我们会想办法稳住实业，不稳不行。

稳金融必须减税和降成本

现在金融的风险压力很大，不能让它爆发，要稳住才行。这次经济工作会议提出，要把防范金融风险放到更重要的位置上来。从经验来看，我们越强调什么的时候，就越有可能是出大事了。中国金融风险的爆发点是债务风险，债务风险很大，会转变成金融风险。债务分为3种，一种是政府债务，一种是企业债务，一种是个人债务。个人债务不是太大。去年七八月新增的贷款基本都是个人买房子，算了一下，虽然增长快，但是也不大，没有到红色警戒线。政府债务无所谓，反正政府也不会破产。欠着就欠着，这届还不了下届接着还，对老百姓来讲还可以是个投资平台。现在主要是企业债务，企业债务不能再增加了。现在企业债务太大，如果继续放任可能会引发金融风险。要进一步减少企业债务。欠债还钱，企业只有赚了钱才能还债，才能减少债务，不能拿嘴吹，因而应该让企业赚到钱才行。因此防范企业债务风险最好的办法就是让企业赚钱。

在别的条件不变的情况下，企业除了通过提高效率赚钱外，还能通过两个办法赚钱，第一是减税。税减了，企业利润就增加了，利润增加了就能还债了，所以必须得减税。最近因为是否应该减税展开了一场激辩，例如搞汽车玻璃的曹老板讲税太重，但有人觉得很正常。天津财大的老师提出死亡税率，说中国有个死亡税率，现在中国企业都处于死亡税率的边界上。有人一听就急了，中国怎么可能是死亡税率的国家？所以有人口风就变了，说中国税负不高，宏观税负不高。他们这就是自己打自己的脸，既然税负不高，那喊什么减税？“十三五”的一个重要问题就是减税，已初步确定 2015 年减 5 000 多亿元，“十三五”减 3.6 万亿元。既然税不高那减什么税？税就是高，得承认才行。不减税，企业的利润就不能增加，无法还债，债务就降不下来，只有还钱才能把债降下来，所以必须减税。我估计，讨论一段时间之后还得大幅度减税。

华为的任正非先生说：我算过账，如果华为按照现在减税的条件把税减掉，就需要 200 人做这件事，但是这 200 人的工资比减的税还多。企业家是算成本和收益的。我可以抵扣，但是需要 200 人来做这个工作，结果工人的工资比减的税还要多，那我就不做了。任总的意思就是减税的程序或手续太烦琐，你们要改进才行。所以我觉得现在的减税的梗阻现象太严重。国家可能是真想减税，但是税务系统不同意甚至抵制，这就比较麻烦。

我们要把防范金融风险放到更重要的位置，防范金融风险的重点是企业债务。企业负债不能太高，债要降下来，企业只有赚钱还债才行。而目前赚钱的一个重要办法就是减税。

言归正传。企业赚钱的第二个办法是降低成本。现在企业的成本太高了，尤其是劳动成本太高，劳动成本得适当降低。大家知道，既然国家收了那么多税，社会保障金的缴纳就应该降低才行。税收与社会保障金的缴纳是成反比的，税收高，社会保障金的缴纳就应该降，既要多缴税还要多缴社会保障金，这怎么行？税收最重要的一条就是充当社会保障金。政府收税只要做好4件事就行，基础设施、基础教育、基础研究、基本社会保障。但结果是政府拿了税收干别的事情，导致企业的成本过高。

尤其需要指出的是，《中华人民共和国劳动合同法》真的要赶快修改。我现在住的地方的前面是专门处理劳动纠纷的地方，整天人山人海。现在工人告老板一告一个准，百分之百老板输，最后都是老板拿钱摆平。这种状况搞下去谁还愿意办企业？这么高的成本，而且一旦出了风险还要企业家自己承担。现在企业在政府办个事需要很多人去干，什么事都要政府审批，结果是越放权审批越多，企业得搞个很大的公共关系团队跑这些事。简政放权了这么长时间，政府却越办权力越大，企业要为此付出很高的成本。

我估计2017年必须减税、降成本，只有这样企业才能赚钱，才能还债，债才能降下来，才能防范金融风险。我认为决策层的思路已经很清晰了，现在是如何操作的问题。

“进”什么，怎么“进”

“进”的核心是推动新体制的形成，实现经济增长方式的转变，有效增强经济增长的活力。“进”所涉及的问题很多，但最为重要的有下述几个。

提振民营经济的信心

要提振民营经济的信心，推动民营经济再次快速发展。现在民营经济在国进民退的压力下基本上没什么积极性，移民的浪潮一浪高过一浪。移民的原因是担心财富安全。有一位民营企业家问我：魏老师，你们是不是反腐，先收拾政府人士，然后再收拾央企，之后就轮到我们民企了。由此可见，他们很担心财富安全，所以选择移民。因此，在这种条件下，要重振他们信心的前提是要解决他们的财富安全问题。我认为中央对这个问题是极为关注的，例如中共中央与国务院在 2016 年 12 月出台了一个平等保护各类产权的文件，提出依法平等保护私人产权。在这个文件推出的第二天，高法就推出了配套文件。文件涉及平等保护产权的 8 个方面的问题，这实际上给大家吃了颗定心丸。我们要像保护公共产权一样保护私人产权，要平等保护各种产权，尤其是平等保护私人产权。这个文件第一次提出不要把国企与民企的经济纠纷动不动就上升到刑事案件。民营企业与国企做生意，民营企业赚了，国有企业赔了，这很正常，不能把这种事叫作侵吞国有资产。过去有的地方竟然将此定性为侵吞国有资产，实际上并不是这么回事，这种案件可以重审、再判。

我估计下一步可能在平等保护私人产权方面要不断地推出一些具体的措施。比如，房产 70 年产权到期怎么办？大家都很着急。不用着急，对于温州到期房产的处理办法，就说明到时房子还是你的。温州房改早于全国，当时定了产权 30 年到期，现在温州有批房子 30 年产权期限到了，如何处理？国土资源部的回复是“两不、两正常”。“两不”就是不用再申请延长土地使用期限，不用再补交所谓的土地出让金。“两正常”就是正常登记，正常交易。由此可见，房产在 70 年到期以后还是你的，甚至连土地出让金都不用补交。因为温州事件代表了全国未来的方向，要保护私人产权，所以在保护产权方面可能会陆续出台一些办法。现在虽然文件没有讲取消原罪的问题，但实际上就是除了涉及贪腐问题之外，基本上既往不咎。

我估计未来在保护民营企业产权方面会做一系列事情，最近可能要做 3 件事。

第一，凡是不具备司法权力的政府行政机构一律不准查封企业财产。

我们国家的政府分为两种机构，一种是司法机构，一种是行政机构。行政机构绝大部分没有司法权，所以行政机构不能查封企业财产，因为财产权属于司法权范畴，所以没有司法权就不能查封别人的财产。政府行政机构如果发现企业犯罪违法，可以向司法机构起诉，但是不能自己动手。我们国家赋予行政机构司法权的好像只有两家，一个是中国海关。我们在 1997 年打击走私的时候给了中国海关一部分司法权力，海关有缉私警察。另外就是 2002 年给了中国证监会司法权，有权查封上市公司账号，但是只是上市公司，非上市公司不能查封。原因就是当时有一个人把一家上市公司的股票拉了 24 个涨停板，证监会去全国人大常委会汇报说没法终止他的连续犯罪行为，因为没有司法权。所以 2002 年人大赋予证监会一个司法权，有权查封上市公司账号。除了这两类机构之外，一般来说，行政机构是不具有司法权的，不能查封企业财产。最近这方面越来越严格，所以我建议企业的常年法律顾问要认真学习一下最近颁布的关于保护产权的文件。文件有许多新的变化，可以据此保护自己。最近有媒体报道说：某某市公安局在税务局的引导下查封了某某公司。这个报道很有意思，指查封的主体是公安局而不是税务局，因为税务局没有司法权。政府若发现有问题可以向司法机关起诉，但是不能自己动手。因为财产权属于司法权范畴，所以没有司法权力的任何行政机构都没有司法权，也没有查封权。

第二，司法机构也不能随便查封企业财产，要以立案为标准，没有立案也不能行动。

立案是个挺复杂的过程，可以通过程序公正而限制司法部门的权力滥用。就是司法机构，没有立案照样不能查封企业财产，这是有严格界定的。

第三，逐渐让司法机构脱离行政机构。

从现在起，市、区、县法院院长的任命将不再是同级政府或同级人大，而是上升到省高级人民法院。检察长的任命也上升到省部级机构。市、区、县的政府不能再任命同级的检察长，要上升到省一级。过去案子审完之后要上报法院的院长，院长签字才能生效。现在不是，主审法官签完字就生效，不用再上报给院长。主审法官签字就是最终的审判结果，现在已经赋予法官很大的权力。当然，同时法官也会被终身追溯责任，冤案、假案、错案终身会追溯法官。法官的权力很大，责任也很大。现在准备把全国三分之二的法官变成法律辅助人员，只有现有法官的三分之一的人才能真正成为法官。我们现在的法官任命太草率了，考试通过就是法官。法官不是一般的公务员，而是一种独立的代表法律的职业，所以三分之二的法官要变成法律辅助人员。

我们的《行政诉讼法》已经完成修订并正式公布，企业可以起诉政府。不仅可以起诉个人，还可以起诉政策，即所谓的文件。文件有问题可以起诉，人有问题也可以起诉。企业起诉政府不再是审核制，而是登记制。过去要审核之后才能立案，现在是登记制。只要起诉得有名有姓、有原因就可以立案，而不是审核制。北京市是试点单位，2016 年民告官的案件增长了 151%。从目前的审判情况来看，基本上是民营赢了官司。现在有些政府挺害怕某些企业的。据调查，北京现在起诉政府的这些企业基本上都是 80 后创办的，不害怕政府，真起诉政府。我到政府机构办事，他们都说：魏老师，我们都知道哪些企业惹不起，他们来办事赶快办完让他们走，因为他动不动就起诉你，我们不想惹这个事。企业真要起诉政府，政府也很紧张，因为一把手必须到庭。现在政府都在搞常年法律顾问，得找个人代表政府冲在第一线，不能老让一把手出庭。

我们逐渐把政治关系走向法制化，在这个方向上正在稳步推进。我觉得媒体对有关产权保护文件的宣传力度还不够。我感觉这比 1978 年农村包产到户都有用，都有意义。因为这是第一次提出私人产权同公有财产一样神圣不可侵犯。过去似乎公有产权侵犯私有产权就是正常的，但是现在要保护私有产权，因为有恒产才有恒心。社会的动荡方面实际上是无产者容易动荡，有产者一般都不会动荡。我建议大家认真看一看关于平等保护各类产权方面的文件，尤其是最高人民法院公布的配套文件，这对保护自己有很大的作用。

2017 年我们在提升民营经济信心这方面是向前推进的状态。如果民营企业没有投资积极性和经营积极性，整个经济就会很麻烦，必须要保证民营企业仍然有很强的投资积极性才行。2016 年推出关于产权保护的文件就是为了在 2017 年再次振兴民营企业的积极性。2016 年经济工作会议专门提了一条，要重新振兴民营企业投资积极性，具体措施就是推出来的有关平等保护产权的决定。我建议你们自己或者你们的律师要认真看一看，它的作用不亚于 1978 年的包产到户，在未来将有很强的意义。

这是“进”的第一件事。今年必须想办法让民营企业的积极性振兴起来，如果他们都移民了，谁还搞经济。他们移民不是因为外面的空气好，外面的教育好，而是因为担心财富安全。既然担心财富安全，那就要让他们放弃担心才行，那就必须保护他们的产权。去年 12 月推出平等保护各类产权的文件是有意义的，要推动产权保护，各级政府要尽力而为。

推动国有企业的混改

国企的混改在 2017 年要有很大的动作。混改不仅竞争性行业可以做，垄断性行业也可以做，比如电力、电信、石油、石化等行业都可以做。

我们经常在混改中讲两条，第一是国有绝对控股。结果搞不成，因为有人不愿意国有绝对控股怎么办？股东大会定就行了，股东大会确定要不要国有绝对控股，公司章程确定。第二是坚持党的领导。一个企业在开会制定章程的时候，中小股东投票反对这条，所以取消了，因为董事长不是党员，不能专门派个党员来当董事长，来给中小股东开会，所以就把这条去掉了。公司章程里面有一条坚持党的领导，董事会把这条去掉了，因为公司有党员可以成立党组织，但党组织并不是企业领导机构，坚持党的领导不体现在这方面。据说，这些都是股东们的意见，可见股东大会决定一切。

我估计 2017 年会出现许多黑天鹅事件，中国人还是有很强的自我创新能力的。混改将在 2017 年逐渐推开，能够有所“进”。这还是有一定意义的，所以在混改方向上要做进一步推动。中石油、中石化的天然气管道应该股份化，干脆让老百姓买得了。高速公路不一定非要政府去经营。我的一个学生跟我说：魏老师，从北京到上海的一些高速路都是我的。我很震惊，公路已经被好多基金收购了。中国现在正在悄悄地发生变化，只是许多人不知道。美国的基础设施基本都是国家的，所以不收费。英国的是属于各种家族，比如天然气属于哪个家族，煤气属于哪个家族。中国未来可能是属于各种基金，而不是某个家族。所以混改是挡不住的，因为不改就没办法做。该怎么改、章程怎么定，不是政府说了算，而是由股东大会投票决定。

过去有一句话是，国有企业是我们党的执政基础。现在不讲这句话了，改成国有企业是我们党的一个重要的执政基础，也就是指国有企业只是众多执政基础中的一个。这样一改意思就不同了，因为企业中还有民营企业，民营企业也是我们党的一个重要的执政基础。

最近有一系列的政策在修改，比如“做大做强国有企业”现在变成了“做大做强国有资本”。估计下一步还会有不少调整，逐渐在调整。混改在 2017 年可能还真能做一些事。在现在的几千家上市公司中，国家绝对控股的是极少数，大量的上市公司没有绝对控股股东。这就为下一步的混改带来很大的便利。金融改革的速度也很快，比如基金类就不断产生壮大。现在一个重要的力量就是基金。个人财富是有限的，企业财富是有限的，但是基金是强大的。由此可见，混改可能在今年会有一些突破。

进一步推动金融体制改革

2016 年出问题最多的是金融类机构，例如以融资平台为特征的线上公司和线下公司在 2016 年出了许多问题。以 e 租宝为代表的几十家线上公司都出事了，线下公司的重灾区是上海，估计涉及的资金金额应该在两三千亿元以上。这并不表示我们的金融改革有问题，而是改革的过程中法律制度不健全的问题。加之我们的思维还没调整过来，认为中国的现在和过去一样，还是一个回报率很高的国家，所以人家告诉你有 30% 的回报，你就特高兴，现在做什么事能有 30% 的回报？只有两种人可以做到，一个是骗子，一个是毒贩。因为思维没有调整过来，所以金融方面出了不少问题，包括线上与线下的公司。但是金融改革的方向是对的，金融改革还会进一步向前推进。

金融改革在 2017 年还会不断进步，比如非银行金融的基金、保险、证券等方面的改革会进一步发力。我在 2016 年给好多企业的建议是要拿一个牌照，就是保险。保险牌照是很有意义的，保险有社会保障的功能，所以国家在经济出事的时候宁可保保险公司也不保商业银行。美国 2008 年金融危机，商业银行破产了，但是国家保了保险公司，因为它有社会保障功能。险资在某种意义上是成本最低的一种资金，没有兑付之前都可以使用，成本是很低的。现在越来越多的保险公司开始出现，尤其是大量非国有保险公司开始出现。所以基金、保险、信托等方面会继续放开，不会因为去年出点事就回收，还会进一步推动。现在找我讨论问题的绝大部分是基金公司，他们有钱却不知道投在哪里。他们不是讨论企业怎么经营，而是讨论钱往哪里投。我有一个在基金公司做 CEO（首席执行官）的学生。他跟我说：北京太热，咱们去青岛海边休息几天，我来付账，你来就行了。我以为他真让我休息，飞过去后才发现上当了。他管了一个 100 亿的大基金，把基金投资人都召集到青岛，跟我住在一个酒店。早餐从 7 点半吃到 10 点半，晚餐从 17 点吃到 21 点半，比我平时工作还累。目前进入基金的人越来越多，企业重要的投资方向是通过基金的方式，所以保险、基金、信托发展得很快。民营银行现在放得很快，但是人们的积极性不高，人们更为关注的是非银行金融机构。我估计 2017 年还会进一步发展。

中国的市场经济改革大方向已经确立了，中国社会不是某些人想怎样就怎样，整个方略要符合市场经济这个方向才行。有一次讲课，一个学生说要用私人飞机来接我。我才发现现在私人飞机和专机多得是。中国社会正在悄悄发生变化，一些新型的金融组织开始产生。国家控制国有银行的意义不大，这促使监管部门也得改变。我们现在是分业监管，上市公司有证监会、银行有银监会、保险公司有保监会。有的人各种牌照都有，既有商业银行牌照，也有保险牌照，还有信托牌照和投行牌照。现在是金融控股公司走向混业经营。如何监管？我们的金融监管部门在 2017 年也得变化，要从分业监管走向混业监管，重点是那些金融控股公司。因为现在都是混业经营，金控公司不少，无法分业监管，也监管不了。

中国的金融改革已经停不下来了，会继续向前推进。比如刚才讲到的保险资金入市的问题。现在入市的这些保险公司在法律上没有任何问题，在道德上也不能谴责，得设计制度才行，因为他们认为是制度设计得有问题，而不是我们的问题。我估计监管体系也得改。金融体制改革已经是大势所趋，谁也控制不住，有非常重要的发展前景。建议大家在未来发展方向的选择上，一定要仔细琢磨一下金融方面怎么介入的问题。现在单纯搞实业不行，未来好多企业都会走向投资公司这种类型。你现在也许除了实业之外还有一些金融或者别的投资，但总体上一定是产业公司而不是投资公司，因而要改，因为在中国单纯的产业公司的时代已经结束了。比如华为未来的运作，一定是大的投资公司下面有各种产业公司，也有各种各样金融类的公司。建议大家能够适当地注意一下现在的这些变动，金融改革在 2017 年还会有很大的发展前景。金融改革还会向前推进，还会有机会，还会有机遇。由于现在许多政府退出具体的金融活动，好多政府控股的信托公司、保险公司都要卖了。这就给好多企业带来一个很好的机遇，能够逐渐进入金融领域。

迎战人类社会的第三次全球化浪潮

第一次全球化浪潮以殖民为特征，主导方是欧洲列强，“遗产”是殖民地文化；第二次全球化是美国主导的，“遗产”就是以国际贸易为特征；第三次全球化浪潮就是全球配置资源，是技术、市场、资金、劳动的全球配置。比如有些技术在美国没用，但是在中国就有用。中国有巨大的市场，一个小小的技术也可能会带来巨大的收益。有的技术在中国没用，但是在别的国家有用。实现全球配置资源的过程就是第三次全球化的浪潮。中国要迎战第三次全球化浪潮，走向所谓的全球配置资源，所以中国才提出“一带一路”，要在全球来配置资源。中国在美国反对第二次全球化浪潮的过程中要启动第三次全球化浪潮。

第三次全球化浪潮不再是国际贸易和进出口的问题，而是全球配置资源。例如复星集团已经基本走向全球配置资源，在海外用几千亿美元收购了西班牙的保险公司。保险公司的资金很充足。中国的民营企业家有钱就投资，于是把保险公司的资金拿到中国来投资。海外的资金很便宜，成本非常低，尤其险资的成本基本为零，而中国有巨大的商业投资机会。全球配置资源在未来将有很大的意义。比如中国的粮食不能继续按保护价收购，否则中国的粮食就没办法走向世界，未来一定是要走向全球化才行。全球粮食类的加工制造企业已经开始琢磨要进入中国，比如我国吉林省的玉米太多了，就会有公司来帮助解决问题，大的全球性公司都可以进来。

全球配置资源是一个新的全球化浪潮，中国要迎接这次浪潮。马云和特朗普会谈，马云要给美国创造 100 万个就业机会。马云主要针对的是美国的小企业，这些美国小企业的产品可以在阿里巴巴网上卖给中国人。当马云敲钟的时候，美国小的农产品企业特别高兴，因为可以通过这个网站进入中国市场，等于是全球配置资源。反过来，我们也可以进入别国的市场，也是全球化。我建议大家到“一带一路”沿线看一下。虽然这个概念刚刚提出来，但是已经开始见效了。最近我去老挝，居然有十几万中国人在那里，基本都是湖南人，我很震惊。我发现我们走出去都是一窝一窝的。只要走向全球配置资源，打开国门就是新的机遇。中国人很勤奋，能干事。建议大家关注全球配置资源。这是一个新的全球化浪潮，未来将有很大的意义。

在企业家群体里寻找新的增长点

因为过去的一些增长点基本饱和了，所以得找新的增长点。新的增长点在哪里？“十三五”规划已经讲清楚了，中国未来 10 年内，新的增长点主要在 3 个方向上。

第一，战略性新兴产业。

战略性新兴产业是我国未来新的增长点。战略性产业有 8 个要点。

1. 新能源。

新能源属于战略产业范畴，水能、生物能、地能、风能、太阳能、核能都属于新能源范畴。我最近发现地能技术进步挺快。虽然现在地能发电的技术还没有突破，但是地能实现了代替空调的功能。我上次去全国工商联总部开会，那栋大楼采用的就是地能。夏天的空调和冬天的暖气来自地能，不是天然气。现在北京许多农户都开始走向地能，因为独体房子最容易实现地能，成本比其他类型的房子低多了。当然也有一些反抗力量，比如煤炭这种传统能源比较多的地方就不愿意采用地能。我最近去了一个煤炭较多的市，市里的同志告诉我：你们别搞新能源，我们这里的煤很多而且很便宜，地下的煤按照现在的办法挖，可以挖 700 年，不用急着搞新能源。我说：你们应该学一点人类发展史，石器时代结束不是因为没有石头，而是因为人们发现了铁器技术。新能源技术不能因为还有煤就不进步，技术进步是必然的。后来他们说煤炭可以搞煤转油和煤转气，还可以继续发展。其实煤转气和煤转油的技术西方国家在 70 年代就发现了，技术早就成熟了。人家为什么不用？为什么不搞？因为对环境的破坏太大，得不偿失。时代变化很快，千万不要用老眼光看待问题，新能源很快就会成为现实。德国已经正式提出到2030年将放弃化石燃料。只剩14年时间了，能这么快吗？可是德国已经提出来了。

2. 新材料。

剑桥大学已经实现用石墨烯生产电池，充一次电可以跑660千米，可以连续充电2 000次。我这次去深圳华为看了一下，华为的石墨烯电池也取得了重大进步。这些新材料都发展得很快，新材料是一个重要的新增长点。

3. 生命生物工程。

未来生命生物工程的市场是巨大的。我前天在郑州才知道，有人把加拿大的生物技术引进来，就是引进了一种一年四季都不会落叶的植物。中国北方一到冬天就光秃秃的，需要景观植物，所以他引进了不落叶的冬青。这种冬青很有意思，上面是红的，中间是绿的。我最近才知道，现在肝脏可以打印出来。当然还没有给人安装，只是用来做试验，也就是药物试验。新药出来可以用它来做临床试验，因为直接给人使用会不安全。未来的人类器官打印并不是遥遥无期。

4. 信息技术及移动互联网。

腾讯公司的微信就是移动互联网的突破，现在腾讯的市值已经超过了马云的阿里巴巴。这种创新带来了巨大的市场价值，所以移动互联网已成为重点。

5. 节能环保。

中国每年的废水处理差不多有近万亿的市场价值，但是我们对有些污水处理无能为力，例如化工废水和医疗废水都处理不了，就排到地下，土地会被重度污染。如果能够完成得有多大的市场价值?

6. 新能源汽车。

据说董明珠最近要收购珠海一家电池生产企业，却被中小股东否定了。我看到一个材料，说珠海这家公司的技术来自美国。其实这个技术在20年前就出现了，人家为什么不做?我认真看了资料才明白，这种电池技术只能用于公交车或者大轿车，因为电池的体积比较大。要从深圳跑到广州，估计车屁股后面基本都是电池。小车不行，最多用于大轿车。能不能成功?有的专家判断是比较危险。我认为你们现在除了学一点经济学之外，还要注意一下世界科技变动方面的动向。新能源汽车是必然的。

7. 智能机器人。

智能化已经是一个新方向。参加乌镇的互联网大会时，搞人工智能的人问那几个搞互联网的同志，你们是不是该退休了?你们这一代已经结束了，该轮到我们这一代了。智能化和机器人在未来都有很大的空间。

8. 高端装备。

我们国家在高端装备领域很短缺，有很大的机会可以进去。

总之，新增长的第一个增长点就是战略新兴产业。建议大家要关注这些新的增长点，因为它给我们带来的市场价值非常大。我们算了一下，战略新兴产业发展起来会给我们每年带来50万亿元以上的GDP总量。50万亿元是什么概念?我们2016年的GDP总量大约是 71 万亿元，一个产业就带来 50 万亿元。这个新增长点会有很大的前景。

第二，服务业。

服务业将成为新增长点并且有很大的空间。消费服务、商务服务、生产服务、精神服务都很有空间。消费服务有 6 个组成部分：餐饮与商贸、医疗与健康、养老消费服务、儿童消费服务、家政消费服务、交通信息消费服务都很有前景。最近国务院明确放开了养老消费服务。养老消费保障和养老消费服务不是一个概念。养老消费保障是讨论政府养老的地位和作用。养老消费服务是服务业，可以全面由社会资本投资。最近商务服务有两个方面是我没想到的，一个是家庭财富管理，属于商务服务业范畴。现在家庭财务管理有很大的空间。许多人有点钱专门找人打理，因此出现家庭财富管理的业务。还有一个商务服务最近发展得很快，就是园区管理服务，未来政府不再建园区，都是企业化，由企业专门建园区，可以“拎包入住”，大量的中小企业需要园区服务，园区管理服务成为很重要的内容。生产服务业中的外包服务发展得也非常快。总之，现在服务业是一个新增长点，有很大的空间，可以推动，非常有意义。

这里有一个可以讨论的问题，就是你们未来是不是可以投资教育？最近在教育投资上有所松动。一个是鼓励企业办大学，另一个就是要建立一大批新型的民办大学，不是简单的民办大学，而是要冲击世界一流大学。首先办的就是西湖大学。西湖大学是民办大学，据说浙江省政府给了2 000多亩[①]地。我们清华大学的一位副校长现在是西湖高级研究院（西湖大学的前身）的院长。西湖大学先创办研究所招博士，最后再面向社会招本科生。西湖大学的4位院士、2位企业家、1位经济学家给习总书记写信，建议创办这种大学。其实哈佛就是这种大学。这种大学现在已经开始运作，大家也可以参加。再一个就是海外的名牌大学在中国可以办分校。比如以色列工学院在广州已经奠基，斯坦福准备在深圳办分院，纽约大学在上海已经办了分校。教育投资在未来是个大的方向。各种基金都可以投资教育，因为这种服务业的需求非常大。中国是人口大国，这种服务有很大的前景。建议大家关注这些新增长点。

第三，现代制造业。

包括航天器与航空器制造、高铁装备制造、数控机床制造、核电装备制造、特高装备制造、现代船舶与海洋装备制造。在讨论这个增长点时，有位民营企业家对我说，这个增长点好像与我们没有关系。其实很有关系，因为现代制造业的核心是分工协作，民营企业要进入现代制造业的分工协作体系才行。评价企业的关键不是看其生产什么，而是看其生产能力，过去搞传统制造业生产，现在则进入现代制造业的分工协作体系。

中国经济有很大的困难，但是增长点也很多。许多新增长点在未来的作用是巨大的，所以找新增长点仍然是一个很大的课题。

① 1亩约为666.67平方米。——编者注

2017 年仍然会出现许多黑天鹅事件，比如腾讯的市值就因为一个微信便超过了马云。不知道今年是否还会出现一些类似的新生事物，因为一出现就是非常庞大的市场。鼓励寻找新增长点的政策一直是放开的，对推动这方面的投资有很大的意义。

2017 年的新增长点在哪里？最近我跑了 7 个省市，有许多事我也没想到。许多民营企业都在艰难中寻找自己的出路，所以企业家阶层都值得赞扬。原来的路子走不通，再找新路子，极其顽强地在找新路子。由此可见，中国的新增长点在哪里，实际上是在企业家的群体里，而不是政府。政府没有这种强大的动力，而企业界有很强的发展动力。现在有好多事都是你们想不到的，比如营销外包，把营销外包给别人，自己不管。农业也蛮有意思的，已经不是产品的营销，而是从种植就开始营销。例如确定这 50 亩地是你们的，按照你们的方法种植，种植出来的东西就是你们的。我估计新增长点发展的空间将会十分巨大，而且中国的市场会非常巨大。

（2017 年 1 月 7 日，作者在国务院发展研究中心的企业家调查系统的 2017 年中国经济走势分析的研讨会上的讲话录音整理稿。）

第六部分

回望改革开放
40 年 4 个阶段
（1978—2018 年）

中国改革开放从1978年的中共十一届三中全会算起，到现在的2018年，已经走过了40年。这40年是如何走过来的？作为一位经济学者，通过对中国改革开放进程的参与和观察，当然会以经济的方法为基点。从经济学角度来看，我认为我国改革开放实际上要经历4个阶段。第一阶段是自1978年的十一届三中全会到1992年年初邓小平同志的南方谈话，这一阶段的改革实际上只是停留在经济体系的表层即经济运行机制的改革上，对经济体系的深层次改革还只停留在理论探讨与争论上，应该属于为改革开放深入进行的打基础阶段；第二阶段是自1992年年初邓小平同志南方谈话到2002年，这一阶段属于大规模经济体系改革阶段，几乎涉及传统经济体系的各个方面，例如产权制度改革、市场经济改革、收入分配体制改革、现代宏观经济体系改革等；第三阶段是2002—2012年，这10年的特征是新旧体制的磨合，新体制形成后还并未完全取得社会的共识，新旧体制还有冲突，出现了一些体制摩擦，甚至还出现了反改革的声音，因而这一阶段非常注重新旧体制的摩擦，注意强调和谐社会与科学发展观，推动包容性增长，加强以民生保障为特征的社会政策的协调，等等；第四阶段是2012年至未来的一个时期，即强起来的时代，这个时期的特点是改革从以经济建设为中心，转向“五位一体”的全方位改革，即政治、经济、文化、社会、生态五大改革，在全面改革的基础上，最终全面建成现代化强国。对于中国改革开放的历史进程的这种划分方法，似乎并不太符合某些说法，但作为一个学者，确实是有这种感悟的。我想，这种感悟不应属于离经叛道之说吧。

经济体系改革初期的打基础阶段（1978—1992年）

这个阶段自1978年十一届三中全会开始，到1992年邓小平同志南方谈话，差不多13年左右的时间。这个时期实际上又分为几个阶段。1978年十一届三中全会到1979年，实际上进行的是政治上的拨乱反正，搞冤假错案平反，并未完全涉及经济体系改革。1980年才正式推动了全国性的农村改革，主要有3个内容：一是由人民公社转向家庭联产承包责任制，二是农民可以从事非农的工商业，出现了乡镇企业，三是农民可以进城经商务工，从而全面启动农村经济体系改革。经过3年左右的农村经济体系改革，农村经济开始冲击城市经济，例如乡镇企业产品进城，农产品进城等，因而1984年10月中央正式通过了关于城市经济体系改革的决定，开始了城乡全面经济体系改革。一开始的改革是平稳的，但是，后来由于出现价格改革所引发的现象，改革在1988年到1991年间进入极其复杂的阶段，1988年的价格闯关及双轨价带来的“倒爷”，使人们因生活负担加重及对腐败不满而对改革产生了怀疑，这一现象使当时出现了防和平演变的呼声，从而使改革进入复杂且艰难的时期。

总之，1978年十一届三中全会到1992年邓小平同志南方谈话这13年中，由于受传统社会主义思想的影响及各种原因，经济体系改革实际上并没有触及原有传统经济体系本身，而只是对原有经济体系的表层进行改革，也就是只停留在经济运行机制的改革上。这方面有几件事值得一提。

公有制原则不能动

可以开始出现个体经济，个人可以投资一些小流通与小生产，也就是从事个体经济。当时中国经济有两个压力：一个是当时知青上山下乡运动刚刚终止，几千万知青返城，国家根本无法靠国有企业及集体所有制企业安排这些知青，于是就只好同意这些知青自己创业，搞些个体经济，但不能搞私营经济；另一个是农村承包责任制实行之后，农村不需要那么多的劳动力，一些劳动者自己搞起了非农业的工商活动，我们只承认这种工商活动，同意搞一些个体经济，但不能搞私营经济。如何区分个体经济与私营经济？一个重要的规定是确定雇工数量，工商登记中明确规定雇工只能雇 7 个人，7 个人以上就是私营经济了，是不允许的。当时我很吃惊，为什么只能是 7 个人，不能是 7 个人以上，有人告诉我说，这是马克思讲的，雇 7 个人是小业主，雇 7 个人以上是资本家，后者具有剥削性质。这些都反映了当时人们的思想还未完全解放。

计划经济原则不能动

此外，可以讨论如何搞好指令性计划与指导性计划，像价格形成机制这样的表层问题也可以讨论。大家知道，价格实际上只是资源配置方式的表层问题。当时在不讨论改变资源配置方式的基础上，讨论是完善计划定价，还是搞市场定价，还是搞“双轨价”。即一部分产品是计划定价，一部分产品是市场定价，甚至一种产品

"两个价"，有的是市场定价，有的是计划定价。其结果是"双轨价"，出现了所谓的"倒爷"，引发了严重的腐败，有人以权力获得了计划的低价，转手以市场高价卖出，最终导致人们强烈不满，以至于引发了严重的社会问题。

按劳分配原则不能动

分配问题只能讨论如何更好地实现按劳分配原则，不承认按生产要素贡献分配原则。改革之初实际上已经出现了体制内与体制外分配原则的差异，体制内实际上是一种行政性的忽视真实贡献的分配评价指标体系，体制外则是完全市场化的按贡献与效率为原则的分配评价指标体系，因而出现了所谓的"脑体倒挂"，"搞导弹不如卖茶叶蛋"的收益差距，但我们并不承认市场化的分配原则，而是强调既要效率，又要公平，提出提高收入要兼顾"左邻右舍"，因而只是在按劳分配上打转转，并没有触及收入分配体制的根本原则，一直否定按要素贡献分配的原则。

国家直接控制经济运行的原则不能动

不能提宏观经济之类的名词，而是讲国民经济计划管理，重点讨论如何做到放权有度，调控有序。诸如货币政策、财政政策、产业政策之类的现代宏观经济名词，往往被信贷计划、国家投资计划等行政性指标所替代。因此，当时的改革并未触及现在进行的宏观调控体制改革。

政府管理企业的原则不能动

只是因为受农村家庭联产承包责任制的影响，搞了所谓的企业承包经营责任制，但并未触及企业产权制度、企业财务制度、企业劳动人事制度等，甚至连劳动力市场这样的概念都不能提，更谈不到企业破产、员工失业、资产重组并购这样的现代企业制度概念，只是对企业管理做了些不痛不痒的“修正”。

总之，在 1978 年十一届三中全会到 1992 年邓小平南方谈话的这近 13 年中，因为各种原因，我们并未深入触及传统经济体系，而只是对经济运行机制进行了一些改革。但是，这 13 年改革开放的成就，极大地鼓舞了人们对改革的热情与参与，尤其是对一些问题的深入讨论，为全面深化改革打下了良好的理论与政策基础。

讨论 20 世纪 80 年代中国改革的历史进程，有一个问题不能不专门强调，这就是：虽然因为各种原因，当时的改革举措还并未触及传统体制的深层次问题，还属于经济运行机制层面的改革，但是学术界的内部讨论却极为活跃，出现过多次在全国引发重要影响的研讨会，可以说 80 年代是经济学学术讨论极为繁荣的年代，而且在讨论中触及了传统经济体制的深层次问题。值得称道的有这样几点：第一，有不少学者从中国社会主义初级阶段的国情出发，分析了非公有制经济的巨大作用，提出非公有制经济应该成为中国经济的重要组成部分，要大力发展非公有制经济，尤其是有的学者提出股份制是公有制经济的新的实现形式，应该用股份制改革中国的公有制经济，形成以股份制为特征的中国的所有制形式。第二，不少学者从资源配置方式的角度，提出计划经济与市场经济是资源配置的不同方式，并不具有社会性质的特征，资本主义可以搞市场经济，社会主义也可以搞市场经济，现阶段中国最佳的资源配置方式是市场经济，因而提出应该用市场经济改革中国的计划经济体制。第三，不少学者从财富创造的角度提出创造财富的生产要素包括劳动、资本、技术、管理、资源等，应该按照它们各自的贡献分配社会财富，在微观层次注重效率，在宏观层次注重公平，实行以效率优先而兼顾公平的收入分配体制，如果考虑收入差距过大的问题，还可以推进以公益为特征的第三次分配过程，以实现社会和谐。第四，不少学者认为政府不能直接控制社会经济活动，应该放开个人、企业、市场的活力与积极性，政府管理经济应该从直接对企业与个人的管理，走向以市场为中心的间接宏观管理，政府的主要职责是制定与实施宏观经济政策，保证经济的稳定。第五，不少学者认为当时所搞的企业内部承包制改革、放权让利改革等改革举措，都是临时性举措，并不能解决企业的根本性问题，应该推动企业产权制改革，对国有企业要解决行政干预的问题，对民营企业要注意家族血缘关系的影响，形成现代企业制度。第六，因为在1984年中央正式提出我国要实行有计划的商品经济，因而不少学者从商品经济的属性上，对中国经济的生产、流通、交换、消费、价格等问题做了深入探讨，以商品经济的属性来分析中国经济体制改革，实际上触及市场经济的不少问题，为后来推进市场经济改革打下了良好基础。总之，80年代是中国改革进程中学术思想非常活跃的时代，为后来的中国改革实践打下了良好的学术基础。

从20世纪80年代经济体制改革中的学术思潮来看，大致上有4次值得一提。第一次是在改革初期的几年，主要是批判“文革”中的各种极“左”的经济学思潮，例如批判以消灭资产阶级法权为特征的所谓的收入分配理论，强调恢复按劳分配原则；例如批判以“一大二公”为特征的不断搞所有制升级的极“左”思潮，强调所谓的“三级所有”，等等。第二次是80年代初期，日本的有关经济思想传入中国，以企业管理方面的理论为主。第三次是在80年代中期，当时东欧的一些有关改革的经济学理论传入中国，例如科尔奈的“短缺理论”等，因为东欧的一些社会主义国家是早于中国而开始改革传统社会主义经济体制的，而且当时这些东欧国家的经济水平也高于中国，因而成为中国经济学界非常关注的经济学思潮，甚至提出以这些思想改革中国传统经济体制。第四次是80年代后期，这时因为中国开放的深入，西方经济学开始大量进入中国经济学界，不少西方经济学著作在中国大量出版发行，也有大量西方学者到中国讲述有关经济思想，诸如宏观经济学、微观经济学、计量经济学等课程也在中国的大学开始设置。当然，在上述学术思潮中，中国学者仍然是以中国的国情为基础来思考中国问题，并没有全盘照搬，而是更多地从中国的实践出发，创造性地提出了有中国特色的经济学理论。

大规模经济体制改革时期的任务和历史使命（1992—2002年）

大规模经济体系改革时期，实际上就是我们不断冲破传统社会主义经济理论，大规模变革传统社会主义经济体系的过程。这个过程可以概括为：以有中国特色的社会主义经济体系，取代传统社会主义经济体系。我们发现这个过程有一个非常有意思的现象，就是我们的改革实际上是在不断地将传统社会主义经济理论所批判的理论和体制，引入中国特色社会主义经济理论体系中，引入我国的中国特色社会主义经济体制中，并用它们改革我们的传统经济体制。例如，传统社会主义经济理论将非公有制经济与社会主义经济对立起来，认为只有公有制才是社会主义的本质要求，尤其是只将公有制作为社会主义经济的本质特征和基础，而我们在改革中则抛弃了这套理论和体制，将非公有制经济引入社会主义经济之中，而且推动其大力发展，并用非公有制经济改革国有经济，使国有经济走向非国有化和股份化，实现公司化股份制改革。又例如，传统社会主义经济理论将市场经济与社会主义经济对立起来，认为市场经济就是资本主义经济，只有计划经济才是社会主义经济，因而到处“割市场经济的尾巴”，而我们在改革中则抛弃了这套理论和体制，大力发展市场经济，将市场经济作为资源配置的基础性机制，建立起现代化市场经济体系。总之，新体制大规模建立的过程，就是不断冲破传统社会主义经济理论束缚的过程和中国特色社会主义经济理论体系建立的过程，就是传统社会主义经济体系被变革的过程和中国特色社会主义经济体系建立的过程。

在新体制的大规模建立过程中，我们几乎涉及经济体系的各个方面和各个环节，如果有兴趣的话，大家可以将我国现在的经济体系与 1978 年以前的经济体系做一个历史比照，我们就会发现我国的经济体系已经发生了翻天覆地的根本性变化，在现在的经济体系中已很难看到原有的传统经济体系的影子。不过，虽然我国的经济体系改革涉及经济体系的方方面面和各个环节，但在这场变革中，有 4 个方面的变革，起着基础性和框架性的作用，正是因为它们的变革，才引起了经济体系的各个方面和各个环节的变革，而且也正是因为这 4 个方面的变革，才使得新体制的基本框架最终得以确立。这 4 个方面的变革是：现代产权制度改革，现代市场经济体系改革，现代收入分配体制改革，现代宏观经济体系改革。因此，我们对于新体制大规模建立时期的分析，最主要的是要对这 4 个方面的改革进行分析。

现代产权制度改革

现代产权制度改革是我国经济体系改革的一项基础性改革。现代产权制度改革的主要内容包括两个方面：第一，改革原有的公有制经济，包括国有经济和集体所有制经济，但因为中国的集体所有制经济主要在农村，城市中的集体所有制经济是少数，而农村集体经济又是改革开放后最早推行联产承包责任制改革的经济成分，因而对原有公有制经济的改革，后来就主要表现为对国有经济的改革，国有经济改革成了对原有公有制经济进行改革的焦点；第二，大力发展非公有制经济，造就出一种新的经济成分，并通过发展这种新的经济成分而使中国的产权制度转变成为混合经济体系。

首先讨论国有经济改革的问题。在30年的改革实践中，国有经济改革问题，一直是中国学术界争论最多的问题。在一些同志看来，国有经济是社会主义经济的基石，是绝对不能改革的，似乎改革国有经济，就是改变了社会主义经济的性质。但是国有经济严重缺乏活力和亏损巨大的事实，是谁也无法否定的，因而实践对国有经济发起了强有力的变革挑战，最终使得我们不得不改革原有的国有经济。改革过程中曾出现过不少改革的思路和方法，但最后基本上集中在这样的改革思路上：凡是不属于国家经济安全和国民经济命脉的国有经济，都要变革为非国有经济，实行非国有化；凡是属于国家安全和国民经济命脉的国有经济，我们也不再实行国有独资的方式，而是要发挥混合经济的作用，即走向股份化，充其量是国家控股的问题，而且控股不一定都采取绝对控制方式（即占51%以上的股份），而是要大量采取相对控股的方式（例如只控股20%~30%）。因此，自中共十五大以后，非国有化和股份化，就成了国有经济改革的基本方向，而且取得了巨大成就。但是，在2004年年初，有人以国有经济改革中的某些操作漏洞和权钱交易对改革产生的损害为切入点，大讲国有经济改革就是“国有资产流失”，提出了所谓的“国有资产流失论”。因为这种提法最易引发民怨，因而国有经济改革实际上在一段时间内被中断。但是人们很快发现，所谓流失论，实际上并不是表明改革改错了，而是权钱交易对改革产生了巨大的损害，这正说明了改革的重要性和迫切性，因而国有经济改革在停滞了一段时间后，又重新开始启动，并且不断获得巨大成功，例如国有银行的股份化等重大改革不断得以推进。但是最近随着一些具有雄厚垄断地位的央企的垄断利润的上升，又有人开始大讲国有经济是可以搞好的，不一定要搞非国有化和股份化的改革，甚至提出央企要在各个产业领域占据前三名的地位，进而强调国有经济的所谓控制力。由此可见，国有经济的改革还需要不断推进，尤其是要不断冲破传统社会主义经济理论的束缚。

在推动国有经济改革的同时，我们大力推动非公有制经济的发展。可以说，大力发展非公有制经济，是我国现代产权制度改革的一项根本性战略举措。正是因为大力发展非公有制经济，才使得我国彻底摆脱了短缺经济的格局，非公有制经济在经济增长、就业、税收、技术创新等方面的巨大贡献，已成为举世瞩目的事实。尤其是非公有制经济引发了我国传统产权制度的变革，形成了充满活力的混合经济体系。但是我们对于发展非公有制经济，并不是一种理论上的自觉行为，而是在实践的推动中才不断地从不自觉走向自觉的。大家知道，我们是在 1978 年的经济困境中才允许非公有制经济存在的，而且当时并没有对非公有制经济做出应有的评价，而只是将它定义为“社会主义经济的必要补充”，因而非公有制经济一开始是被限制于小生产和流通之中的。但是非公有制经济具有强大的生命力，只要你允许它存在，它就会到处发芽、开花和结果，而不会只限于被人为限制的狭小范围内，因而到了 1997 年中共十五大的时候，它已不再是“必要补充”，而是占据了

“半壁江山”，因而我们开始承认它是“社会主义市场经济的重要组成部分”，尤其是中共十六大和十七大，我们开始承认它与公有制经济具有同等的“国民待遇”，并强调非公有制经济要在法律上和竞争上同公有制经济具有平等地位，即人们所讲的“两个平等”。由此可见，非公有制经济的发展过程，也是我们在理论上不断创新的过程。

上述以国有经济改革和大力发展非公有制经济为特征的现代产权制度改革，引发了整个社会主义经济体系的变革和社会体制的变革。例如，资本这种生产要素不仅同其他生产要素一起创造了财富，而且也按贡献一起参与了财富的分配，最终形成了按要素贡献分配收入的分配体制。又例如，随着对产权的认可和保护，我们在人权体系上不仅尊重人们作为自然人所拥有的所有权利，而且也尊重人们作为财富拥有者所拥有的财产权，从而形成了以尊重人权、尊重财产、尊重契约为特征的法治社会。再例如，在现代产权制度的基础上，我们开始形成混合经济体系，这种混合经济体系不仅使得整个国民经济充满活力，而且也为社会和谐的形成创造了良好的体制基础。总之，现代产权制度改革是我国经济体系改革中最为重要的基础性改革，是新体制形成的深厚基础和出发点。

现代市场经济体系改革

市场经济问题在中共十一届三中全会后我们就开始触及了，但那个时候人们往往并不直接提市场经济，而是强调市场机制和市场调节，因为那个时候我们还将市场经济划作资本主义范畴来批判，不允许公开讲我们要搞市场经济。自 1978 年的十一届三中全会开始至 1992 年邓小平同志南方谈话之前，人们似乎从实践中已经感知我们必须要搞市场经济，但又因为受传统社会主义经济理论的束缚，不能在全党意识上突破市场经济这个理论禁区，因而曾经在党的决议上有过 3 个不承认市场经济，但又试图发挥市场机制和市场调节的作用的提法，一个是 1978 年提出的“以计划经济为主，市场调节为辅”；一个是 1984 年提出的“计划经济与市场调节相结合”；一个是 1987 年提出的“国家调节市场，市场引导企业”，其中后一个提法因为有主张市场经济之嫌，所以在 1989 年批评市场化改革方向的时候，这个提法就又被放弃了，又回到了“计划经济与市场调节相结合”这个提法上。由此可见，市场经济这个理论禁区在当时是不允许染指的。

因此，在这段时间，当时主张中国要搞市场经济的同志的理论表现分为两种情况：一种是公开主张搞市场经济，不过，他们的观点一般很难在主流媒体上发表。另一种是变相地主张中国要搞市场经济，他们将市场调节和市场机制当作与市场经济相统一的范畴来使用，将计划经济当作与宏观调控相统一的范畴来使用，强调市场调节和市场机制的基础性调节作用，把计划经济的作用限定于宏观调控的范畴之中。我曾详细地拜读过这些同志的论著及文章，他们所讲的市场调节和市场机制，和我们现在搞的市场经济在内容上并无任何区别，只不过是叫法不同而已；他们所讲的计划经济和现在人们所讲的宏观调控在内容上没有太大差别，只不过是表达方式上有些差异而已。因此，在当时的条件下，许多主张中国要搞市场经济的同志，只是因为中央还未正式承认中国要搞市场经济，所以不得不用变相的方式将中国改革向市场经济的方向上推动，这也是中国经济学界的特有现象。

直到1992年邓小平同志南方谈话之后，我们才正式承认了市场经济，在中共十四大上提出要建立市场经济体系。自1978年党的十一届三中全会开始到现在的30年中，我们就市场经济实际上主要讨论了4个问题。第一，中国到底要不要搞市场经济？争论的结果是中国必须要搞市场经济。第二，中国应该搞什么样的市场经济？我们曾经提出过现代市场经济、社会主义市场经济、社会主义条件下的市场经济等提法，但最终的正式提法是搞社会主义市场经济，其最基本的属性是现代市场经济。第三，中国如何搞市场经济？对于这个问题，中共中央曾经发过两个关于发展和完善市场经济的文件，一个是中共十四届三中全会关于建立市场经济体系的决定，一个是中共十六届三中全会关于完善市场经济体系的决定，这两个决定提出中国搞市场经济必须遵守市场经济原则，建立包括市场体系、市场机制、市场秩序在内的完善的市场制度，并根据市场经济要求改革经济体系的各个方面，形成完善的市场经济体系，包括形成适应市场经济要求的收入分配体制、农业经济体系、区域经济体系、宏观经济体系等。第四，搞市场经济会出现什么问题？实践中人们认识到，搞市场经济最容易出现的问题是腐败和行政性垄断问题，我们要防止和消除在从计划经济向市场经济转轨的过程中，出现各种权力寻租的问题，要把反腐败和消除行政性垄断作为重要问题来抓。市场经济本身并不会引发腐败和行政性垄断，腐败和行政性垄断恰恰是市场经济的对立物，但在从计划经济向市场经济转轨的过程中，确实某些体制漏洞会引发腐败和行政性垄断，因而要大力反腐败和反行政性垄断。

市场经济改革现在虽然在我国取得了巨大的成就，那种以姓社姓资的观点来批评市场经济的观点已经基本上没有了市场，但是仍然有人对市场经济存有偏见和疑虑，例如 2004 年就有同志公开发表文章说市场经济搞多了，计划经济搞少了。这种观点虽然已经没有了意识形态方面的色彩，不再将市场经济作为资本主义范畴来批判，但往往以关注民生的面貌出现，例如认为市场经济带来了收入差距过大，引发了下岗失业，降低了一些人的生活水平等，因而这种观点是有社会基础和容易引起民怨的。因为现在还有不少人经常把破产和失业同市场经济联系在一起，将收入差距同市场经济联系在一起，似乎市场经济给人们带来的不仅仅有效率和财富的快速增长，还有痛苦和麻烦。实际上，这种观点是不对的。因为，市场经济作用的结果确实会引发企业破产和个人失业，但这并不是市场经济的错，而是某些企业和个人的经营行为及能力已经不能适应经济发展的需要了，需要“退场”了，市场经济只是作为裁判将他们罚下场而已，因此，错在被“罚下场”的人和企业自身，而并不在于市场经济。市场经济在这里只是作为一个评价和处罚的指标体系而存在，我们不能把破产和失业的账都算在市场经济头上。尤其是我们应该看到，市场经济在将有些企业和个人罚下场的同时，也强调对被罚者要有各种各样的保障，例如要有各种保险和再保险，因而市场经济本身也是社会稳定器，因为它在使一些人失业和破产的同时，也在千方百计地消除因破产和失业所带来的各种社会问题。由此可见，市场经济改革的方向绝不能动摇。

现代收入分配体制改革

收入分配体制是由产权制度和资源配置方式决定的，因而我国经济体系改革中的现代产权制度改革和现代市场经济体系改革，也就必然引发现代收入分配体制的改革，可以说，现代收入分配体制改革是我国经济体系改革的重要内容。当然，同现代产权制度改革和现代市场经济体系改革一样，现代收入分配体制改革也经历了一个缓慢变革的过程。

在改革开放刚刚开始的几年中，我们对于收入分配体制改革的讨论，基本上集中在两个方面，一是清理“极左”思潮在收入分配体制上的影响，例如10年“文革”中“四人帮”鼓吹按劳分配也反映着资产阶级法权，要破除资产阶级法权，连按劳分配原则都要否定，所以在刚刚改革开放的时候，人们讨论收入分配体制的改革，实际上就还只是强调要恢复和坚持按劳分配的原则而已；二是批评传统收入分配体制是一种平均主义的“大锅饭”体制，认为形成这种大锅饭体制的主要原因，是因为没有真正贯彻按劳分配原则，没有反映人们在劳动上的效率差异，因而改革开放刚刚开始后，人们在讨论收入分配体制改革时，还只是认为收入分配体制改革的关键，是在于真正贯彻和完善按劳分配原则。由此可见，在改革开放刚刚开始的最初几年中，我们实际上还没有真正进入现代收入分配体制的改革中，基本上还停留在完善传统收入分配体制的基本原则的问题上，像按要素贡献分配这样的原则，尤其是像按资本贡献分配这样的原则，当时实际上根本没有涉及，因为那时人们还认为按资分配是资本主义经济原则，只有按劳分配才是社会主义经济原则，因而当时人们认为收入分配体制改革的基本方向，是应该更好地贯彻按劳分配原则，按照每个人的劳动贡献分配财富。

不过，由于我们在改革开放一开始就推行农村的家庭联产承包经营责任制，等于承认和允许了非公有制经济在一定范围内的发展，注重了市场机制在一定程度上的作用的发挥，所以现代收入分配体制的某些原则和机制，在当时也就随之发挥作用了，例如，市场机制开始发挥按效率分配的作用，按资本贡献分配收入的原则也开始起作用，那些拥有财产的人也开始获得了资本性收入。正是因为现代收入分配体制的某些原则和机制开始起作用，所以很快就打破了原有的收入分配上的平均主义格局，使社会上出现了收入分配差距开始拉大的趋向。但是，由于当时现代收入分配体制的某些原则和机制还仅仅是在体制外起作用，而体制内（包括政府与事业单位、国有经济和集体经济、高等院校和科研机构等）当时基本上实行的还是传统的行政性收入分配体制原则，所以当时的收入差距主要表现为体制内与体制外的收入差距，出现了“搞导弹的不如卖茶叶蛋的”这类所谓的“脑体倒挂”现象，也出现了“国有收入不如集体收入多，集体收入不如个体收入多”的这类体制差异现象。正是由于这种收入差距的吸引，所以当时出现了大量的从体制内“跳入”体制外的“下海”现实。

对于上述收入差距拉大的现实，在20世纪80年代后期和90年代初期，学术界产生了一场争论，主要有两种观点：一种观点认为，这种收入差距形成的主要原因，是因为经济生活中存在着“双轨”制，有两种不同的收入分配原则在起作用，一种是传统收入分配体制中的行政性收入分配原则，体制内的收入分配主要是这种原则在起作用，另一种是新体制的市场化收入分配原则，体制外的收入分配主要是这种原则在起作用，因而我们解决问题的关键，是要实行体制“并轨”，实行统一的新体制的市场化收入分配原则；另一种观点则认为，市场化收入分配原则属于资本主义经济范畴，例如按资本贡献分配收入这类收入分配原则，就是资本主义收入分配制度的主要原则，因而我们绝不能实行“并轨”性改革，我们解决问题的重点，在于限制甚至取消市场化收入分配原则，真正实行按劳分配的体制。由此可见，对于建立现代收入分配体制的问题，当时人们并没有取得统一认识。

一直到了邓小平同志南方谈话之后，尤其是中共十四大之后，我们才真正开始进入现代收入分配体制的改革中，逐渐提出了下述重大改革决策：我们要按照要素的贡献分配收入，既要按劳动贡献分配收入，也要按资本贡献分配收入，实现按劳分配与按资分配的有效结合；我们既要在收入分配中强调效率，同时也要强调公平，实现效率与公平的有效结合；现代收入分配体制体现于整个国民经济运行的全过程，因而它既包括初次分配过程和再分配过程，也包括第三次收入分配过程，是三次分配过程的有效结合。

按照上述原则，我国在中共十四大之后，逐步形成了现代收入分配体制的基本框架：初次收入分配过程表现为市场对企业的分配，企业对各种生产要素的分配，其分配基点是按贡献分配，包括市场按企业贡献给企业分配，也包括企业按要素贡献给要素分配，因而这里实行的是效率原则，谁的效率高，谁的收入就高，公平在这里表现为按效率分配，越坚持按效率分配的原则，就越能体现公平精神；但是初次分配的收入还属于不可支配收入，其分配结果还要经过再分配过程的调节，调节的重点是解决收入差距过大的问题，调节的机制包括累进的所得税制度、转移支付制度和社会保障制度，前者是将过高收入调节下来，并通过转移支付制度而使低收入者的收入能达到应有的水平，而且使低收入者享有各种应有的社会保障，再分配过程因而贯彻了公平原则，即防止收入差距过大的原则，因为收入差距过大，会使人们有不公平感，但是这里讲的公平与初次分配过程中的公平有所不同；不过，再分配过程完成之后，并没有标志着收入分配过程的终结，再分配过程还要经历第三次收入分配过程的调节，也就是有些高收入者还会根据自身的价值取向，以道义性的慈善事业方式，向社会进行各种捐赠，这种道义性的收入分配过程，虽然没有强制性，但随着社会经济的发展，也会成为收入分配过程的重要环节，它有效促进了和谐社会的形成和国民经济的可持续发展。

由上述分析可见，现代收入分配体制充分体现了效率原则与公平原则的有效结合，是国民经济高效快速发展和建立和谐社会的基础，对经济发展和社会进步都具有必不可少的重大作用，因而我们应该坚定不移地发展和完善它。但是，近期有人以收入差距过大的问题为由，开始指责甚至试图否认现代收入分配体制，认为这套体制虽然带来了效率，但也损害了公平，硬是把损害公平的帽子戴在了效率的头上。这是不对的。引发我国收入差距过大的重要因素是权钱交易性腐败和各种行政性垄断，因而我们现在的问题不是要否定现代收入分配体制，而是要深化改革，消除腐败和各种行政性垄断。当然，收入差距过大确实也与现代收入分配体制有某种关联，例如在按要素贡献分配收入的条件下，那些资本拥有量太少甚至没有资本的人，其资本性收入就会显得太少甚至没有资本性收入，所以他们的收入就低，与拥有大量资本收入的人相比，就会显得收入差距过大，但是我们并不能因此就否定按要素贡献分配原则，因为这并不是由实行按要素贡献分配的原则引发的，而是由于有些人的资本数量太少甚至没有资本而引发的，所以我们的选择只能是深化改革，有效增加人们的财产，使人们都能拥有应有量的财产，提高人们的财产性收入在自身收入中的比例，从而缩小收入差距。总之，我们必须要坚持现代收入分配体制的改革方向。

现代宏观经济体系改革

现代宏观经济体系改革，是我国经济体系改革的四项基础性改革之一。宏观经济体系改革的重点，在于重新塑造政府与企业的关系，减少政府对企业的行政干预，充分放活企业，让企业成为市场主体，而不再是被政府直接进行行政干预的“生产车间”。因为，在现代产权制度和市场经济体系下，企业作为独立的法人主体，有权根据自身的利益要求和价值取向，在市场经济中选择自身的经营方向和经营规模，接受市场经济的调节，实现自身利益和社会利益的最佳组合。由此可见，在现代产权制度和市场经济体系下，国家宏观调控既不可能再直接控制企业，也不可能再直接控制市场价格机制，而只能调控宏观经济变量，通过宏观经济变量的变化来影响市场价格机制，并通过市场价格机制再影响企业，从而使得国民经济高效而有序地运行。

在现代宏观经济体系下，国家调控宏观经济的重点在于调控首要的宏观经济变量，即总供给与总需求的相互关系，既要防止出现总需求膨胀，也要防止出现总需求不足，最终要实现总量平衡。因为影响总供给与总需求的相互关系的因素，主要有 3 个。一个是货币因素，一个是财政因素，一个是国际收支因素，因而国家调控总供给与总需求的相互关系的举措，主要是三大宏观经济政策，即：调控货币因素的货币政策，调控财政因素的财政政策，调控国际收支因素的国际政策（包括国际贸易政策和外资外汇政策）。这三大宏观经济政策是相互联动和相互影响的。例如，从 1998 年起，我们为了调控当时的总需求不足，在国际政策上实行了旨在扩大出口的出口退税政策，在外资政策上实行旨在吸引外资的对外资更加优惠的外资优惠政策，从而通过扩大出口缓解了总需求不足的压力，并且最后解决了总需求不足的问题，但是这种政策调整也使中国经济产生了过度依赖出口的倾向，形成了以出口、投资、消费为序的拉动经济的增长模式，结果导致国际收支严重失衡，国际收支失衡又引发了货币发行上的“外汇占款”过大，最终引发了流动性过剩，总需求过速上涨，严重供不应求，价格全面上涨，也就形成了需求拉动型价格上涨，因而我们现在必须要调整国际政策，减少顺差和外资的过度流入，解决国际收支失衡问题，从而减少人民币发行的“外汇占款”的过大压力，解决流动性过剩问题，并进而稳定价格体系。由此可见，现代宏观经济体系需要三大宏观经济政策的有效配合。

现代宏观经济体系的建立，需要全面改革政府管理经济体制和财政金融体制。改革政府管理经济体制的重点，在于使政府彻底退出资源配置的活动，资源配置的基础性机制是市场而不是政府，从而使政府从生产经营性主体转变为社会经济活动的公共管理者，重点在于服务，成为服务性政府。金融体制改革的重点，在于实行货币政策制定主体、金融企业、金融监管这三者彻底分开的三分开金融体制，强化央行在货币政策上的独立性，并使包括银行及券商在内的所有商业性金融机构彻底企业化，建立现代企业制度，而金融监管机构的职责在于对金融性企业的经营活动实行有效的监管。财政体制改革的重点，在于从经营性财政，转向公共性财政，财政的重点不在于创办和扶持国有企业，而在于对公共产品的投资和维系。正是基于这样的认识，我们在改革开放的30年以来，不断推动政府体制、金融体制、财政体制的改革，初步形成了现代宏观经济体系的基本框架。

在现代宏观经济体系下，国家对于总供给与总需求的相互关系的调控，虽然也涉及对总供给的调控，但最主要的还是通过对总需求的调控而调控总需求与总供给的相互关系，因而有时人们将这种调控称为需求管理。但是自 2003 年以来，这种需求管理似乎还不足以保证总供给与总需求的相互关系的协调，尤其是有时需求管理似乎还难以有效实现对国民经济的快速调控，因而有人据此认为，仅有这种需求管理还是不够的，我们还应该注重供给管理。这些同志敏锐地发现问题是对的，但是出现问题并不是因为仅有需求管理，而是因为我国的经济体制改革还没有全部完成，体制上仍然存在不完善的地方，正是这种体制的不完善使得需求管理难以到位，达不到应有的调控效果。例如，我国近几年导致需求管理效果不佳的重要原因是土地问题，拥有土地的农民实际上并不是土地所有者，土地的最终所有者实际上是政府。又例如，我国目前的收入分配体制导致居民收入在国民收入分配中的比例太低，在初次分配中的比例太低，尤其是居民收入中的财产性收入比例太低，所以使得居民消费需求不足，居民消费需求不足又导致大量企业将出口作为重要的市场战略，从而使得出口顺差太大，人民币发行的“外汇占款”太大，流动性过剩，价格全面上涨，但这并不是需求管理的效力不够，而是由于体制的不完善导致的。因此，我们在宏观经济体系上要调整的并不是要加强供给管理的问题，而是要深化改革，即供给侧结构性改革，需求管理与供给侧结构性改革并不矛盾，是相辅相成的。优化供给是市场经济的功能，只要体制完善，市场经济是能发挥好此功能的。如果不深化改革而只强调加强供给管理，势必会影响到市场经济主体的权益，从而会有损于市场经济。供给学派强调优化供给，但它是认为优化供给是市场经济的功能，而不是政府的功能，因而供给学派属于制度学派，即强调制度的创新和技术的创新，而不是强调政府的“英明”。总之，我们应该坚持现代宏观经济体系的改革方向，不能动摇。

以“抓大放小”为特征的国企改革

企业改革一开始因为受农村承包责任制的影响，基本上采取了承包责任制的方式。这种承包责任制虽然一开始对提高企业经营效益有了较大的促进作用，但是很快便暴露出其缺陷。第一，工商企业经营活动不像农业生产经营活动那样简单，仅仅是依靠土地，而是更多地依赖于设备及技术，在设备折旧及技术贡献方面，当然也不像确定土地贡献那样简单，而是很复杂的。这就决定了，承包者与企业所有者必然存在实在难以很好处理的各种纠纷，承包活动实际上难以正常有效地维系。第二，工商企业承包者往往只考虑承包期自身的收益，不太会考虑企业的长远发展利益，因而在设备投资及技术创新上一般不会有长期战略，这就导致依赖于设备更新及技术创新的工商企业很难长期高效发展，甚至出现设备过快折旧及技术被盲目淘汰的情况，也就是企业短期利益与长期利益是冲突的。第三，承包者因为并没有企业的股权及控股权，因而受股权及控股权所制约的企业技术创新及设备更新，实际上很难进行，这就导致企业缺乏持续性，没有长期的发展后劲，承包期一到，企业就可能成为一堆废铜烂铁。第四，承包者没有所有权，因而对企业的深层改革实际上很难推进，诸如涉及企业产权制度及公司治理等方面的改革就难以进行，劳动人事制度及收入分配等问题当然也难以进行真正的改革，而这些改革恰恰是国有企业所需要的。第五，承包制不涉及企业产权制度变革及企业公司治理改革，当然不可能解决国有企业深层次的问题，只能进行表层的一些调整，这种调整往往会因为承包者在利益上的较高收益，而引起相关利益者的不满，也就是所说的“红眼病”，因而最终会因为各种原因及方式而终止承包，使承包制无法深入持续推进。

总之，因为各种原因，以承包制为特征的国有企业改革最终消失了。到了 90 年代中期，国有企业改革逐渐形成了以“抓大放小”为特征的改革，包括“放小”与“抓大”两个部分。

第一，“放小”。

所谓“放小”，就是使大量中小国有企业在改革中走向了非国有化方向。当时我国的国有企业户数达几百万之多，有中央政府创办的，也有省、市、县、乡镇政府及相关行政事业单位创办的，但绝大部分是中小企业。这些中小国有企业当时有 5 个特征：一是亏损严重，二是负债率高，三是技术设备落后，四是人浮于事，五是效率极为低下。根据这种情况，我国对中小企业实行了非国有的改革举措。主要推动了两种非国有化方式：一是资产重组，即由民营企业以资产重组方式将一些中小国有企业转变为民营企业；二是股份化，即由企业经营者或者全部员工以股份制方式将一些中小国有企业改革为非国有的股份制企业。

在推动中小企业的非国有化过程中，主要处理了 3 件事：一是以资产收益的定价方式将国有资产全部出售；二是除了有偿债能力的企业承担应有债务外，以资产冲销债务的方式处理了那些债务过高的企业的债务，有些债务过高的企业甚至是“零资产收购”；三是以买断工龄的方式将国有企业职工身份转变为市场化身份，打破了国有企业的“铁饭碗”人事制度。

在“放小”的改革中，虽然也出现了一些反对的声音，例如质疑国有资产流失，甚至出现了一些社会动荡，但总体推进很顺利。这种“放小”的改革实际上为民营经济的发展带来了巨大的社会基础及发展空间，所以当时出现了人们称之为民进国退的重要社会现象。对于“放小”的改革，虽然现在仍然有些人有质疑，但总体应该是成功的，对国有企业改革有重要战略意义。

第二“抓大”。

所谓“抓大”，就是对大型国有企业不搞简单的非国有化改革，而是搞“系统性”改革，其中主要包括以下几点。

一是调整领导体制。相继组建了国家国有资产管理局、国家经济贸易委员会来管理国有企业，最后是组建了国资委管理企业，将原来管理国有企业的政府机构全部取消，原来我们管理国有企业实行产业部方式，基本上一个产业一个部，例如纺织有纺织工业部、化工有化工部、煤炭有煤炭部、冶金有冶金部，等等。这次“抓大”的改革对政府体制改革起到了不可估量的作用。

二是推动公司化改革，将工厂制全部转向公司制，而且推动一些国有企业改为股份制，并使一些国有企业上市。公司制改革当然涉及企业产权制度及公司治理等方面的改革，已经涉及企业的深层次改革。尤其是后来提出混合经济体制改革，为国有企业改革开启了更为深层次的改革。

三是剥离社会，使国有企业真正成为企业。企业办社会是国有大企业的重要特征，例如不少企业有工人子弟学校，有职工医院，甚至有自己的公安系统，完全是一个封闭的“小社会”。这样既导致企业效益低下，而且所办的“社会”也效益低下。因此，在改革中逐渐剥离了这些“社会”，完成了向真正的企业的转化。

四是改革用工制度，使国有企业职工身份发生根本转变。国有企业职工原有的身份特征是“铁饭碗”，干好干坏一个样，一旦成为国有企业职工，国家就必须“全保”，医疗、养老、子女教育及就业，企业都必须承担。这种劳动人事制度与市场经济完全对立。因此，在改革中逐渐改变国有企业职工的身份，使他们从国有化身份转向市场化身份，企业可以自由选择职工，职工也可以自由选择企业。这个改革过程中曾经出现过买断工龄的做法，而且一年工龄给一个月工资，这种做法对于在国有企业就业不长的人来说是可以的，但对就业较长的人是不公平的，我们应该为他们建立相应的社会保障制度。这种做法后来导致一些职工因不满而上访，并引起了一些社会动荡，后来国务院根据实际情况提出，凡是在上述改革中所涉及的职工，只要在退休前补缴够 15 年的退休保障金就可以享有退休保障。

五是降低国有企业负债率。在国有企业改革中，我们曾经实行过一个拨改贷的做法，即国有企业资金来源不再依靠国家财政拨款，而是改由向银行贷款，据说是为了增加国有企业的责任，因为借钱是要还的，而财政拨款则可以不还。这种做法实际上是有问题的，因为既然国家创办了企业，就应该拨付资本金，不能只让企业向银行增加贷款。这种做法的结果是国有企业负债率过高。因此，后来启动了债转股的改革，并因此成立了四大国有资产管理公司，帮助企业逐渐降低了负债率，当然国家也为此承担了责任，冲销了几万亿的国有企业呆坏账。

总之，20 世纪 90 年代到 21 世纪初的“抓大放小”的国有企业改革，为后来的国有企业改革打下了很好的基础，并形成了一些对未来改革很有指导意义的共识：强调国有企业应该从竞争领域撤出，国有企业要走向混合制经济，县市级政府不宜再创办国有企业，等等。

新体制磨合期的任务和特点（2002—2012 年）

从上述分析可以看出，大规模建立时期所建立的新体制，是以强调效率，强调竞争为特点的，因而新体制必然会导致失业、破产、收入差距拉大等现象产生，这些现象虽然不是新体制带来的，是因为某些企业及个人适应不了竞争需要而形成的，但社会必须要解决这些问题，要形成解决这些问题的体制，这个过程，就是我们讲的新体制磨合期。新体制磨合期不是要改变和放弃新体制的某些内容，而是要巩固和完善新体制。巩固和完善新体制，与新体制框架的大规模建立，虽然在基本思路和做法上没有什么根本性区别，但确实也存在着一些差异，例如和谐社会、科学发展、民生问题、社会公平等问题，都会成为新体制磨合期的热点问题，不像新体制框架大规模建立时期那样，讨论最多的是产权制度、股份制、市场经济体系等问题，这就需要我们认真分析和研究新体制磨合期的新的热点问题，从而使得新体制能在磨合期得以巩固和完善。

构建社会和谐

如上所述，新体制有两个重要的组成部分：一个是财产制度上的多种经济成分并存，另一个是经济运行上实行市场经济体系。这两个重要组成部分的显著特征是承认差别，并强调差别，因而新体制的推进必然会形成以财产拥有量来区分的不同社会阶层。这些不同的社会阶层虽然在根本利益上是一致的，但它们之间也会有摩擦甚至出现矛盾。如何面对这些不同社会阶层之间的摩擦和矛盾？一种方式是否认多种经济成分并存的财产制度和市场经济体系，也就是否认改革和新体制，回到没有任何阶层差异的传统体制；另一种方式是承认多种经济成分并存的财产制度和市场经济体系，也就是承认改革和新体制，并在此基础上通过社会和谐使新体制能够有效运转，实现各个不同社会阶层的和谐。很显然，第一种方式是“死胡同”，它不会有任何民众基础，因为任何民众，无论是高收入者，还是低收入者，都不会想再过过去那种传统体制下的穷日子和苦日子。因此，我们只有选择第二种方式，也就是通过推动社会和谐来巩固多种经济成份并存的财产制度和市场经济体系。

社会和谐的前提是承认多种经济成分并存的财产制度和市场

经济体系，承认由于这两者而形成的不同社会阶层，因为只有它们存在，我们才需要强调社会和谐，通过社会和谐而实现它们之间的协调发展，如果没有它们，或者不承认它们的存在，那就无所谓社会和谐问题，而是讲社会同一性了，因而强调社会和谐就失去了应有的基础和意义。无阶层差别是强调社会同一性的问题，有阶层差别才需要强调社会和谐。因此，我们强调社会和谐，并不是要否认多种经济成分并存的财产制度和市场经济体系，而是要为它们的有效运行创造良好的社会基础。由此可见，那种认为强调社会和谐就是要改变多种经济成分并存的财产制度和市场经济体系的思潮是不对的。这种思潮是以民众利益为幌子的新“左派”思潮，它实际上是利用民众对新体制的某些不完善之处的不满情绪，而试图否认新体制，因而这种以民众利益为幌子的新的“左”的思潮值得人们警惕。

正是因为社会和谐并不是否认多种经济成分并存的财产制度和市场经济体系，而是要有效协调在它们运行中形成的各社会阶层之间的相互关系，从而为新体制运行创造良好的社会基础和环境，因而社会和谐的真正含义在于以下几个方面。

第一，承认和保护各个社会阶层的应有经济利益。

任何人和机构都不能任意剥夺和危及任何个人及阶层的财富，要通过《物权法》等法律制度平等地保护各种类型的财产，对不同社会阶层的经济利益一视同仁，没有任何财产上的歧视。因此，“打富济贫”并不是社会和谐的要求，它恰恰有悖于社会和谐的基本原则。“保富消贫”才是社会和谐的目的。所谓“保富消贫”，就是指要承认富有阶层的经济利益，但同时要消灭贫穷，在承认富有阶层的经济利益增长的同时，也要更加注重贫穷者的经济利益的有效增长，把贫穷者的经济利益的增长，作为社会发展的重要任务，从而不断推动贫穷者的利益上升，实现有利益差异的全社会不同阶层的经济利益的共同增长。因此，承认不同社会阶层的应有经济利益，并保证他们在经济利益的差异下实现利益的共同增长，是社会和谐的内在含义。

第二，实现不同社会阶层的利益共同增长的经济机制。

就是指让累进的所得税制度、收入保障制度和转移支付制度实现内在统一，这套制度可以通过转移支付而使高收入者收入的一部分转变为低收入者的收入，从而实现人们在经济利益上的有差异性的和谐。高收入者的一些收入通过累进所得税而转向低收入者，这表明高收入者是最有效率的人，同时也是最有社会公德的人，因为他们将自己的一些收入贡献给了社会公平，因而这种体制虽然使高收入者的收入转向了社会，但它肯定了高收入者的社会贡献，即他们既有效率，又能兼顾公平，理应是受人尊敬的社会群体。这里需要强调的是，我们应该大力表彰那些高纳税者，因为他们是实践社会公德的重要群体。最近看到我们有的单位在搞社会公德的评选活动，但评选出来的人，并没有高纳税者，而是一些帮老扶幼者，帮老扶幼者有社会公德，应该表扬，但作为社会高纳税者，也是具有社会公德的群体，也应该得到社会的尊重。

第三，维系不同社会阶层的经济利益是和谐的关键。

关键是要尊重人权和财产权。在人权和财产权面前，人人平等，没有任何社会阶层的差异。因此，任何个人及社会阶层，均不能以任何原因危及别的社会阶层及个人的人权，当然也不能以任何理由剥夺别的社会阶层或个人的合法财产。所谓人权面前人人平等，就是指各个社会阶层在人权上是平等的，特别是要求社会必须关注弱势群体的人权，要使他们拥有和别的阶层相同的致富机会，在机会上均等，同时也要使他们最基本的生活条件和最基本的医疗卫生条件得以保障，他们子女的义务教育及其他教育能得以保障，一句话，要保障弱势阶层的人权。所谓财产权面前人人平等，就是指社会要维系各个社会阶层的合法财产，任何人都不能侵犯和剥夺别人的合法财产，在财产权面前人人平等，不存在剥夺者和被剥夺者的问题。人类社会的发展史告诉我们，维系财产权，是非常有利于社会和谐的，因为如果不尊重财产权，合法财产不能得到有效保护，就会使有些人总想不通过自身的努力而获得财富，这就必然助长了社会的不正之风，从而使社会不稳定，人们都有恐惧心理，尤其是高效率者有恐惧心理，这就必然很难维持社会关系的和谐，稳定社会秩序。总之，社会和谐的关键是尊重人权和财产权。

坚持科学发展观

新体制最主要的特征和最大的贡献，是将经济发展和社会发展作为第一要务，强调“发展就是硬道理”，因而新体制极大地推动了中国经济和社会的快速发展，其发展成就举世瞩目，不仅使中国民众心悦诚服，也成为世界关注的亮点。因此，“发展是第一要务”的基本战略不能变，放弃了发展是第一要务，就等于放弃了新体制。当然，我们的发展也存在着某些不尽如人意的地方，尤其是当发展使我国的经济总量在 GDP 上突破 20 万亿元人民币之后，也就是发展总量十分巨大之后，我们的发展也遇到了新的挑战。如何面对这些不尽如人意的地方和新挑战？唯一的选择就是推进科学发展。但是科学发展并不是不发展，更不是要放弃新体制，而是要完善发展和应对发展中的新挑战，也就是要巩固和完善新体制，使发展具有更高的质量和雄厚的基础。目前有人试图用科学发展观来否定新体制，似乎新体制所推动的发展是有问题的。这种思潮值得重视。实际上，中央强调的科学发展的第一要务，仍然是发展，发展是不能动摇的，现在的问题只是如何完善发展和应对发展中的新挑战，而不是要不要发展的问题。因此，科学发展观的真正含义在于以下几点。

第一，在发展中注重增长方式的转变，要从过去的粗放型增长方式转向高效益型增长方式。

粗放型增长方式有两个严重不足：一个是高消耗资源；另一个是高污染环境。这两个严重不足在经济发展的总量还不大的条件下，其弊端和危害似乎表现得并不十分明显，但是当发展到了经济总量十分巨大的时候，这种弊端就暴露出来了。例如，当经济发展总量较小的时候，污染并没有成为人们关注的焦点，但是当经济发展总量非常巨大的时候，污染就已经发展成为足以威胁到我们生存条件的因素了，我们必须要调节发展与环境的关系了；又例如，当经济发展总量较小时，高消耗资源并没有引起我们的充分关注，但当经济总量发展到十分巨大的时候，资源就已成为严重阻碍我国经济发展的瓶颈了，因为人类社会已没有那么多资源供我们消耗了，我们必须要改变高消耗资源的发展模式了。因此，我们必须要转变经济增长方式，需要强调节约型经济，推动循环经济，调整人与自然的关系，使发展建立在人与自然关系相和谐的基础上。

第二，在发展中求得人与人的关系的和谐。

这表现为使人们都能享受发展所带来的好处。也就是说，发展必须使人们的利益都能得到相应的增长，虽然我们不可能也不应该使人们的利益等量增长，但必须使人们的利益在发展中都要有所增长，尤其是弱势阶层的利益也要得到有效提升。可以说，人们的利益在差异存在的条件下的共同提升，是发展中人与人的关系相和谐的最基本原则。对此问题，我们已在本书的几个地方做了深入的分析，这里就不再多讲了，这里只是强调发展不可能长期建立在利益不和谐的基础上，因而协调利益关系，是科学发展观的重要内容。

第三，在发展中协调好中国经济与世界经济的关系，尤其是处理好国际收支方面的问题。

在中国经济的发展总量还比较小，其国际收支还不会对国内经济产生太大的影响，尤其是还不足以影响国际贸易和世界经济的时候，发展中的国际收支失衡问题就显得并不突出，但是现在中国的经济发展规模已经很大，而且其国际收支失衡状况不仅影响到国内经济，而且也影响到国际贸易和世界经济的时候，国际收支失衡就成了我们在发展中必须要解决的问题，例如目前的国际收支失衡所引起的流动性过剩问题，以及流动性过剩引发的需求拉动型价格全面上涨的问题，就属于此类问题，需要我们认真解决。所以，科学发展观，也包括中国经济与世界经济关系的协调。

第四，在发展中协调好成本优势与技术优势的关系，注重提升经济发展的质量和水平。

我国的经济发展在较长时期内都是靠成本优势而获得竞争力，也就是我们的劳动力成本及土地等生产要素较为便宜，因而具有竞争成本优势，这也就是有的同志讲的我们的比较优势。但这种比较优势已经开始丧失了，尤其是我们再也不能依靠低廉的劳动力成本推动经济发展了。劳动力成本过于低廉不仅使得我国以劳动这个要素为生的人的收入长期不能得以提升，从而加剧了国内劳动与资本的矛盾，而且也使中国经济长期内需不足，迫使我们不得不开发国际市场，而出口过多所形成的顺差过大又增加了我国经济流动性过剩的压力。尤其是成本优势往往表现为农民工的收入长期低下，基本生活水准难以提升，这就加剧了我国工业化与城市化的压力，因而是非常不利于发展的。我们不能靠牺牲农民工的利益而搞成本优势，把竞争力放在农民工收入低下的基础上。因此，我们必须在发展中实现发展方式转轨，要从成本优势转向技术优势，推动技术创新。再造发展的新优势，是科学发展观的重要内容。

实现社会公平

对于新体制所充满的活力，以及它所带来的强大的效率作用，似乎人们基本上都是认可的，对此人们并没有太多的分歧，但有人认为新体制过分强调了效率，而忽视了公平。注重效率而忽视公平，似乎是现在不少人对新体制的一种流行性评价，但这种评价是没有实践根据的，而且也是不符合理论逻辑的。这种评价最根本的错误，是将效率与公平绝对对立起来了，似乎只要强调效率，就必然会有害公平，而要强调公平，就必然要放弃一些效率。实际上，效率与公平不是对立的，而是相互融合的。试想，如果一个体制缺乏公平，那么它还能形成效率吗？如果一个体制没有效率，那么我们还能将其称为公平吗？有人需要并认可那种没有效率的所谓公平体制吗？我想，不会有人想要那种没有效率的公平的。因此，效率与公平实际上是相统一的，不可分割的，效率包含公平，公平反映效率，它们之间不是相对立的，因而不是注重了公平，就会损害效率，更不是注重了效率，就会损害公平。所以，要科学地理解公平的问题。我们现在强调的公平，包含了以下要点。

第一，公平并不是指社会收入均等。

在讨论社会公平问题时，有人经常将收入差距作为评价社会公平的重要指标，认为现在收入差距过大，从而引发了社会的不公平。这种观点是非常值得商榷的。其实，传统体制下的“大锅饭”，虽然实现了人们收入的均等化，但它同样也是一种严重的社会不公平，因为它损害了贡献大的人的应有利益，多贡献而不能获得多收入，这也是一种极度的社会不公平，正是因为这种严重的社会不公平，所以才极大地挫伤了人们的积极性，从而使得国民经济失去了活力，没有效率。因此，不能将收入差距作为评价社会公平的唯一指标，实际上收入均等不仅不能反映社会公平，而且往往还会严重地损害社会公平。我们评价社会公平的最主要指标，是看人们的机会是否均等，机会均等下的收入差异是正常的。当然，机会均等在现实中往往是难以做到的，充其量只能是一种趋向，因而我们也要在承认收入差距的条件下，注重对收入差距的调节，但这种调节并不是因为收入差距反映了不公平，而是因为机会均等的条件没有充分实现，因而需要调节。我们认为，在机会均等的条件下，因为个人禀赋与努力而形成的收入差距，并不反映社会公平不公平的问题，这种差异的存在是正常的，这种差异本身就是公平。社会公平在于机会的均等，而不在于收入差距本身，从收入差距上很难判定公平与不公平。

第二，坚持公平的关键是消除行政垄断和权钱交易。

人们对新体制有意见，例如有人认为新体制有些不公平，但这种意见并不是说效率本身引起了不公平，而是指传统体制未能改革的弊端带来了不公平。现在人们有不公平感的主要原因，是人们认为行政性垄断及权钱交易，使得一些人获得了并不是靠自身努力而获得的利益，因而人们反感的是行政性垄断和权钱交易，对于那些靠自身禀赋和努力而获得较多利益的人，人们并不反感，并没有认为这种情况也是不公平。因此，人们的不公平感并不是来自效率本身，而恰恰是来自和效率相对立的行政性垄断与权钱交易，因而不能把缺乏公平的帽子戴到新体制头上，不公平的现象是由传统体制的未能真正改过来的弊端而形成的。因此，要实现社会公平，关键是要深化体制改革，重点在于打破行政性垄断和消除权钱交易，这就要求我们必须在推进经济体系改革的同时，大力推进政府体制改革，完善民主政治，从而消除行政性垄断和权钱交易的体制基础，可以说，没有政府体制改革的深化，没有良好的民主政治，就不可能有真正的社会公平。

第三，公平并不是笼统地比较人们的财富。

在讨论收入差距及社会公平时，人们经常将某些企业所有者的财富与普遍劳动者的收入相比较，这样比较的结果，当然使人们感到社会收入差距太大，似乎社会很不公平。但这种比较方法并不合理。因为，在企业所有者的财富中，有一种财富是属于企业法人财产，我们不能将这种法人财产完全等同于自然人财产。自然人财产与企业法人财产并不是一回事，甚至有本质上的区别。企业法人财产虽然会给所有者带来一定的财富，但企业法人财产的主要作用在于维系企业的投资与经营活动，在更大程度上是为社会做贡献，例如为社会创造就业机会，为市场提供产品和服务，为政府提供税收，企业法人财产只有在完成这些社会贡献的基础上，才能给所有者带来一定的自然人收入。因此，企业法人财产并不像自然人财产那样，全部是为个人利益服务的，例如，如果有一个人有50万元的自然人财产，就可以直接将它们用于自己的个人消费，但是当个人财产表现为法人财产的时候，人们就不能随便将它用于自然人消费了。因此，不能将个人的企业法人财产作为自然人财产，并用它去同普通人的自然人财产相比较，从而得出收入差距太大，社会不公平的结论。比较收入差距需要有科学的方法，切不可盲目将不应比较的收入放在一起胡乱比较，这样会得出错误结论的。

第四，公平与法治社会是相统一的。

在讨论收入差距，进而评价社会公平问题的时候，我们应该有一种法治意识。所谓法治意识，就是要承认所有的合法性的事实。也就是说，我们现在在讨论收入差距，从而评价社会是否公平的问题的时候，要看人们的收入是否具有合法性。在法治社会条件下，人们评价收入是否公平的标准，就是法律。所有合法性的收入都应该是公平的，无论高收入，还是低收入，只要合法，就是公平的，不能将合法的高收入看成是不公平的。收入的公平性不在于收入水平的高低，而在于收入是否具有合法性。影响人们收入的因素是多种多样的，但收入必须合法，合法的，就是公平的。公平性与合法性是相统一的范畴。因此，我们只有将法治观念引进社会公平问题的时候，才能真正分清何谓公平，何谓不公平。离开法治标准，实际上是很难讨论社会公平问题的。社会公平以法治为基础，以合法性为准则。因此，社会公平不是一般的道德问题，哪怕就是道德问题，也必须以法治为基础，合法性与道德状况也是相统一的，例如合法性的道德习惯就应该称之为有道德，要将道德放在法治的基础上。总之，不能离开法治而讨论社会公平，合法的，就是公平的。

有效关注民生

新体制在其运行过程中，由于竞争与效率规律的作用，必然会产生像企业破产和个人失业这类传统体制所没有的现象，因而在有些人看来，似乎新体制没有像传统体制那样关注民生问题，所以把忽视民生的帽子戴到了新体制头上。其实这是不对的。新体制下所发生的破产和失业，并不是新体制带来的，而是因为有些个人或企业不能适应新的要求，被“罚下场了”，问题在于被罚下场的人和企业，而不在于新体制。因此，我们现在强调和关注民生，并不是说新体制就有悖于民生，而是指新体制在进入磨合期后，民生问题就显得更为重要，新体制本身所具有的关注民生的内在要求，这时会充分地显现出来。因此，不能将新体制与关注民生对立起来，而是要看到它们实际上是相互融合的，是一个问题的两个方面。

第一，新体制为关注民生问题提供了强大的物质基础。

可以说，没有新体制的建立，我们就不可能真正有能力关注民生问题。在传统体制下，我们的民生问题实际上是最糟糕的，许多人吃不饱和穿不暖是正常情况，甚至出现过饿死人的现象。传统体制下的民生问题为什么搞得不好？就是因为传统体制不仅使国民经济严重缺乏活力，而且使国民经济结构严重失调，从而使我们长期处于严重的经济短缺之中，在这种情况下，我们根本没有关注民生的物质基础和能力。而改革开放以后，新体制创造了巨大的经济活力和强大的物质基础，从而使得我们真正有能力关注民生问题了，例如像取消农业税，为弱势阶层提供更好的社会保障和公共产品这些关注民生的举措之所以能够实行，就是因为新体制为我们创造了强大的物质基础。因此，只有新体制的不断巩固和完善，才能使民生问题不断地得到有效解决。

第二，新体制本身就包含了对民生的关注，新体制并不排斥和损害民生问题。

例如，市场经济虽然强调效率原则，但同时也强调社会保障原则，因而市场经济越发达，社会保障体制就越健全，在人类发展的历史上，社会保障体制几乎是同市场经济体系同步完善的。因此，关注民生也是新体制的必然要求，我们现在完善新体制的重要内容，就是关注民生问题。为此，我们应该注重完善医疗卫生体制，完善教育体制，完善收入保障体制，完善再就业体制，完善住房体制，等等。总之，要全方位地关注民生问题，通过关注民生为新体制创造深厚的民众基础，从而使民众利益与新体制紧密地结合在一起。

第三，民生问题有赖于新体制的巩固和深化，我们应该使民生与新体制之间相互有效配套。

我们现在强调民生问题，并不是因为新体制的形成损害了民生，而是指新体制恰恰需要注重民生问题，同时民生问题也有赖于新体制的完善。因此，不宜把新体制同民生问题对立起来。现在有人非常喜欢作为弱势阶层的代表，经常讲所谓的穷人经济学、穷人教育学，似乎讲穷人问题就是关注民生，实际上这是不对的。我们关注民生问题，并不是要将它同新体制对立起来，将强者与弱者对立起来，因而在推动民生的进程中，我们既要强调关注弱势阶层，同时也要关注在竞争中处于强势地位的阶层，使他们在竞争中更强。强者更强，才有利于社会解决弱势群体的问题，不能靠抑制强者而扶持弱者，而要使他们都能拥有充分发挥自己作用的体制和政策，这才是我们关注民生的本来意义。关注民生问题，不是为了加剧强者与弱者之间的不协调，而是要推动他们之间的和谐，因此，虽然强者更多地依靠自身的竞争，弱者则需要社会的更多帮助，但实际上他们都需要社会的关注，不过前者是希望竞争更充分、更公平，后者则希望有更多的扶持和救助。从这一点上讲，关注民生，就是关注各个社会阶层的社会诉求。

第四，关注民生更重要的是要为弱势群体提供更为公平的机会。

关注民生虽然要强调通过转移支付而有效地保障弱势群体，但关注民生并不是仅仅如此，而是使他们的创新能力能够得以有效提升，从而使他们通过自身的努力而改善自己的生存和发展条件。这是民生问题与福利主义的重大区别。我们不能无条件地把提高弱势阶层的福利作为关注民生的主要内容，如果一味强调提高福利，而不去设法提升弱势阶层的竞争能力的话，那就必然会加大社会进步的成本，并且对于推动社会和谐毫无疑义，甚至还会使社会产生“福利病”，从而降低经济发展和社会进步的动力。不关注民生问题是错误的，但将民生问题等同于福利主义也是有害的。我们应该吸取某些福利国家的教训，尤其是南美一些国家的教训。我们要告诉大家，任何人都只有依靠自身的努力才能最终改变自己的地位和生存状况，努力工作是社会进步和自我提升的基础，是国强民富的前提条件，如果一个社会中的人不是强调努力工作和竞争，而都是试图依靠享受福利而生活，那么这个社会就没有前途。总之，关注民生不能削弱社会进步的动力，更不能导致“寄生性”的社会习惯，而是要强调竞争和自我奋斗。如果我们不强调竞争和奋斗，而是为了迎合所谓的“民心”，去无限制地满足一些人的福利要求，其结果只能是有损于新体制，有损于社会经济发展的活力。因此，要正确理解和关注民生问题，切不可把关注民生当成福利主义。这个问题是我们必须要警惕的，切不可掉以轻心。因为有些缺乏自信和权威的人，往往会利用福利主义而吸引所谓的“民心”，从而会在关注民生的幌子下而使中国经济过早地丧失发展的动力，使中国经济丧失良好的发展机遇。因此，新体制磨合期既要关注民生问题，也要防止将民生问题变成福利主义，从而导致中国经济放慢增长速度，出现新体制的变态性回潮。

全方位改革时期的任务及特点（2012—）

经过大规模经济体系改革阶段与新体制磨合阶段，中国人民逐渐在经济上富有起来，实现了富起来的目标。在经济上富有之后，人们当然就越来越重视自己在政治、文化、社会、生态上的各种需求。为了满足人们这些日益增长起来的需求，中国改革当然就要从以经济建设为中心的改革，走向全方位改革。也就是在继续推进与深化经济体系改革的同时，走向全方位改革，更加重视与推进政治、文化、社会、生态上的改革。如果说在 1978—2013 年这 30 多年的改革中，我们还是以经济建设为中心来推动改革的话，那么自 2014 年起，尤其是从 2017 年的中共十九大起，中国改革就主要表现为经济改革基础上的全方位改革，包括政治改革、文化改革、社会改革、生态改革。

政治改革：提高中国护照的“含金量”

人们在政治上的一个极其重要的需求，就是能看到一个公平公正的社会秩序，体会到社会的正义感。我国是一个以人民当家做主、法治社会、共产党领导相统一为特征的政治体制，因而要满足人们在政治上的这种需求。首先，必须坚持推动法制社会建设，形成包括宪法、民法、刑法在内的完整的法律体系，有法可依，并且形成高效的执法体系，彻底消除以权代法、以政代法、以情代法的现象；其次，从严治党，推动与深化党内民主与监管，因为共产党是中国的实际领导者，只有党内民主才能集中各种智慧与各方面的诉求，保证党的正确领导，它比一般的社会民主更重要，当然，它的监管也比一般的社会监管更重要；再次，民意的动向及诉求的传递必须快速准确，在各种新媒体及信息传递通道上要保证民意畅通顺达，不能因各种原因而形成阻滞。

人们在政治上的一个普遍需求，就是看到政商“亲”“清”，社会廉洁高效，贪腐得以严惩与消除。近几年人们为什么在政治上满足感较强？就是因为防腐治贪取得了巨大成就。因此，我们必须将权力关在笼子里，建立高效的防腐治贪体制，既要防止资本介入政治生活，也要防止政治权力介入商界活动，真正实现政商“亲”“清”。为此，必须对政商的运行轨迹做严格界定，消除权钱交易、权色交易，在制度上真正实现防腐治贪。可以说，建立一个高效廉洁的政府，是人们在政治上的普遍愿望。目前中国构建国家监察委员会，就是将所有公务人员的行为纳入监管之中，保证公共权力与公共财产为民所用，治理公权私用，有权不为，既治贪，又治懒的重要制度安排，人们对此极为支持。

人们在政治上的一个最基本需求，就是国家统一，民族团结，在国际上能得到尊重，有民族自豪感与国家荣誉感。因此，我们必须要解决台湾问题，真正实现国家统一。一个不统一的国家，很难使人有真正意义上的政治满足感。同时，还要不断使中国得到国际上的全面真正认可，提高中国护照的“含金量”，使人们拥有民族自豪感与国家荣誉感，这也是人们重要的政治满足感。《战狼Ⅱ》《红海行动》等电影的高票房现象就足以证明这一点。

文化改革：处理好文化与经济的关系

文化改革在我国实际上有 3 个问题。

1. 文化经济问题。

大家知道，文化需求是人们的重要需求。要满足人们的文化需求就必须放开和推进文化经济的发展。所谓文化经济，就是生产人们所需要的精神产品而满足人们精神需求的经济。人类生产分物质产品生产与精神产品生产，生产精神产品的就是文化经济。文化经济首先表现为文化产业。主要包括：影视、音乐、戏剧、收藏、非遗、博物馆、出版、美术、传媒、旅游、体育、娱乐等。

文化产业的载体实际上是文化企业。文化企业作为生产人们精神需求的企业，不同于一般生产物质产品的企业，有其自身的特点。首先，文化企业必须要正确把握不同时期、不同阶层、不同年龄群体的精神需求，根据人们的精神需要生产出文化产品，一旦把握不好人们的精神需求，任何文化产品都将失去市场需求，就像那些所谓的艺术片严重脱离现实而没有票房价值一样；其次，满足人们的精神需求需要具有很强创新力的人才，因而文化企业的公司治理会更加重视人力资本，货币资本需要以人力资本为基础；再次，文化企业所生产的产品受制于意识形态的约束，必须具有正能量，不能颠覆社会的主流“三观”。

文化产业作为生产精神产品的产业，虽然不同于其他生产物质产品的产业，例如其运行过程并非是纯粹的市场经济原则，但文化产业作为一种产业，其运行又必须建立在市场经济的基础上，因而文化产业同样涉及文化市场、文化金融的问题。文化市场的形态是各种各样的，既有线上的，也有线下的，例如线下的有文化小镇等，应该允许文化市场走向多元化，不要搞行政性垄断或者行政性阻滞。文化金融也要有创新，不能简单使用物质产品生产企业的融资方式，例如文化企业一般并不具有用于抵押贷款的资产，更多的是无形资产，因而需要有创新性融资方式，应该允许这方面的金融创新。

2. 经济文化问题。

经济文化不同于文化经济，经济文化是人们在经济活动中必须坚持的价值理念，也是文化问题的重要内容。大家知道，经济活动是人类有目的的社会活动，当然有着人们所必须坚持的价值理念，就是经济文化。经济文化的要点包括：契约精神、法治意识、诚信理念、责任约束、敬业精神等。良性的经济活动需要经济文化的支撑。中国的经济虽然在高速增长，但人们还是缺乏成就感与认同感，就是因为还没有良好的经济文化，表现为快速增长下的混乱，因而必须形成良好的经济文化。

3. 传统文化问题。

中国传统文化博大精神，是中华民族的瑰宝。我们对于中华传统文化既不能全盘否定，也不能全盘照搬，因为全盘否定就没有根了，全盘照搬实际上也难以与时俱进。对于传统文化中的“农耕文化”“君臣文化”“抑欲文化”等因素需要扬弃，要根据工业文明、法治文明、人权文明等人类的价值理念进步，加进新的元素，从而形成中华现代文化。这是文化改革的重要内容。

社会改革：让民间组织实现自我管理

任何人都希望自己生活在一个充满活力而没有生存恐惧与充满争斗的社会之中，因而在市场经济条件下，人们的社会需求表现为无生存之忧并期望竞争有序与社会和谐。如何满足人们的这种社会需求？首先应该建立良好的社会保障制度。在教育、医疗、养老等方面建立符合人们需要的保障制度，让人们没有上学难、就医难、养老难等忧虑。社会保障制度应该实行行政化与市场化的有效结合，也就是政府要在教育、医疗、养老等方面实行最基本的保障，即现在所讲的“兜底”，同时也鼓励人们进入各种商业保险，建立更为“优越”的各种保障，形成多层次的社会保障制度。

追求社会和谐是人们重要的社会需求，因为任何人都不希望自己生存在一个充满仇视与争斗的社会之中，人的本质是追求和谐。要实现社会和谐，就必须认真处理好社会各阶层之间的关系，除了认真处理好各阶层之间的收入关系，例如要让各阶层的收入都能随着经济发展而相应增长，但更要注重处理好各阶层之间的思想关系，例如必须相互尊重并能自我约束，在相互理解的基础上协调人们的思想差异及行为差异，实现和谐相处，消除阶层对立。

社会改革的重要内容是放开民间组织，让社会实现自我治理。现代社会由三大组织构成，企业、政府、民间组织。我国的民间组织的发展明显滞后，应该加快此类改革，推进社会的自我治理。

生态改革：建立国家自然资产的集中管理体制

人类的幸福生活离不开良好的生态环境，因而对美丽中国的需求是每个中国人的强烈愿望。要实现美丽中国，必须坚持生态改革。生态改革的任务有三。

一是必须真正处理好工业化与城市化所带来的废水、废气及固体垃圾，只有这样才能真正实现工业文明与城市文明。治理废水、废气、固体垃圾必须坚持产业化与企业化的路子，通过技术创新而消除污染，单纯的行政性“关停并转”的强制方式只能解决一时一事的问题，只有走产业化、企业化、技术化的路子，才能真正解决问题。

二是大力推进自然生态环境的修复。近些年来因为盲目追求GDP，已经使得自然生态环境受到巨大破坏，因而要建成美丽中国，就必须尽快修复自然生态环境。对于那些影响整个中国生态环境的区域，必须禁止开发，对于重点区域要以国家公园的形式加以严格保护。应该建立国家自然资源资产的集中管理体制，防止某些地方政府及企业或个人，因为局部利益而对自然生态的破坏。对于自然生态环境有关的区域的政府业绩评价体系要取消 GDP 这个指标，而且国家要以预算形式对这些地方的财政收支予以支持和帮助，使自然生态环境保护真正落到实处。应该说，国家组建自然资源部正是顺应了历史发展趋势，必将有利于生态自然资源的修复与保护。

三是大力推进农村与农业改革。农村与农业实际上已成为中国生态环境保护的薄弱环节，也是恶性污染事件的高发区，因而必须推进农村与农业改革。农村与农业改革包括对农业的化肥及农药的使用要有严格的标准，对农村生活的“上下水系统”及垃圾处理要有新举措，对非农的污染严重的农村工业体系要进行真正的“关停并转”，促进农村工业体系的升级换代。当然，美丽乡村的实现，最终要使农民富、农村强，因为美丽乡村实际上最终是以经济实力为后盾的。

经济改革：实体经济是现代化经济体系的脊梁

我们强调政治改革、文化改革、社会改革、生态改革，并且不再单纯强调以经济建设为中心，并不是不需要经济改革，而是要在全方位改革的基础上更加深入地推进经济改革。在全方位改革的基础上，经济改革的核心是，按照新发展观，构建现代化经济体系。什么是现代化经济体系？现代化经济体系包括 6 个组成部分，即：实体经济、现代金融、技术创新、人力资源、市场经济、全方位开放。实体经济是现代化经济体系的基础与脊梁，现代金融是现代化经济体系的助推器与润滑剂，技术创新是现代化经济体系的动力源泉，人力资源是现代化经济体系的人才基础，市场经济是现代化经济体系的基本运行规则，全方位开放是将中国经济融入世界经济之中。

现代化经济体系的重要特征是具有很强的防风险能力，能够对风险做出预警并能及时修复引起风险的各种经济漏洞。因此，我们在构建现代化经济体系时，要将防风险作为重要的指标。例如，在构建现代金融时，要将各种防风险的举措考虑其中，把握好金融与实体经济的关系、金融与房地产的关系、金融与各种债务的关系、金融与杠杆率的关系、金融内部各种融资通道的关系等。

现代化经济体系是中国进入强起来的时代的经济体系，因而现代化经济体系必须助推中国建立现代化强国。现代化强国必须在经济上要拥有技术话语权与金融话语权。要拥有技术话语权，中国就必须能够创新出颠覆性技术与原创性技术，这就要求中国进行前瞻性基础性研究，形成强大的技术创新体制。要拥有金融话语权，中国就必须全方位开放，不再单纯强调出口与吸引外资，而是也要强调进口与中国资本走出去，深入推进“一带一路”倡议，推进人民币的国际化。总之，强起来的目标要求现代化经济体系要有新的特征与内容。

（2018 年 10 月 11 日在改革开放论坛上的讲话录音整理稿。）

第七部分

改革开放再启航

改革开放只有进行时，没有结束时。因而在2018年当改革开放已进行了40年时，我们没有使用“纪念”改革开放40周年的提法，因为这种提法似乎意味着改革开放已经结束，而是使用了“庆祝”改革开放40周年的提法，这种提法是指改革开放将会继续，改革开放需要再启航。

改革开放如何再启航？改革开放再启航是指现在的改革开放要以40年的改革开放为基础，现在的改革开放已经不是40年前的改革，也不是10年前或者20年前乃至30年前的改革，而是要以40年改革开放的结果为基础，在此基础上推动改革开放的深化。从这一思路出发，讨论中国改革开放再启航，需要思考两方面的问题。第一，中国改革开放40年的重要成就是什么？我认为有两个重要成就，一个是全体人民富起来，从无产者变为有产者，这个成就决定了我们必须在未来的改革中注重保护人们的产权，人富有之后最担心的就是财富是否安全；另一个成就是民营经济成为我国经济最重要的组成部分，对增长的贡献是50%，对税收的贡献是60%，对就业的贡献是80%，因而我国在未来改革开放中仍然要大力发展民营经济。第二，中国过去40年改革开放的主要经验是什么？我认为有两条：一个是坚持了市场化的改革方向，市场经济造就了中国经济的快速发展；另一个是法治化，法治化推动与保障了中国经济的发展。因此，改革开放再启航必须要坚持市场化与法治化的方向。

由上述分析可见，我国改革开放再启航，主要有下述几项改革。

平等保护产权的 12 个要点

中国改革开放最重要的成果是让人们摆脱贫穷富起来，从无产者变为有产者。人们的财产包括五大类：不动产（即房产）、股权与股票资产、金融货币资产、非货币资产（如各种有价收藏）、耐用资产（如汽车等）。这些财产到底有多少，人们并没有一个统一认可的具体数量，但绝不是以万亿计算，也不是以 10 万亿或者百万亿计算，而应该以千万亿计算，因为仅房产一项就有 450 万亿之多。

人们拥有财富之后，一个重要的心理就是担心自身财富是否安全，因而最大的诉求就是要保护自身的产权，要求建立平等保护各类产权的社会经济制度。因此，保护人们的财产安全，建立平等保护各类产权的社会经济制度，就成了改革开放再启航的重要改革内容。

解决移民潮与维稳的关键

社会主义基本经济制度形成之后并不是一成不变的，而是应该随着经济发展和社会变革而不断调整和完善。目前社会主义基本经济制度调整的重点是要更加注重保护产权，尤其是更加注重保护私人产权。因为我国经过 40 年的改革开放和经济的发展，人民群众绝大部分已成为有产者，人们越来越注重对自身产权的保护，保护产权已经成为普遍的公众意识和民意，社会主义基本经济制度要充分反映和体现这种公众意识和民意。为什么我国目前拥有财产的人那么积极地移民？其中最主要的原因就是害怕自己的产权不能在国内得到有效保护。寻求自身产权保护，其实是移民的最主要原因，而并不是像有些人讲的移民是为了享受发达国家的福利和教育。非正常移民所导致的一个国家的财富和人才流失，是非常可怕的。我们应该清楚，维护社会稳定的主要社会基础，是在40年改革开放中受益而积累起自身财富的人，有产者最怕社会动荡，最需要稳定，因而只要保护他们的合法产权，他们就会成为社会稳定的中坚力量。

“两个坚定不移”的制度基础

毫不动摇地坚持和发展公有制经济与毫不动摇地坚持和发展非公有制经济，是中国特色社会主义基本经济制度的重要特征，这一重要特征决定了我国经济从宏观结构上看，表现为混合经济：既有公有制经济，又有非公有制经济，公有制经济与非公有制经济相互竞争与相互融合，共同组成了中国经济。同时，从微观结构上看，我国经济也表现为混合经济，即：企业中既有公有产权，也有非公有产权，公有产权与非公有产权融合于一个企业之中，共同推动了企业的经营活动。公有制经济与非公有制经济在宏观和微观上的相互竞争与相互融合，使得中国经济实际上已成为混合经济体系。在混合经济体系下，不同产权的相互竞争与融合，以及这种竞争与融合所引发的产权边界界定及保护产权，就成为社会经济生活中的一个核心问题。因此，中国特色社会主义基本经济制度在坚持“两个毫不动摇”的同时，就应该把坚持平等保护产权作为重要的法治原则，从这一点上讲，平等保护产权，是中国特色社会主义基本经济制度的应有之义，是中国特色社会主义基本经济制度的重要构成部分。

消除福利主义与民粹主义

保护产权是社会经济制度的范畴，这种制度规范一旦形成，就会成为一种公众意识，即保护自身产权和尊重别人产权的意识，这种公众意识对于校正那种不是依靠自身勤奋和努力，而是试图通过侵占别人产权而实现富有的不健康思维，是非常有用的。现在以穷为荣且试图以“打富济贫”而实现自身富有的思想存在的最主要原因，就是社会缺乏尊重别人产权的意识。保护产权是形成勤劳致富的良好社会风气的重要制度基础。假“革命”之名而行动乱之实的深层原因，就是无视别人的产权，缺乏产权保护的自觉意识。出身农村靠自身勤奋努力而致富的人曾形象地说，好吃懒做的“二流子”的思想基础就是无视别人产权，在产权上实行无“政府主义”。目前福利主义盛行的重要原因，就是无视产权保护，我们应该是帮贫不帮懒，不能搞民粹主义。

消除收入分配不公

我国目前贫富差距太大的主要原因不在于分配，而在于产权制度的漏洞，产权没有得到应有的保护。有些人以廉价的方式获得了有巨大赢利能力的产权，从而一夜暴富，而有些人的产权却因垄断等原因而贬值，收入不能随着经济的增长而上升，其中最为典型的例子就是：有人以廉价的方式获得了归全体人民所有的具有极强赢利能力的自然资源的产权，从而一夜暴富，但居民手中的大量金融资产并没有随着经济的增长而升值，有的金融资产如储蓄存款甚至贬值了，人们的各种金融财富在隐性地向金融部门转移，从而难以实现富有。

实现社会公平正义

保护产权在我国目前要特别强调对私人产权的保护，因为公权高于私权，甚至公权可以随意侵犯私权的社会意识根深蒂固。例如，领导视察企业，一听是民营企业就非常谨慎，甚至敬而远之；银行放贷一看企业性质是民营企业，就会在放贷条件上更加苛刻和刁难，甚至不愿放贷；税务部门收税和查税，对民营企业经常任意加税和罚款；投资审核部门，对于民营企业的投资会经常以各种方式横加干涉，甚至阻止民营企业的正常投资，社会上将此状况形象地比喻为民营企业投资上的“玻璃门”与“弹簧门”，等等。总之，保护私人产权是当务之急。虽然中央不断强调“两个坚定不移”，提出非公有制经济与公有制经济在资源享受与竞争中是平等的，但实际情况并非如此，非公有制经济仍然难以获得与公有制经济平等的资源享受和竞争地位。因而保护私人产权的改革仍然需要继续深化。

政府体制改革

政府的主要职能是保护产权而不是经营产权，政府经营产权的结果只能是政资不分，政企不分，在产权上有政府背景与无政府背景的经济主体无法平等经营，平等竞争、经济公平实际上就是一句空话。我国现在难以清晰界定政府与市场、监管与经营、宏观与微观、政府与企业等诸多社会经济关系的最主要原因，就是政府试图经营产权而并没有把重点放在保护产权上。尤其是我们应该看到，在政府不保护产权的条件下，有的民营企业就只好寻找非政府力量保护自身产权，其结果可能出现黑恶势力，甚至会成为“黑社会”的温床。可以说，经济低效率、贪腐、黑恶势力等负面社会现象，从经济制度层面上讲，就是因为产权没有得到有效保护。

城镇化的顺利进行

产权保护在目前推进城镇化的过程中，主要表现为对农民产权的保护。农民在宅基地及宅基地上的房产应该同城市房产一样，能够用于银行抵押和市场交易，集体所有而农民承包的土地，也应该拥有产权的属性，能够用于工商登记和银行抵押。国家在将农村土地转为国有土地的过程中，要严格根据宪法规定，凡是用于公益性建设的农村土地，国家可以采用征地的方式，而对于用于非公益性建设的农村土地，则应该以交易的方式进行，农民作为交易主体进入市场，而国家则只作为税收收取者收取应有的税收及级差地租[①]，政府不能再作为交易主体存在。对农民产权的保护，对于提高农民收入及推进城市化进程，都有重要意义。

防止国有资产流失

目前产权保护的突出问题虽然是私人产权不能有效保护，但国有产权保护不到位也是大问题，国有经济中的贪腐与国有资产流失的问题也很严重。国有产权不能保护的重要问题是国有资产管理体制有问题。目前这种将国有资产监管职能与国有资产经营职能都融于国资委一身的体制，实际上无法形成对国有产权的有效监管。尤其是对于国有产权，如果将其社会职能与赢利职能融为一体，不进行有效区分，就会使实际掌握国有产权的人，经常以社会职能作为掩护而侵吞国有产权的经营收益，将侵吞国有产权“体制化”和“合法化”，目前国务院国有资产监督管理委员会及央企拒绝上缴应有利润的状况，就是一个很好的证明。在人民对个人所有产权不能有效监管的条件下，将会使国有产权成为某个社会阶层的财富来源，例如不少央企高管能在北京和上海这样寸土寸金的地方有别墅，就是很好的证明。这实际上是社会最大的不公平。

① 指由于耕种的土地优秀等级不同而形成的地租，是农产品的个别生产价格低于社会生产价格的那部分超额利润的转化形式。——编者注

实现权力制衡

保护产权延伸到政治层面就是保护人权，因为人权的重要内容是财产权，不保护产权，就难以谈保护人权。人权面前人人平等，这是人类现代社会的最核心价值观。人权与特权的矛盾，是我国目前必须要解决的重要矛盾。公众目前积怨较多的一个重要问题，就是特权往往侵犯了人权。特权之所以侵犯人权，其经济原因就是缺乏对产权的保护。政治往往是经济的最集中反映，经济制度的不完善，往往会导致政治及社会生活的扭曲。因此，保护产权涉及政治及社会生活的健康与稳定。公权与私权的相互制衡，尤其是对公权的有效制衡，并不是西方的独创思想，中国很早就强调社会稳定的重要问题是对公权的制衡，私权与公权需要相互制衡。

推动技术创新

产权就其物质形态讲，包括物质产权（自然资源、土地、货币资本、设备及各种生产资料等）、知识产权、劳动产权（个人对自身劳动的所有与支配）。产权就其所有者层面讲，包括国有产权、自然人产权、共有产权、法人产权、社团产权、社区产权等。因此，保护产权是一个系统工程，例如不仅要保护物质产权和劳动产权，还要保护知识产权，如果不保护知识产权，谁都可以“山寨”别人的技术创新，那就必然是人们不可能下大力气投资于技术创新，而是琢磨如何“山寨”别人的技术创新，技术创新就是一句空话；例如不仅要保护国有产权与共有产权，还要注重保护其他种类的产权，尤其是自然人产权。我们必须平等界定各种产权的权利边界与利益，不能歧视任何形式的产权。

推进各项改革的重要保障

我国经济体系改革能否完成的最深层次的制度保障，就是能否有效保护产权。只有有效保护产权，政府行为才能受到约束，政企关系及政府与市场的关系才能清晰界定各自的权力边界；只有保护产权，资源价格及要素价格才能在市场博弈中走向市场化，实现市场定价，像利率市场化和汇价市场化才能形成；只有在保护产权中，企业家队伍才能最终形成，企业家队伍的形成状况与保护产权的状况成正比；只有在保护产权中，人们才会投资于技术创新，才会致力于技术创新，才能实现创新驱动战略；只有产权受到有效保护，人们才会注重长期投资，而不去搞短期投机；只有在有效保护产权的条件下，各种经济主体的权利边界清晰，财税体制才能取得真正的改革；只有保护产权，才能形成公平公正的收入分配体制，等等。实际上，市场经济形成的最根本条件是产权清晰与保护产权，只有在产权清晰与保护产权中，交易双方才能实现利益共享的双赢，而不是相互的欺诈与恶斗，因而没有产权清晰与产权保护，就没有真正的市场经济。

在公众意识与法律体系上释放积极信号

主要是要形成保护产权的社会意识和在宪法、民法、刑法等法律体系中贯彻保护产权的法律规范。现在我国极度缺乏保护产权的公众意识，在有些人眼里，似乎任何私人产权都可以随时剥夺，盲目的公有"左倾"风潮仍然很重，从而导致了社会严重不稳。同时，法律体系上也并未完全贯彻产权平等的法律原则，并没有彻底将平等地保护产权作为根本性法律准则。因此，我国必须要在公众意识与法律体系上尽快释放出保护产权的积极信号，这对校正引发社会不稳定的"多数人暴政"是有意义的。1992 年我们提出中国要搞市场经济，带来了我国经济的高速发展与体制改革的深化，现在释放保护产权的信号，仍然有这样的作用。为此，我们应该在 3 个层面上做工作。

第一，理论层面。

要进行理论创新，真正形成各种生产要素共同创造社会财富，按要素贡献分配财富的理论，彻底抛弃只有劳动创造财富，而资本收益具有剥削性质的陈腐观念，真正形成科学的产权理论。不讲前提地说公权道德至上是错误的，任何形式的合法产权都是阳光的，都应该被尊重。同时，要在理论上确立市场经济就是契约经济，契约经济要求必须保护产权。保护产权、契约经济、市场经济这三者是密不可分的。

第二，公众意识层面。

要不断强化保护产权的意识，尤其是要尊重和保护私人产权的意识，不能盲目地认为私有是万恶之源，私权与公权的权利边界界定，在于法律体系本身的设定，而并不在于某种产权本身的属性，如果盲目认为私有是万恶之源，就必然堵塞了中国深化改革之路。

第三，法律体系层面。

从宪法到刑法和民法的整个法律体系上，贯彻平等保护各种产权的原则，有效地从法律上保护产权，尤其是保护私人产权。现在的法律体系仍然是一个公权法，并不是一个公权与私权平等的法律体系，这是我国法律体系的重大缺陷，需要尽快改变。

推动民营经济继续发展壮大的 10 个要点

中国改革开放的一个重要创举，就是推动民营经济的快速发展，使得民营经济成为推动中国经济发展的不可缺少的重要力量。有一个提法叫民营经济的“568”，即民营经济对经济增长的贡献已经占到 50%，对税收的贡献已经达到 60%，对就业的贡献已经达到 80%。因此，中国改革开放再启航的重要任务，是继续推动民营经济的发展与壮大。但是遗憾的是，在 2018 年却出现了一系列逆潮流的论调，如“民营经济退场论”“工会要接管民营经济，搞新公私合营”“党组织要直接接管与经营民营经济”等。这些提法是极其错误的，中国改革开放的重要举措是继续推动民营经济的发展与壮大。

如何继续推动民营经济的发展与壮大？主要是做到下述10个要点。

公有制经济与非公有制经济的统一性

党的十六大报告明确指出，公有制经济与非公有制经济不是相互对立的，是完全可以统一于社会主义经济的建设之中的，因而我们必须既要毫不动摇地发展公有制经济，而且还要毫不动摇地发展非公有制经济。改革开放以来，我们虽然多次强调要注重非公有制经济的作用，但是非常明确地提出公有制经济与非公有制经济并不是对立的经济形态，十六大报告则是首次。明确提出公有制经济与非公有制经济不是相对立的，对于大力发展非公有制经济和确立非公有制经济的完整法律地位，具有非常重要的作用和意义。认为公有制经济与非公有制经济是对立的，就是仍然把非公有制经济当作剥削经济，既然是剥削经济，当然谈不到应有的法律地位问题，因而只有承认公有制经济与非公有制经济不是对立的，才能解决非公有制经济的剥削性质问题，才能使非公有制经济有完整的法律地位。

非公有制经济要长期发展

任何一种经济形态的存在，都不是由任何一个人的价值取向所决定的，而是由生产力的发展状况所决定的。也就是说，任何一种经济形态，只要它能够促进生产力的高效发展，它就必然会存在，这是不以任何人的意志为转移的。因此，只要非公有制经济能容纳生产力的发展，能满足生产力发展的内在要求，它就必然会存在和发展。我们过去习惯用姓社姓资的原则来评价各种经济成分，似乎凡是姓社的，就可以长期发展，凡是姓资的，就要马上消灭，这种“左”的思维方式甚至发展到“宁要社会主义的草，也不要资本主义的苗”。实际上，评价和判断一种经济形态能否存在和发展的唯一标准，就是生产力标准，只要一种经济形态能够促进生产力的发展，这种经济形态就必然会存在。因此，非公有制经济在它能促进生产力发展的长时期里，必然会长期存在和发展。由此可见，非公有制经济的存在和发展不是由某些领袖人物的判断和价值取向决定的，而是最终由生产力所决定的。

承认非公有制经济中资本的贡献

我们认为资本是有贡献的，因而既要按劳分配，还要按资分配。不过，对于这个要点的论述，不再是以价值的创造开始分析，而是以财富的创造为起点，提出创造社会财富的力量包括各种生产要素，有劳动，有资本，有管理，有技术，资本也是创造社会财富的一种重要因素。各种生产要素都创造了社会财富，因而当然要按照各种要素的贡献分配社会财富。这里需要强调的是，我们讲按资分配，是指资本有贡献，按照资本的贡献分配。总之，基于资本在社会财富创造中的贡献，我们提出了按资分配的问题。也就是说，经济生活中不仅仅是按劳分配，还有按资分配的问题。我们承认按资分配，就等于承认了资本，承认了非公有制中的资本在社会财富创造中的作用和地位，我们应该看到，非公有制经济的资本不仅创造了应归自己所有的资本的收入，而且同时也为人们创造了就业机会，为政府创造了税收，为社会创造了产品和服务，如果再考虑到有的资本所有者把资本的一些收入捐献给社会，那么资本实际上还在为社会创造着福利，因而不能随意将非公有制经济划入剥削范畴。如果将非公有制经济界定为剥削经济，那么非公有制经济就不可能拥有完整的法律地位，而非公有制经济也就难以真正快速地发展。

承认非公有制经济中的各种劳动

劳动有4种，有体力劳动，有脑力劳动，有简单劳动，有复杂劳动，这些劳动都很重要，因而我们现在承认各种劳动。不过，这些劳动哪一种更值钱？对于这个问题，我们把评价劳动重要性的标准做了一个重新界定。原来我们评价劳动的时候，也就是评价哪一种劳动更值钱的时候，我们的评价标准是体力劳动，甚至认为只有出大力、流大汗的劳动才是劳动，因而不承认脑力劳动是劳动，所以总是要改造知识分子，非要把工程师赶到车间里抡大锤。认为抡大锤才是劳动，而实验室里的研究不是劳动。正是因为我们以体力劳动为评价劳动的标准，因而提出来一些原则，比如收入分配向一线工人倾斜。其实这些在现代化生产条件下都是错的，按市场经济来看这些都不对。为什么要向一线工人倾斜？因为体力劳动最重要，所以要向体力劳动倾斜。但在现在的条件下，企业都是哑铃式的，即两头大中间小，也就是新技术研究重要，市场开拓重要，制造已经是一个并不占主导地位的环节，怎么向一线工人倾斜？因此，现在我们明确提出评价劳动的标准不是体力劳动而是市场，就是说市场的供求关系决定哪一种劳动值钱，哪一种劳动不值钱。具体来说，就是劳动的短缺程度决定哪一种劳动值钱，哪一种劳动不值钱，即：哪一种劳动越短缺，哪一种劳动就越值钱。评价劳动的标准不再是体力劳动，而是由市场来评价，也就是由劳动的短缺程度来评价。

承认非公有制经济中的各种合法收入

在这方面，我们主要是调整了评价收入的标准。过去我们评价收入的标准是劳动，认为劳动最光荣，强调劳动致富的问题。现在我们评价收入的标准不再是劳动，而是法律。所有合法的收入，我们都承认，因此既承认劳动收入，又承认合法的非劳动收入。我们是第一次公开承认合法的非劳动收入问题。对于非公有制经济，仅仅用劳动是不能说明收入问题的，因为在非公有制经济中，风险、机遇等都会影响收入，仅仅用劳动是讲不清楚的。所以评价收入的标准不再是劳动，而是法律。也就是说，所有合法的收入我们都承认，既承认合法的劳动收入，又承认合法的非劳动收入，只有这样才能解释非公有制经济的许多问题。这也是一个很重要的点。因为在市场经济条件下，有些风险的选择，甚至机遇的获得都会在很大程度上影响收入，仅仅用劳动这个要素是说不清的。所以我们评价收入的标准是法律。

非公有制经济要有充分的要素获取市场

非公有制经济创造社会财富需要有各种生产要素，因而非公有制经济必须同任何社会经济成分一样，能够顺利获得各种生产要素，包括土地、劳动力、技术、资金等，这就要求我们应该全面地向非公有制经济开放要素市场。

全方位向非公有制经济放开投资领域

市场经济的内在规律就是以效率配置资源，任何高效的资源都可以选择自己的投资经营范围，在竞争中求得发展。但是我们过去却是按照是否为非公有制经济来确定投资经营范围，规定有些领域只能由公有制经济来投资经营，而不允许非公有制经济投资经营，因而严重阻碍了非公有制经济和国民经济的发展。后来明确指出应该充分放开所有投资经营领域，允许非公有制经济充分发挥自己的作用。应该说，这是我们在非公有制经济理论与实践上的又一重大突破，对于非公有制经济及国民经济的发展将起到不可估量的作用。

承认非公有制经济的政治和法律地位

传统社会主义经济理论根本否认非公有制经济的所有者与经营者应有的法律和社会政治地位，改革开放后我们虽然强调要发挥非公有制经济的作用，但对非公有制经济的所有者与经营者的法律及社会政治地位并未清晰地加以界定，并未公开承认他们也是社会主义经济的建设者，似乎他们只能有经济地位而不能拥有完整的社会政治地位，例如，即使是他们中的优秀分子，也同样不能加入共产党，因为他们是有产者。党的十六大报告在这方面进行了伟大的创新，明确指出财产的拥有量并不决定人的政治觉悟和思想品德，关键是要看财产是如何获得和使用的，因而非公有制经济的所有者和经营者也是社会主义经济的建设者，他们中的优秀分子也可以加入共产党。可以说，党的十六大报告真正使非公有制经济的所有者和经营者获得了完整的法律和社会政治地位。传统社会主义经济理论把个人所拥有的财产数量作为判断一个人的政治觉悟和思想品德的标准，似乎只有无产者才拥有政治觉悟和高尚的思想品德，甚至得出了穷则光荣，越穷越光荣的极左教条，把斗争富人和防止人们富有的阶级斗争作为社会活动的中心内容和一切活动的“纲”，因而为我国的经济建设带来了无法估量的灾难。党的十六大报告在深刻地总结这一教训的基础上，彻底抛弃了这套极左理论，不再把财富的拥有量作为评价人的政治觉悟和思想品德的标准，而是强调把人们对社会发展的贡献作为评价人的政治觉悟和思想品德的标准，提出了对社会经济发展有贡献的所有的人，都是社会主义经济建设者的英明论断，这就从根本上杜绝了极“左”思潮产生的温床。

承认非公有制经济的社会地位

所谓非公有制经济的社会地位，就是在价值理念上承认非公有制经济。就需要调整人们的一些价值理念。比如为富不仁的思想，私有是万恶之源的提法，可不能再多了。劫富济贫的思想，也不能再多了。仇富心理，当然更不能再多了。如果老讲为富不仁，私有是万恶之源，劫富济贫，非常仇富，那么非公有制经济就难以发展。仇富心理一定要调整，如果不调整，非公有制经济的发展是很艰难的，我们要认真对待和讨论这个问题。因此，我们不宜不加分析地宣扬平均主义公平理念，我们应该认识到，正确的公平理念主要是强调机会的公平，竞争过程的公平，而不是结果的公平，即平均主义的公平。在现实生活中，人们之间的能力差别是很大的，这种能力差别必然会引起人们财富的差别，但是人类的理想又是要实现人人都应该一样的均贫富大同社会，因而人类本身就是一个矛盾体。对于人类的这种矛盾，我们应该追求共同的富有，但是我们应该承认财产上的差别，尤其是不能有仇富心理。

非公有制经济需要在发展中不断提升自我

我们应该为非公有制经济创造良好的外部环境，但是非公有制经济在发展中也要自我提升和完善。我国非公有制经济在发展中的有些问题，并不是因为外部环境引起的，而是由于非公有制经济内部的某些内在原因造成的。因此，党的十六大报告在强调为非公有制经济创造良好环境的同时，也为非公有制经济的自我提升和完善提出了要求和方向。我认为，非公有制经济理论的重要组成部分，是非公有制经济如何提升和完善自己，我们不能忽视对非公有制经济理论方面的研究。也就是说，我们不能只强调如何为非公有制经济的发展创造良好环境，而是必须要看到非公有制经济内在的不足及矛盾，并研究和解决这些内在不足与矛盾的办法及措施，从而有效促进非公有制经济的自我提升与完善。如何解决非公有制经济发展中的外部环境问题，与如何解决非公有制经济在发展中的内部问题，是非公有制经济理论不可缺少的两大重要构成部分，缺一不可，因此，我们应注重探讨非公有制经济不断自我提升的问题。其中包括：一是拥有财富不能无视法律，二是拥有财富不能无视公德，三是拥有财富不能无视责任，四是拥有财富不能无视学习，五是拥有财富不能无视人权。

推动法治社会的形成与完善

经过 40 余年的改革开放，中国人在解决温饱问题而且逐渐富有之后，必然最渴望的是社会的公平公正，而社会的公平公正只有依靠法治社会才能实现。因此，富起来必然要求法治社会建立起来。同时，我们要从富起来变为强起来，更需要法治社会的形成与完善。由此可见，中国改革开放再启航的重要任务，是法治社会的建立与完善，坚持法治化方向，是中国改革开放再启航的重要方向。

如何建立法治社会？要点有三。

法治社会首先表现为契约社会

所谓契约社会，就是人们所形成共识的并以此为自身行为准则的共同规则，都是人们的共同意愿和自身意志的体现，社会契约有各种形式，其最高形式是法律体系。因此，作为社会契约的最高形式的法律体系，也应当是人们共同认可的结果，其形成过程和内容，都是以民主方式为基础的。正因为如此，人们经常将法治社会和民主相联系，甚至称之为民主法治社会。可以说，没有民主，就没有法治社会，法律的形成过程和内容反映了民意，体现了民主，是人们的共同认可。当然，这种共同认可并不是指人人都认同，而是指社会大多数成员都认可。因此，从这一点上讲，法律实际上是民主的产物，是公众认可的并以民主方式选择的社会公共契约，即人人都必须遵守的社会契约。在社会中，法律与民主内在结合在一起，形成了契约社会，也就是人们所讲的法治社会。

民主的最高形式是一人一票的投票制度，民主的最高原则是少数服从多数。以这种民主方式形成的人们的共识，就是社会契约，其最高表现形式为法律体系。正因为如此，所以从这一点上讲，民主似乎也不“公平”，因为它要求少数服从多数，并不承认少数人的意愿，这也表明了绝对个性自由的公平实际上是不存在的。由此可见，法律作为公众认可的共同规则，即社会契约，其形成方式必须以民主为基础，在民主程序的认可下形成，这是法治社会的首要特征。如果法律只是某些个人意志或少数人的意见，那么这种法律就不是法治社会的范畴，而是“皇权”的标志，是封建特权的产物。如前所述，封建社会虽然也有法律，但它不是法治社会，因为封建社会的法律仅仅是统治者的个人意志，而并不是人民的共识。因此，不能认为有法律就是法治社会，关键是法律如何形成，体现了谁的意志。可以说，法治社会的首要特点和标志，就是法律的形成是大多数人的共识，其形成过程是以民主方式为基础的，是以民主程序为准则的，体现了人民的意志和要求。

但是，在法治社会中，对法律的形成不能搞“泛民主化”，也就是不能将人们的所有行为规则的形成，以及这些规则的内容，都以民主方式来决定，因为，有些人必须遵守的共同规则，也就是社会契约，并不是由民主方式决定的，而是人性本身的反映和要求。也就是说，由人性本身所决定的社会契约，是“天然”存在的，并不需要由民主的方式来确定，而且，不仅不能以民主方式来决定，尤其是不能由一人一票的少数服从多数的民主方式来决定，而是民主方式必须体现和尊重它。这种情况，就是人们所说的，人类本身的内在规律必然要赋予法律本身的“特权”，要求法律必须体现和反映它，或者说，法律必须要尊重和认同人类社会的内在要求。法律必须反映和体现的人类社会的内在要求是什么？这种内在要求有3个要点。

1. 尊重人权。

也就是说，任何人一出生就必须享有人权，这种人权并不是法律赋予人类社会的，而是人类社会赋予法律的，法律必须体现人权的意志和要求，法律必须要保障人权。如果法律不体现人权和保障人权，甚至无视某些人的人权，那么轻者说它是侵犯人权，重者说它犯了反人类罪，因而无论这种法律是以民主方式而形成的大多数人的共识，还是某些人的自身行为，都是有悖于法治社会的。正是因为尊重人权是具有“天然性”的人类社会的必然要求，因而尊重人权并不由法律来决定，而是人类社会赋予法律的任务和职能，法律必须要反映人权要求和保障人权。从这点上讲，尊重人权是“超法律的”，是法律不能改变和破坏的，法律必须要遵守和保障人权。例如，当一个人已无法通过自身努力而获得生存条件时，社会就必须要救助，并且要在法律体系上真正体现救助，这是人权所赋予法律的责任和职能，而不是由法律来决定要不要救助，法律所能决定的，是如何更好地救助，以何种有效方式救助，而不能决定要不要救助。因此，从这一点上讲，人权要求决定了法律体系，人权赋予了法律的责任和义务，而不是相反。

2. 尊重财产。

也就是说，任何人和机构，甚至包括国家，也不能随便剥夺某些个人或者某个群体的合法财产，合法财产是不能被侵犯的。而且，任何财产都具有平等性权利，没有一种财产超过一种财产的说法，例如可以讲国家利益高于个人利益，但不能讲国有财产高于个人财产，财产面前一律平等。尊重财产是人类社会的内在要求，是人类社会赋予法律的责任和义务，法律必须尊重和保障人们的财产，这是法律的核心内容。也就是说，不是法律规定并要求人们必须尊重财产，而是人类社会和财产本身要求法律必须体现和反映尊重财产的要求，要求法律必须平等地保护各种合法财产。因此，对合法财产的保护，是法律的天然职责和功能，任何人都不能通过一人一票的少数服从多数的所谓民主原则，形成剥夺别人合法财产的所谓法律。因为这种法律似乎体现了民主原则，但它却违反了人类社会本身的内在要求，颠倒了人类社会本身的内在要求和法律的应有关系，人类社会的内在要求决定了法律，而不是法律决定人类社会本身的内在要求。因此，从这一点上讲，尊重财产是“超越”任何法律体系的，即法律不能决定剥夺任何人或机构的合法财产，而只能是以维护各类合法财产为己任。为什么法律必须保障合法财产？因为人类社会的实践表明，任何无视甚至随意剥夺别人财产的行为，都会破坏生产力的发展，不利于人类社会的进步。因此，在这里，一人一票的少数服从多数的民主原则是行不通的，民主是不能以法律形式剥夺别人合法财产的，否则，就会出大问题。最近我们给一家民营企业员工发了一个调查问卷，其中有一个问题是，你如何看待你们老板的收入高，如何对待这种高收入？结果是，收到问卷的 80% 的人的回答竟然是，“因为老板剥削了我们，最公正的方法是平均分掉他们的财产”。试想，在这种情况下，我们要以一人一票的少数服从多数的民主方式来对待这个问题的话，那么“老板”肯定是少数，因而在一人一票的少数服从多数的民主方式下来制定不尊重财产的法律，那么其结果当然是可想而知了。在这种条件下，生产力如何发展？因此，尊重财产是人类社会的内在要求，无论法律是以何种方式形成，是以强制的方式还是民主方式，都不能把随便剥夺别人的合法财产作为内容和规则。中国宪法关于平等保护各类合法财产的条文，以及《物权法》的实施，正是体现了法律必须尊重财产的精神。

3. 尊重契约。

所谓尊重契约，就是指法律必须保护当事人在法律基础上的自我选择，一旦人们就某种问题达成了契约，即形成了共同的认可，那么法律就必须保护这种契约。在现代市场经济条件下，人与人之间日益深入的分工协作关系往往都会以交易方式表现出来，而交易方式得以运作的基础和前提就是契约，也就是当事人对这种交易的各个方面都取得了共识和认可，因而都要遵守和共同实现这种契约，法律有责任和义务来确保这种契约的实现和贯彻。尊重契约实际上反映的是社会的信用程度。如果人们都不遵守契约，也就是社会缺乏信用，那么在信用缺失的条件下，社会的经济秩序就一定是混乱的。因此，尊重契约是社会经济秩序的基础和最基本的条件。正因为如此，法治社会的最基本内容之一，就是保护契约、尊重契约。现代人类社会中的每个个体的自由选择，都必须以尊重当事人的利益和以当事人的认可为前提，因而人与人之间实际上是一种利益的互换，即人们常说的交易，交易实际上是以双赢为基础的，是当事人的自愿选择，这种自愿选择的交易表现为契约，因而任何法律必须保护和尊重这种交易，也就是保护和尊重契约。也就是说，法治社会中的民主和法律，必须以尊重契约为基础。法律要保护契约，而且一人一票的少数服从多数的民主，也不能否认契约，而是必须尊重契约。契约是以人性即人的自由选择及人们的共同认可为基础的，因而法治社会必须把尊重契约作为核心内容，法律和民主都不能不尊重甚至破坏契约。人类社会进步的重要标志是个性的自我选择程度越来越宽泛，而这种个性的自我选择又以当事人的共同认可即契约为基础，所以法律必须反映这种社会进步，尊重契约等于尊重个性的自我选择，尊重社会进步。因此，法律应以尊重契约为基础。

上述 3 点分析表明，法治社会的核心是尊重人权、尊重财产、尊重契约。因此，法律必须保护人权、保护财产、保护契约，而且作为法律形成基础的民主，也必须尊重人权、尊重财产、尊重契约，不能以一人一票和少数服从多数的民主方式损害人权、侵犯财产、破坏契约，而必须以尊重人权、尊重财产、尊重契约为责任和义务。正是从这种意义上讲，尊重人权、尊重财产、尊重契约，是法律和民主的任务和目标，是法治社会的核心问题，任何法律和民主，都不能危及人权、财产、契约，而要将尊重人权、尊重财产、尊重契约为己任，这也是我们判断法律和民主状况的标准，当然也是评价法治社会状况的度量标准。也就是说，任何法律及民主的选择，都必须以尊重人权、尊重财产、尊重契约为前提，否则，它将是对人类的反动。

法治社会的基础是法律面前人人平等

所谓法律面前人人平等，就是指法律一旦实施，任何人或机构，包括政府机构，都必须遵守法律，依法办事。如果完善的法律体系没有贯彻法律面前人人平等的原则，那么法律体系越完善，就距法治社会越远，因为它在破坏着法治社会的根本。因此，从这一点上讲，法律面前人人平等，是法治社会的基础，我们在现实中必须坚持这个原则。就我国的现实情况来看，虽然法律面前人人平等原则的实现涉及多方面问题，但有4种关系必须处理好。

1. 强势利益集团和法律的关系。

在多元化利益主体存在的社会里，利益集团的存在是必然的，但是任何利益集团都必须遵守法律，任何利益集团都不能超越于法律之上，尤其是强势利益集团。强势利益集团既包括拥有较强财富力量的集团，也包括拥有某种垄断地位或话语权的集团，例如媒体等。强势利益集团往往会利用自己某些方面的力量，影响法律公正，为自身利益服务，因而法律面前人人平等的原则的贯彻，一定要将防范强势利益集团危及法律公正作为重要任务，加大对这方面的执法情况的监督，其中最主要的是提高执法情况的透明度，实现信息对称。因为强势利益集团影响法律公正的手段往往是“暗箱”操作，所以只有增强透明度，才能防范强势利益集团对法律公正性的影响。在多元利益主体存在的条件下，各个利益阶层及利益集团寻找自身利益和保护自身利益是很正常的，正是因为它们各自寻求和保护自身利益，才形成了一种利益上的均衡和相互制衡，这种均衡和相互制衡就是和谐，但问题是所有这些行为都必须以遵守法律为前提，任何人都不能超越和不遵守法律，尤其是对于强势集团来讲，更应如此。

2. 行政权力和法律的关系。

行政权力往往拥有无视法律甚至破坏法律的某些“天然优势”，尤其是在我国这样一个“官本位”极强的国家，这种“天然优势”就更加强大。因此，要坚持法律面前人人平等的原则，就必须加大对行政权力的约束。在我国的违法事件中，行政违法的比例很高。而且这种行政违法往往打着“合法”的幌子，以“经济发展”和所谓“民意”为理由。最近看到一篇报道，说某个地方官员公开讲：“别老是用法律压人，如果什么都按法律办，那什么事都干不成，经济怎么发展，老百姓怎么富有？”这种无视法律的“法盲”，之所以敢公开这样讲，就是因为我们对行政以法为本的原则坚持得不够，对行政权力的法律约束不够。现在人们对行政不作为较为关注，有各种考核指标，但对行政不依法关注不够，甚至对那些违法性的所谓“有利于经济增长”的行为，能够容忍，甚至赞扬，似乎只要能带来 GDP 的增长，违法也是可以的。当然，这里也有一个法律是否合理的问题，尤其是在我们这样一个转型国家，这类问题比较突出，例如原来我国宪法明文写着我国实行计划经济原则，因而我们在未修改宪法前所搞的市场经济的改革探索，似乎也有违法之嫌，但这种情况总体是少数，而且这种情况不属于行政违法问题，而是人们在实践中对不合理法律的校正。正因如此，我们认为在我国防范行政违法是个复杂的问题，需要我们下大力气解决。我们应该看到，大量的行政违法，其背后都是为了某些个人利益和某些利益相关集团的私利，其结果必然是破坏社会的公平正义，因而必须严格查处。

3. 党和法律的关系。

这里讲的党与法律的关系，是指作为我国执行党的共产党与法律的关系。共产党领导全国人民建立了新中国，因而似乎作为执政党的共产党就可以凌驾于法律之上，实际上共产党作为执政党，照样不能超越法律，必须遵守法律。以党代法，把党置于法律之上，是我们党过去犯错误的重要原因。因此，问题并不在于是否是一党执政，关键是要处理好党与法律的关系，也就是党绝对不能凌驾于法律之上，不能以党代法，因而作为执政党的共产党，也要在法律的框架下活动，依法办事。

4. 弱势群体和法律的关系。

弱势群体并没有任何影响法律的力量，因而似乎探讨弱势群体和法律的关系是个奇怪的问题。其实不然，在我国，由于各种原因，弱势群体也会以违法的形式将自己凌驾于法律之上，不遵守法律，例如大街上乱摆摊的小商小贩，以及行乞的人，往往不遵守有关法律，和执法部门搞猫捉老鼠的“游戏”。我国是具有“流氓无产者”的社会基础的，“要钱没有，要命一条，我是无产者我怕谁”的观念甚强，因而有人经常以此种方式无视法律，因为穷而将自己凌驾于法律之上。尤其在我国目前公众浮躁心理极重的条件下，这种情况更为严重。因此，法律既要将保护弱势阶层作为重要任务，也要宣传法律面前人人平等的原则，任何人都不能以各种理由无视法律。穷并不可怕，我们会想办法使人们走向共同富裕，不能因为穷而无视法律，甚至超越法律。

法治社会的关键是司法公正

司法公正既是法治社会的重要内容和原则，也是法治社会能否实现的基础和关键。因为，所有法律最终都是要通过司法机构来监督实现和贯彻的。如果出现了司法不公正，甚至出现司法腐败，那么任何公正和完善的法律都会失效，因而法治社会就是一句空话。尤其是在这种条件下，法律不仅不可能实现，还会成为某些人或机构的“帮凶”。因此，我们要建立法治社会，就必须要实现司法公正。如何实现司法公正？虽然涉及很多方面的问题，但我认为，就我国目前的状况来看，关键是要做到以下几点。

第一，司法独立。

司法独立不是指司法机构独断专行，其行为不受任何约束，“无法无天”，而是指司法机构以法律为本，将法律作为自己的行为准则和方向，法律至上，“以法为天，唯法为大”。也就是说，司法机构不能成为某些人或机构手中的工具，司法机构只效忠于法律，而并不听从任何超越法律的人或机构的摆布。因此，从这一点上讲，司法独立是司法公正的前提，如果司法机构不能独立地按照规定而执法，那么肯定就谈不到司法公正。在这个问题上，我们要处理好党管司法的问题。我认为，党管司法必须以法律为准绳，党不能超越或取代法律，因而党管司法的准则就是党的意图和行为不能取代司法机构，司法机构应依法办事，而不是以党的意志办事。因此，司法机构的行为准则是法律，而不是党的指示或命令。法律至上是司法机构的行为准则和灵魂，党管司法不能影响或干预法律至上这个司法原则。我国司法不公正的一个重要原因，就是司法机构往往不能依法独立办案，因而我们在党管司法和党管干部的问题上，要以保证司法独立为前提。

第二，司法监督。

所谓司法监督，是指对司法机构及其执法过程和结果的监督。司法公正的实现，有赖于对司法机构的有效监督。可以说，没有良好的司法监督，就不可能有司法公正。司法监督首先涉及的是司法机构的内部监督，例如公安、检察院和法院之间的相互约束和监督，因此，我们应该构建良好的司法机构内部的监督，在这方面，世界各国已有许多好的经验供我们借鉴。但是，司法监督的关键还在于对司法机构的外部监督。外部监督既包括立法机构及政府对司法机构的监督，也包括民众对司法机构的监督。立法机构及政府机构对司法机构的监督是很重要的，因而我们必须进一步完善人大及政府等机构对司法机构的监督。不过，我们不能忽视民众对司法机构的监督，要从有效性和有序化上为民众监督司法机构提供更多的路径和方式。当然，上述的各种司法监督都需要有一个重要的前提条件，这就是司法机构运作和司法过程的高度透明性，也就是要使各种监督都能实现信息对称，因为各种监督失效和骗人，都发生在信息不对称的时候，因而我们必须提高司法机构运作过程和执法情况的透明度，让人们随时掌握司法机构的所有信息。公平公正的前提是公平，没有公开就没有公平公正，因而只有在信息高度透明的条件下，所有监督才是有效的。因此，我们必须提高所有执法行为的透明度，为司法监督提供良好的基础。

第三，司法效率。

司法效率是指司法机构必须高效率执法，随时维护法律的尊严和保护法律的实施。司法如果无效率，那么法治社会就是一句空话。因此，司法效率也是司法公正的重要内容。司法无效率，实际上就是司法不作为，司法不作为，就其结果来说，实际上同非法治社会没有什么两样，因为它们都是会影响社会公平正义的，因而谈不到司法公正。如何实现司法有效率？当然首先是要构建一套有效的奖惩分明的司法机构管理制度，形成优秀的司法队伍。在司法队伍的构建及其内部管理体制的建立上，全世界各国都有许多经验可以借鉴。不过，司法效率也有赖于监督体制的完善，包括对司法效率的考核目标体系的建立及评价标准的设置等。总之，我们应该从各个方面形成高效率司法体制，从而使司法管理现代化，确保司法机构高效运转，实现效率意义上的司法公正。当然，司法效率是建立在执法的准确性上的，首先要确保执法的准确性，如果“冤案”和“假案”太多，那么司法越是有效率，就越会破坏司法公正，因而提高执法准确率，是实现司法效率的前提和保证，我们必须要确保执法的准确性，将司法效率建立在执法准确性的基础上，实现真正的司法效率。

坚持市场决定论的改革

中国改革开放取得巨大成效的一个根本性原因，就是我们自1992年邓小平南方谈话开始坚定不移地推进市场经济改革方向。因此，改革开放再启航，必须要继续坚持市场改革方向，市场化是改革开放之本。

改革只有开始日，没有结束时，但在不同历史时期，改革是有其自身特点的，也就是改革是分为不同历史阶段的。中国改革目前已进入一个新阶段。这个阶段的主要特征，就是用市场在资源配置中起决定性作用这个总体原则改革整个经济体系。或者说，是用市场决定论改革整个经济体系，市场决定论贯穿于改革的全过程，市场决定论是一条红线。

我们对市场作用的认识经过了一个曲折的过程。自新中国成立到中共十一届三中全会之前，我们将市场视作洪水猛兽，一直要取消市场，实行所谓的计划经济。中共十一届三中全会之后，虽然不得不承认市场的作用，但只是有限地承认市场的作用，仍然将计划经济作为主体，只允许市场发挥所谓的补充和协助作用。1992年邓小平南方谈话之后，我们终于开始承认市场经济，开始承认市场的应有作用，先后提出了推进市场化改革，要让市场在资源配置中起基础性作用，但这些提法还没有完全承认市场的真正作用，实际上是有保留地承认市场的作用。其结果是形成了政府主导型经济体系。在政府主导型经济体系条件下，虽然市场也起了作用，但政府控制了五大社会资源：控制了货币资源，央行及商业银行都是国家的；控制了自然资源，从天上到地下都由国家控制；控制了物质资源，从能源到原材料都是国家的；控制了物流资源，从民航到铁路，几乎所有的交通运输都是国家的；控制了信息资源，从电信到邮政等都是国家的。在这种政府主导型经济体系下，必然产生两个弊端：一是低效率，但低效率又要求高速发展，其结果必然依赖银行，给银行带来大量呆账坏账，最终会引发系统性风险即金融风险；二是贪腐很严重，引起公众不满，必然会引发社会风险。因此政府主导的经济增长方式是不可取的。

现在，我们终于承认了市场在资源配置中的决定性作用，用市场决定论来改革我们的经济体系，将形成真正的市场经济体系和市场决定性经济增长方式。市场决定论的核心内容是将私权交给个人，公众有效约束公权。这样既能使经济充满活力，又能使经济反映公平公正的原则，形成充满活力且有序的经济体系。

根据市场决定论改革经济体系，大致上涉及下面 6 个方面的内容。

完善基本经济制度

市场在资源配置中起决定性作用的条件下，社会基本经济制度也要反映市场起决定作用的要求，从而使基本经济制度发生变革，成为反映市场起决定性作用的基本经济制度。从这一点出发，基本经济制度的变革有 4 个要点。

1. 公有经济与非公有经济实现彻底的平等性。

公有经济与非公有经济的彻底平等性在于：公有经济与非公有经济都是社会主义市场经济的重要组成部分，公有经济与非公有经济都是中国经济发展的重要基础。正因为公有经济与非公有经济这两个经济成分“都是”“重要组成部分与重要基础”，所以应该彻底平等。

彻底平等是5个方面的平等性：政治、法律、资源配置、投资经营、竞争环境。但是现在恰恰是这些方面不平等。正因为这些方面的不平等，在项目获取上，使有的非公有经济主体对政府的一些人不得不行贿，结果导致行贿罪；正因为这些方面的不平等，所以有的非公有经济主体为获取资金而不得不搞集资，稍有不慎，就是非法集资罪；正因为不平等，所以有的非公有经济主体不得不采取手段保护自己，稍有不当，就是涉黑罪。犯罪者有自身的问题，但确有体制不平等方面的原因。

如何实现上述5个平等，有两大举措：一是思想观念调整，例如不能笼统地讲私有是万恶之源，不能将非公有经济看成是剥削经济性质，不能将为富不仁当作普遍规律，等等；二是修改法律体系，从宪法、民法、刑法等方面彻底取消歧视甚至打击非公有经济的所有条文，确保非公有经济法律上的真正平等。

2. 平等保护产权。

“公有经济产权不能侵犯，非公有经济产权同样不能侵犯。”从我国的实践看，虽然企业与企业之间、个人与个人之间、企业与个人之间，也存在相互侵犯产权的问题，但我国侵犯产权的主要危险来自公共权力体系对企业及个人产权的侵犯，例如现在上访问题集中在城市拆迁、农村征地这两个方面，这说明侵犯产权的危险主要来自公共权力部门。公共权力体系包括：行政权力体系和司法权力体系。

如何防止公共权力体系侵犯产权？一是，没有司法权力的行政机构不能查封企业及个人财产，因为财产权属于司法权范畴，没有司法权的行政机构无此权力。二是，司法机构也不能随便查封企业与个人财产，要以立案为依据，这可以有效限制司法权越权，司法机构侵权更具有危害性。三是，实行司法与行政权力的分离与独立，保证独立审判，这对于地方政府越法保护区域性产权是有意义的。

3. 实行混合经济。

混合经济是各种经济成分的融合，因而应鼓励国有资本控股的混合经济，同样鼓励非公有经济控股的混合经济。

混合经济的优越性在于：各种经济成分有良好的互补作用与相互竞争作用，可以共同发展，共同提高，有协同的“红利”。

混合经济的作用有二：一是它是现代企业制度的基础，没有混合经济，就不可能有良好的现代企业制度；二是它是人民共富的平台，没有混合经济，公众不可能获得应有的财产性收入。

4. 改革国有企业。

市场在资源配置中起决定性作用的条件下，国有企业只能作为市场调节资源的补充存在，而且国有企业必须被市场化，反映市场的要求。从这一点出发，国有企业改革有 5 个要点。

一是，国有企业将主要以投资公司的形态存在，不再是具体的生产经营公司。

二是，国有资本的投资重点是公益性事业，应放弃竞争性行业。

三是，国有企业表现为混合经济，基本不再是独资公司。

四是，全民共享国有资本的红利：上缴资本收益的30%，并划拨部分国有股权到社会保障账户。

五是，国有资本经营的高管选择日益走向市场化，而且企业体制市场化，不再是行政性体制。

上述关于用市场决定论完善基本经济制度的4个要点，从总体趋向上看，是以放活民营经济与社会资本为核心。

对于上述改革，人们基本上是认同的，但也有人提出为什么不改革公有制为主，多种经济成分并存的提法。甚至有人认为这个提法不改，就不可能让市场在资源配置中起决定性作用。也有人认为十八届三中全会的决定的前后表述是矛盾的，这说明我们还没有抛弃某些意识形态的束缚，应该进一步推进理论创新。

改革政府体制

市场在资源配置中起决定性作用，是与政府主导型经济体系相对立的。因而此次改革的目标是改革政府主导型经济体系。

如何改？根据目前政府权力过大过重的状况，当然主要路径是简政放权。

要向 3 个方面放权。

1. 向社会放权。

首先成立慈善类、科技类、商企类、社区类等民间组织，向民间组织放权，向民间组织放权就是向社会放权。许多社会活动由民间组织来完成，要比政府更有效率和更节约资源，政府要彻底退出。

2. 向市场放权。

凡是市场能解决的，都由市场来调节，如资格认证、企业评选、名牌评定、企业上市等都应由市场决定。市场在这些方面比政府更有效率，政府不宜再介入了。

3. 向企业放权。

有 5 个要点。

（1）**政府不再是资源配置的主体。**

就是政府涉及的资源配置，要在方式上走向市场化，即采取拍卖、招标、采购的方式。这对反腐败极有意义。

（2）**政府不再是经济建设的中心。**

经济建设的中心是企业，政府是社会公共管理主体，作为公共管理主体的职责是：稳定宏观经济，提供公共服务、保障民生、维护竞争的公平公正秩序。

（3）**政府不再实行审批制。**

政府要走向备案制，政府只负责公布准入条件与负面清单，选择权将交给企业，政府重在监督。

（4）**政府将企业体制选择权与投资经营权彻底交给企业。**

举例来说，工商登记要从资本金实缴制转向认缴制，年审制转向年报制等。例如投资经营权要交给企业，如果政府过度干预，反而会出问题，像政府干预过多的钢铁、水泥、光伏等就出现产能过剩严重的问题，而干预较少的机电、纺织等则产能过剩压力小。

（5）**政府与企业都是建立在法律基础上的两大社会组织。**

企业依法经营，政府依法管理，政企之间没有上下级领导关系，而是一种“博弈”的关系。企业可以依法起诉政府，政府也可以依法起诉企业。

改革金融体制

金融体制本来就是市场配置资源的载体，但我们都将其行政化，甚至成为垄断部门。因而必须改革，让其回归商务服务业，为实体经济服务。金融体制改革主要包括以下几点。

第一，利率市场化。

利率就是资金价格。应该由市场决定，因而应彻底取消对利率波动的限制。

第二，汇率市场化。

汇率本来就是外汇的价格，应该由外汇的供求关系决定，不应由政府决定。

第三，资本项目下的人民币可以自由兑换。

人民币在资本项目下的可自由兑换是市场配置资源的应有之义，没有人民币在资本项目下可自由兑换，就不可能真正实现市场在资源配置中起的决定性作用。

第四，支持发起形成中小型民营银行。

这是金融体制回归市场的应有之义，是反行政化与垄断的重要举措。

第五，发展多层次资本市场，上市由审核制走向注册制。

没有此项改革，就没有真正的市场起决定性作用的资本市场体制。目前资本市场的各种弊端，均来自审核制，只有在注册制条件下，资本市场才能真正让投资者说了算，形成有效而且公平的资本市场。

对于上述金融改革问题，公众的反应是积极的，但对没有强调央行独立性有不同看法，因而应该讨论央行独立性的意义及方向。

改革财税体制

财税体制既反映国家治理的能力与方式，也反映公众能否成为中等阶层的问题，因而要让市场在资源配置中起决定性作用，不能不改革财税体制。财税体制包括税收制度与预算制度。

第一，税制改革的6个要点。

1. 提高直接税比例。

降低间接税比例，将高污染、高消耗、部分高档消费品纳入消费税。直接税是收入性税收，有收入才缴税，包括企业所得税和个人所得税等，而间接税是行为税，发生行为就要缴税，包括增值税及消费税等。提高直接税比例对企业及个人均为利好。

2. 实行综合所得税与专项所得税相结合的所得税制度。

这种税制既有利于税源的稳定，又有利于调动人们的积蓄与投资的积极性。

3. 稳定税赋。

供给学派的重要内容就是减轻税赋，最起码要稳定税赋。这对于调动企业及个人积极性有好处。

4. 税收与经济增长不能直接挂钩。

税收应与事权挂钩，不能因为增长而多收税，这不利于调动企业与个人的积极性，而且鞭打快牛，不公平。

5. 重新确定个税起征点。

扣除赡养、抚养、保障最基本生活条件的费用。这对经济发展与社会稳定都有好处。

6. 房地产税立法与适时改革。

改革的方向是不能增加普遍公众的税收负担，要选择好方向与税率。

第二，预算体制改革的 3 个要点。

1. 建立全面且公开透明的预算体制。

这是解决预算外问题和消除腐败的关键。

2. 建立事权与财权相对立的预算体制。

这是消除地方政府乱象的基础。地方政府为什么盲目卖地和搞所谓的临时工体制，并经常以罚代管，就是因为事权与财权不对称，事权大，而财权太小。

3. 预算平衡要向财政支出倾斜。

这是消除收过头税的体制基础。地方为什么收过头税，就是因为预算不平衡，出现赤字时，向收入倾斜，通过增加收入而实现预算平衡。

推进城乡一体化

市场在资源配置中起决定作用的条件下，市场必然会冲破城乡分割，要求城乡一体化，因而城乡一体化是市场在资源配置起决定性作用的应有之意。没有城乡一体化，就不可能实现市场在资源配置中起决定性作用。

城乡一体化实际上是 3 个一体化的统一。

第一，城乡民生体系一体化。

城乡民生体系必须一体化，城乡民生体系二元化的恶果是极其严重的。农民工、留守儿童、农民工子弟学校等现象是城乡民生体系不是一体化的产物。现在诸如农民工问题及留守儿童问题等都影响着社会稳定与经济发展。

当然，城乡民生一体化是需要有财力支持的，我们首先解决常住人口的民生体系城乡一体化，解决2.6亿农民工的问题，然后逐步全面推进民生体系城乡一体化，消除城乡在民生体系上的对立。

第二，城乡土地制度一体化。

城乡土地制度一体化的核心是城市国有土地与农村集体所有制土地的同权同利，让农民拥有财产权。

城乡土地制度一体化的3种不同情况。

1. 农业用地的流转、抵押、交易与工商登记。

这涉及农业经营体系的变革，可以从小农生产与大市场的不协调，转向大生产对大市场。现在的问题是交易使用权的期限如何制定，农民不愿意进行长期的流转。

2. 农村建设用地的流转、抵押、交易与工商登记。

有3个问题：首先是作为历史问题的“小产权”如何解决；其次是新体制中政府不再作为交易主体，土地财政消失，其负债如何解决；再次是新体制中有关水、电、燃气、道路等公共产品如何解决，过去是政府做一级开发来完成这些工作的。

3. 农村宅基地的流转、抵押、交易与工商登记。

现在的问题是谁能买农村宅基地，城里人行不行？如果城里人不能买，那么宅基地价值体现不了，如果可以买，出现农民流离失所怎么办？似乎是个两难的选择。因而土地管理条例如何修改是个大问题。应该让地方政府进行试点，然后将经验上升为法律。

第三，户籍制度城乡一体化。

这方面的问题是小城市、中等城市、大城市、特大城市如何适应，因而可能需要探索。率先放开的是小城市，只要有固定住处和固定职业就可以落户。我们在研究中发现，实际上城乡户籍一体化最终是要消除户籍制度。

改革对外开放体系

市场在资源配置中起决定性作用的条件下，市场为追求资源的最佳配置目标，其作用范围往往会超越国界，推动国际分工的形成，需要全领域的对外开放，因而市场配置资源往往与闭关锁国相对立，实际上，市场在资源配置中起决定作用和实行全面开放体系，是一个问题的两个方面。据此，我国对外开放有 3 个要点。

第一，从单向对外开放走向双向对外开放。

我国对外开放是由单向开放开始的，即强调扩大出口和吸引外资。为此，我国在出口上长期实行出口低关税并实行退税范围很广泛且退税率很高的出口退税政策，在吸引外资上不惜给外资实行超国民待遇的外资优惠政策。这与我们当时的国情是相适应的：首先，我们当时需要巨大的国际市场以弥补国内购买力的不足，并且我们因为有成本优势可以大规模出口；其次，我国当时是资金短缺国与外汇短缺国，需要外资的进入并带来新的思维与经验。

但是，现在不同了。经过30多年的改革开放，我国已形成了强大的国内市场，并且需要从国外进口资源、技术、民生等相关产品，进口更加有“红利”。同时，我国已从资本短缺国和外汇短缺国转向资本与外汇的相对过剩国，中国需要对外投资的“红利”。因此，需要双向的对外开放。

所谓双向对外开放是在贸易项目与资本项目都要双向，即：不仅要扩大出口，而且更要注重进口，尤其是要进口资源类、技术类、民生类产品，实现贸易平衡；不仅要吸引外资，更要注重对外投资，实现资本项目的平衡。国际收支平衡应该是对开放的重要目标。

第二，企业与个人是对外投资的主体。

市场在资源配置中起作用的条件下，政府当然不是投资的主体，企业与个人才是对外投资的主体，因而应全面开放企业与个人的对外投资，包括绿地投资、证券投资、并购投资、联合投资等。这也是符合中国国情的选择，中国作为人口众多的大国，确实需要加大对外投资，未来将有许多人常年在海外投资与生活，要充分利用国际资源和市场。

第三，加大沿边开放。

沿边开放是对外开放的重要组成部分，中国作为与众多国家接壤的大国，有必要开放沿边城市与港口，实现全方位的开放体系。沿边开放主要应做到两点。

1. 人流与物流实行特殊政策。

在进出签证及海关等方面，要根据不同情况放开不应有的限制，采取与内地不同的政策，形成法治化特殊政策。

2. 基础设施的互通与互惠。

只有建立互通互惠的基础设施，才能形成新的丝绸之路、海上丝绸之路、中巴经济带、东南亚陆上经济带等新开放增长点，因而要加强这方面的工作。

（2018 年 12 月 1 日在清华企业家学者论坛上的讲话录音整理稿。）

第八部分

全球化新趋势与中国开放新阶段

全球化轨迹与中国的选择

改革与开放是推动中国经济快速发展的两大动力，而且改革与开放是相辅相成的，开放带动了改革，改革促进了开放，改革与开放共同带来了中国经济的繁荣与辉煌，因而讨论中国的快速发展，必须要讨论中国的开放。如同改革没有终止日，只有进行时一样，开放也没有终止日，只有进行时，因而我们会随着世界的变化及中国发展的需要不断推进开放。

众所周知，多边主义与全球化，是人类社会发展的必然趋势，人类命运共同体是当今人类社会发展的基础。中国应顺应历史发展的必然趋势，坚持多边主义与全球化方向，并据此提出全方位开放的战略，这对于中国经济发展及世界经济的发展都具有极其重要的意义。

中国走向全方位开放的条件已成熟

我国从闭关锁国的封闭型经济转向开放型经济，是从扩大出口与吸引外资开始的。这种开放的特征是搭别人便车：扩大出口是依托国际市场，吸引外资是依托国际资本，因而这种开放实际上是一种单向性开放。我国当时选择这种开放战略，是有其必然性的。首先，当时中国还很贫困，人们还没有富起来，没有国内市场，不得不依托国际市场，而且中国当时具有强大的成本优势，可以有效利用国际市场；其次，中国当时是资本短缺国，没有经济发展所需要的巨大资本，资本短缺阻滞了中国的发展，因而不得不吸引国际资本，甚至不惜给国际资本各种优惠，实行对外资的优惠政策。

但是经过几十年的改革开放，中国人民已经富起来了，情况发生了根本性变化：一是中国拥有了巨大的国内市场，富起来的 13 亿中国人创造了世界上任何国家都无法比拟的巨大市场；二是富起来的中国已经形成了巨大的过剩资本，有着巨大的可用于对外投资的资本。因此，中国已经有条件走向全方位开放：既搭别人便车，也让别人搭我们的便车；不仅强调出口，还要强调入口；不仅强调吸引外资，还要推动中国资本走出去。

中国目前宣布降低国外产品的市场准入条件、降低外来产品关税，在中国上海建立进口贸易博览会与开放中国金融服务业，就是开放市场的重大举措；中国强调与推动“一带一路”，就是推动中国资本走出去的重大举措。中国对外开放实际上已进入一个新的阶段，即全方位开放的阶段。

以国际贸易为特征的全球化或将走到终点

讨论中国的全方位开放，就得讨论全球化的问题。因为中国全方位开放是全球化的重要组成部分与重要推动力。

全球化是人类社会发展的必然趋势，也是人类社会的内在向往与追求。古代因为航海技术及航空技术的不发达的制约，人类社会虽然还难以形成可称之为全球化的经济往来与文化交流，但人类社会还是在艰难地寻找经济交往与文化交流的路径与方式，中国古丝绸之路就是一个典型案例。航海技术及航空技术的发展为人类社会的全球化带来了坚实的物质基础。人类社会开启了全球化路径。

全球化从其特征与内涵来划分，到目前为止，可以分为两次。

第一次全球化是1750—1950年。这次全球化的主导方是欧洲列强，其特征是殖民，以殖民地方式推动全球化，例如亚洲国家几乎都被欧洲列强在不同程度上殖民过。殖民的背后就是暴力与战争，结果是先后引发了两次世界大战。“二战”的结束，就标志着这种以殖民方式为特征的全球化的结束。

第二次全球化从1950年到现在。因为美国是二战的主要战胜国，因而实际上是美国启动了人类社会的第二次全球化。这次全球化的主要特征是国际贸易，以贸易方式推动全球化，像WTO（世界贸易组织）、世界银行等国际贸易类国际组织都产生于这个时期。

以国际贸易为特征的全球化有效推进了世界的进步与发展。中国是1978年才改革开放的，因而中国实际上是在这次全球化的后半场加入的，全球化有力地推进了中国的发展，例如1997年，也就是20年前，中国的GDP仅仅有7万多亿元人民币，而2017年年底达到82万亿元之多，翻了10余倍；1997年中国外汇储备只有1 300多亿美元，而现在达到3万亿美元以上，翻了近30倍；1997年中国人均月收入只有几百元，而现在达到几千元；1997年中国的基础设施相当落后，连高速公路都没有几条，而现在中国的基础设施可以说引领世界，甚至超越发达国家，等等。

但是我们不能不注意到，这种以国际贸易为特征的全球化，实际上也存在着先天性的某些不足，甚至它的一些后果也引起了一些国家及社会阶层对全球化的反对。甚至连发达国家之间都对这种以贸易为特征的全球化出现了意见分歧，就是一个最好的例证。

为什么有些国家及社会阶层反对这种以国际贸易为特征的全球化？因为以国际贸易为特征的全球化，要使所有国家都只有收益而无利益受损，就必须要保证各自的贸易平衡，而实际上这几乎是不可能的。因而各国之间贸易不平衡所引发的问题，导致了一些国家及阶层的利益受损，全球化遭到了一些国家及阶层的反对。就像中美这两个处于不同历史发展阶段的大国，也无法摆脱彼此间严重的贸易赤字。当然，中美之间的美国贸易赤字的形成，原因并不在中方，而是因为美国自 20 世纪 90 年代后逐渐转向以信息技术为特征的高新技术产业及以飞机为特征的现代制造业，强调发展创意性产业，逐步退出了一般性制造业，但美国市场是有着巨大一般性制造业产品的需求的，这实际上涉及美国的民生，因而中国一般性制造业产品进入美国市场，满足了美国人民的生活需求，美国应该感谢中国才对，但是这种贸易不平衡确实使美国出现了贸易赤字，赤字的背后当然是就业机会及税收的流失。

这里需要指出的是，以国际贸易为特征的全球化实际上通行的原则是比较优势原则，即每个国家搞自己最有比较优势的产品或产业，然后在交易中共同获得比较利益，但这个原则对于大国似乎是不可能的，因为任何大国的最基本需要无法靠国际力量来满足，因而必然要坚持全产业链原则，这就导致关税战似乎难以避免。

全球配置资源为主的第三次全球化即将形成

中美之间的贸易问题现在成了中美关系的焦点，甚至有些极端人士鼓动美国要与中国打关税战。但是问题产生的原因既不在中方，也不在全球化本身，而是这种以国际贸易为特征的全球化似乎走到了终点，它自身的天然性不足使得它要被一种新型全球化所替代，人类社会将形成第三次全球化。

第三次全球化的特征是全球配置资源。也就是说，资本、劳动、资源、技术、市场等生产要素在全球的配置。全球化将不再主要表现为国际贸易，而是表现为生产要素在全球的配置，甚至连某个微小的产品的形成都是许多国家共同努力的结果，人们以供应链方式联系在了一起。

以全球配置资源为特征的全球化，使得世界各国在就业、税收、资本收益等方面实现了利益共享。例如，汽车玻璃的生产在中国有比较优势，但如果一直在中国生产而出口到美国，那么美国就没有了因为此项生产而产生的就业机会与税收，而中国既有就业机会和税收，还有资本收益，因而美国将会对中国实行很高的关税，这非常不利于全球化。但如果中国企业投资到美国，那么美国就有了税收及就业机会，而中国获得资本收益，这是一种双赢。因此，推动以全球配置资源为特征的全球化，是有利于利益共享的。当然，这要求所有国家都应开放市场及投资领域。美国目前限制中国资本进入美国实际上是不利于利益共享的。

以全球配置资源为特征的全球化，其核心内容是基础设施、互联互通、塑造与维护供应链，不再是关税壁垒、贸易保护之类的过时做法。中国提出全面开放市场与“一带一路”倡议，是对以全球配置资源为特征的全球化的最好贡献。

在全球配置资源的条件下，几乎所有国家都融入世界利益链条之中，命运共同体成为世界的新特征。在命运共同体条件下，所有国家都只能采取开放包容的应对机制，任何以我独大，以自身利益损害别国利益的行为，都会遭到人们的抵制与反对。人类命运共同体导致世界各国利益相连，共享经济成为一种趋势。任何国家只有抛弃传统的旧观念，以积极的态度迎接这种新的全球化，才能发展本国经济并获得丰厚的利益。中国致力于全方位开放，一方面向发展中国家输入基础设施、资本与技术，并使得发展中国家的自然资源得以实现利益最大化，人民有了巨大的就业机会，国家有了税收；另一方面中国巨大的规模生产能力及市场，使得发达国家的创意经济及各种创新有了落地与实现的机会，中国实际成为新的全球化的“枢纽”，是共享经济的重要推动力量。因此，在新的全球化过程中，中国将扮演重要角色，中国实际上已经进入世界舞台的中央，成为世界经济发展的重要力量。

美国从单边主义出发，反全球化，迫使中国与其打关税战。中国一再宣布，不愿同美国打关税战，但如果美国一意孤行，中国将奉陪到底。关税战的最终结果一定是双输，关税战实际上没有赢家。既然关税战是双输，没有赢家，中国为什么要奉陪到底？除了中国必须要保护自身的应有利益之外，我们打关税战的主要目的，是要维护多边主义，维护全球化的深入发展。全球化的深入发展，是人类社会通向繁荣之路，是构建人类命运共同体的载体与基石。

为了推动全球化的深入发展，中国必将走向全方位开放。什么是全方位开放？我们过去在强调开放时，经常讲到两句话：一个是扩大出口，一个是吸引外资，这种开放实际上是搭别人便车的开放：扩大出口是利用国际市场，吸引外资是利用国际资本，实际上都是搭别人便车。这种开放战略的选择在当时是对的：因为我们当时比较贫穷，没有国内市场，不得不利用国际市场；因为我们当时缺乏资本，不得不利用外资。但是经过几十年的奋斗之后，我们已经有了巨大的国内市场，有了巨大的过剩资本，我们可以走向也让别人搭我们便车的时代了，也就是可以走向全方位开放的时代了：既强调搭别人便车，也强调别人搭我们便车。这实际上是一种双向开放。

双向型的对外开放战略

我国的双向型对外开放战略主要表现在两个方面，一个是在贸易方面，我国将从以往的出口导向转向坚持进口与出口并重，另一个是在投资方面，我国将从引进外资为主转向坚持对外投资与引进外资并重，这两个方面构成了我国双向型对外开放战略的主要内容，使我国在对外开放过程中既利用国际市场和国际资本，也利用国内市场和国内资本，促进生产要素的有效配置和产品、服务的良性流动，从而带动社会经济的快速发展。

贸易项目上坚持进口与出口并重

2014 年 9 月底，国务院常务会议确定加强进口的政策措施，实施积极的进口促进战略，加强技术、产品和服务的进口，扩大国内的有效供给，满足人们生产和生活的需求，同年 11 月，国务院办公厅发布《关于加强进口的若干意见》，进一步落实加强进口的政策措施，包括鼓励先进技术设备和关键零部件进口、稳定资源性产品进口、合理增加一般消费品进口、大力发展服务贸易进口、进一步优化进口环节管理、进一步提高进口贸易便利化水平、大力发展进口促进平台，以及积极参与多双边合作等 8 个方面的内容，以市场为导向，着力发挥进口对于创新创业和产业结构优化升级的推动作用。国家外汇管理局统计数据显示，2015 年我国国际收支口径的国际货物和服务贸易支出为 20 048 亿美元，同比下降了 8.53%，其中货物贸易支出 15 684 亿美元，同比下降 13.29%，服务贸易支出 4 364 亿美元，同比上升 13.94%，可以看出，我国进口的整体形势有所恶化，这主要是因为国内经济增长速度放缓及国际大宗商品价格波动，但是我国的进口结构有所改善，技术和服务进口所占比重提升，这是进口促进政策导向的作用，所以为进一步加强进口和改善进口结构，必须坚持和完善进口促进战略。

坚持和完善进口促进战略具有重要的意义，首先，更多的高质量的产品和服务涌入国内可以增加人们选择的多样性，并且享受具有更高使用价值的商品，这将提高我国消费者的福利水平；其次，我国经济的发展对资源的需求越来越大，我国已经成为世界上最大的能源消费国，但是在诸如石油、铁、铜、铝、钾盐等诸多领域自给严重不足，对外依存度处于高位，所以加强进口可以增加资源储备；再次，产品和服务的进口具有技术溢出效应，尤其是那些高新技术类产品和技能性的服务，我国企业可以通过使用、合作、雇佣等方式进行学习和创造，从而提升自己的技术水平和生产效率；另外，通过进口对国外先进的技术、商业模式和管理经验等的学习也有利于创新创业的发展，激发全社会创新创业活力，提高全要素生产率，促进经济增长方式由要素和投资驱动型向创新驱动型转变；最后，产品和服务的进口将会加剧国内市场竞争，从而迫使国内企业改善经营或转型，这有助于产业结构优化升级，促进经济结构调整，推动经济在更高质量的水平上继续发展。

坚持和完善进口促进战略对于我国的消费者、企业甚至宏观经济都有深远影响，那么该如何加强进口和改善进口结构呢，针对于此，我们认为应该做到以下几点：第一，启动国内消费需求，包括居民的个人消费需求和公共消费需求，重点在于提高居民的可支配收入和改革财政体制；第二，积极参与多双边贸易合作，减少贸易壁垒，适度降低进口关税，尤其是那些技术溢出效应明显的产品和服务，甚至可以免税或进行补贴；第三，搭建更为便利的贸易平台，畅通进口渠道，降低进口的交易成本，比如建设更多的保税区、自由贸易区、提高海关运行效率、建设国际化的电子商务平台等，通过这些措施，我国的进口在新常态时期将会获得进一步发展。

在新常态时期，我国实施积极的进口促进战略，但这并不意味着对出口的忽视或者出口变得次要，我国依旧是发展中国家，2014年人均国民总收入达到7 400美元，属于中等偏高收入国家行列，但是与发达国家相比还有很大差距，并且有落入“中等收入陷阱”的风险，另外，当前由于人口红利、土地红利逐步消失及经济结构调整，经济下行的压力很大，我国还需要依靠出口来拉动经济增长，也就是说我们在强调进口的同时，必须继续扩大出口，坚持进口与出口并重。我国在下一阶段的出口要注意以下几个方面的问题：第一，要积极开拓出口市场，当前世界经济形势不容乐观，整体增速放缓，下行风险很大，这对于我国的出口势必产生不利影响，在这种情况下，必须积极主动地开拓海外市场，以寻求更多的出口需求，国家要尽力发展多双边贸易合作关系，减少贸易壁垒，企业要积极调研国外市场需求，寻求产品和服务的对外出口；第二，要提高出口产品技术含量，增加出口产品的附加值，我国长期以来凭借劳动力成本优势和资源优势，主要出口劳动密集型和资源密集型产品，这类产品的附加值很低，从而使我国在国际分工和国际贸易中处于劣势，以后要注重设计与营销环节，增强自主创新能力，从出口产品中获得更多附加值；第三，要优化出口结构，主要是做到“五个提高”，分别是提高服务在出口贸易中所占比重、提高高新技术产品在出口产品中所占比重、提高中西部地区在出口区域中所占比重，提高新兴市场国家在出口目标市场中所占比重，以及提高民营企业在出口经营主体中所占比重，逐步实现我国对外贸易的结构优化和转型升级。

投资项目上坚持对外投资与引进外资并重

2015 年我国非金融类对外直接投资达到 1 180.2 亿美元，同比增长 14.7%，对外投资再创历史新高，截至目前，我国对外直接投资已经实现了连续 13 年的增长，年均增长率高达 33.6%，2012 年我国就已经成为世界第三大对外投资国，仅次于美国和日本。与此同时，2015 年我国实际利用外资 1 262.7 亿美元，同比增长 6.4%，与非金融类对外直接投资的差距进一步缩小，预计 2016 年我国非金融类对外直接投资将超过实际利用外资额度，从而我国将成为资本净输出国，并且在此之后，对外投资将逐渐拉开与引进外资的差距，也就是说新常态时期是我国对外投资实现快速发展和全面反超的时期。国家也越来越重视我国对外投资的发展，采取了一系列措施促进企业对外投资，包括：取消或简化对外投资事项的审批程序，98% 的对外投资事项不再需要审批，只需要备案；发起成立丝路基金和亚洲基础设施投资银行进行对外投资；落实“一带一路”倡议，积极发展与“一带一路”沿线国家的投资关系，等等，这些措施将会促进我国对外投资在新常态时期获得快速发展。

国家之所以要重视对外投资，是因为对外投资对于我国的经济发展具有重要意义，主要表现在以下几个方面：第一，我国的对外投资具有逆向技术溢出效应，也就是从东道国经由跨国公司最终传导至投资者母国的技术溢出效应，这是因为我国企业在对外投资的过程中可以通过学习其他国家的技术或管理经验、雇用其他国家的人才、租赁或购买其他国家的技术专利等来提高自身的生产效率和管理水平，并将这些传导至我国国内，从而促进国内全要素生产率的提高；第二，我国产能过剩型行业的对外投资将会为相关企业寻求更大的市场，避免企业破产倒闭，并且释放积聚在这些行业中的过剩劳动力和资本，使其流动到配置效率更高的领域，从而实现资源的优化配置；第三，企业对外投资一般是将产业链的某一环节转移到国外，而产业链的其他环节可能来自国内，这样对国内进行上下游生产的企业或部门就形成了更大的需求，从而增加就业和投资；第四，随着资本和劳动力的国际流动越来越大，国民生产总值比国内生产总值更能反映一国的经济实力，而我国企业和居民在国外所获得的收入都将计入国民生产总值之内，所以对外投资也有助于我国经济实力的增强；第五，我国在进行对外投资的同时，不断推进人民币国际化，已经建立了多个跨境贸易人民币结算试点和人民币离岸交易中心，很多国家为了吸引我国的投资，也会主动增加人民币使用的数量、安全性和便利性，人民币的影响力将进一步扩大。可以看出，对外投资对于我国的经济增长、社会发展和国际地位等都具有重要的作用，因此新常态时期要充分重视对外投资，采取措施促进对外投资的稳步发展。

我国促进对外投资的主要举措是“一带一路”倡议。“一带一路”是要加强亚、欧、非的经济联系，“丝绸之路经济带”的路线设计包括3条：一是从中国经由中亚、俄罗斯至欧洲波罗的海地区；二是从中国经中亚、西亚至波斯湾和地中海地区；三是从中国经东南亚或南亚至印度洋，“21世纪海上丝绸之路”的路线设计包括两条：一是从中国沿海港口经南海、印度洋至非洲、欧洲；二是从中国沿海港口经南海到南太平洋。“一带”既是指连接中国东部、中西部、中亚或南亚，最终到达欧洲的大通道，也是指经济产业带和城市群体带，它将成为我国制造业对外投资的聚集地，因为中亚和南亚地区对我国传统制造业的需求非常旺盛，对这些地区的投资主要采取工业园区的形式，比如目前已经建立的乌兹别克斯坦鹏盛工业园、塔吉克斯坦中塔工业园、泰国泰中罗勇工业园等，未来还会有更多的工业园区成立，促进“一带”沿线地区的工业化和城市化建设，从而逐步形成产业带和城市带，“一带”的核心区是新疆，可以考虑在新疆设领事馆，方便对中亚和东欧地区的贸易与投资。“一路”沿线的造港造城对于建筑业和房地产业的对外投资意义很大，当然在东南亚、非洲等地区对基础设施和制造业的需求也较大，对这些国家或地区的投资将会给当地创造大量的工作岗位，同时也有利于中国劳动力的输出，推动我国海上航线和战略支点的建设，“一路”的核心区是福建，其与台湾隔海相望，相距较近，有助于未来加强与台湾的经贸往来。我国还发起成立了丝路基金和亚洲基础设施投资银行来支持对“一带一路”沿线的投资，“一带一路”战略将成为新常态时期我国对外投资的“助推器”。

在新常态时期，我国的对外投资将对经济发展产生巨大的拉动作用，对外投资规模将超过引进外资的规模，我国从而成为资本净输出国，但这并不意味着我们将片面地强调对外投资，而降低引进外资的力度，引进外资在我国当前仍然具有重要意义，尤其是对于引进先进技术、管理经验，以及增加税收等方面具有重要作用，必须坚持引进外资与对外投资并重。我国目前在战略性新兴产业、现代服务业和现代制造业等领域的投资需求很大，这些领域发展前景广阔，有潜力成为支柱性产业，但是国内资本可能考虑到风险、技术或管理经验等因素，投资仍旧不够充足，在这些领域引进外资就显得尤为必要，比如我国鼓励外商投资高端装备制造、生产性服务业等行业，可以预见，未来外商投资将更多地集中在高新技术产业和服务业领域，这将有助于提高我国的全要素生产率、增加就业和税收，以及促进产业结构的优化升级。在新常态时期，引进外资方面也要注意一些问题，比如不能再实行“超国民待遇”，保证国内企业与其在市场中公平竞争，尤其注意地方政府不要为了招商引资，私自设立一系列优惠条款，扰乱市场秩序，另外，对引进外资也要进行产业政策引导，对具有很强正外部性的企业或行业可以进行适当补贴，限制对产能过剩性行业或高污染、高消耗行业的投资，促进资本流向高新技术产业和现代服务业等高效率的行业，真正发挥外商投资在产业升级和经济发展中的作用。

综上所述，我国将把进口和对外投资置于重要地位，同时继续扩大出口和利用外资的规模，也就是在贸易方面坚持进口与出口并重，在投资方面坚持对外投资与引进外资并重，实现单向型对外开放战略向双向型对外开放战略的转变，真正做到利用国内、国际两个市场和国内、国际两种资本，来实现新常态时期的中高速增长目标。

全方位开放与自由化

改革开放以来，我国经历了由计划经济向政府主导型经济，再向市场经济的转型，当前处于不断完善社会主义市场经济体系的阶段，可以看出，自由化是经济发展的基本方向，也是建设现代市场经济的主导方向，自由化主要是指政府不断将权力下放给社会、市场和企业，充分发挥市场的微观主体在资源配置中的主动性、积极性和创造性。我国的对外开放体制作为经济体系的一部分也不例外，经历了不断自由化的过程，但是在对外开放的初期，限于经济发展水平和抵抗风险的能力，自由化的程度较低，并且进展缓慢，对很多领域实行严格的政府管制，比如外汇市场、资本市场，以及很多其他贸易投资行为等，这些管制曾经让中国在参与全球化的过程中避免了很多不利的影响，并被约瑟夫·斯蒂格利茨称为“成功的开放战略”，但是在新常态时期，随着我国更加快速和深入地融入世界经济，对对外开放中自由化的要求也更加迫切，此外，我国对对外开放的风险控制能力也在增强，所以对外开放体制的自由化将会明显加速，也就是说我国将实行自由化的对外开放战略。在新常态时期，自由化的对外开放战略包括两方面内容，一个是外汇市场的自由化，另一个是贸易投资的自由化，这两方面的改革将实现对外开放过程中货币领域和实体领域的共同进步，从而实现资源在国际间的优化配置。

外汇市场自由化

长期以来，我国的外汇交易基本由央行控制，主要表现在央行垄断了外汇储备，以及决定基准汇率的波动，其对外汇买卖和汇率的干预很大。在改革开放之前，我国一直实行的是单一汇率制，在计划经济体系下，对外汇买卖和汇率波动实行了非常严格的控制，十一届三中全会之后，由单一汇率制转变为双重汇率制，包括官方汇率与贸易外汇内部结算价并存（1981—1984 年）和官方汇率与外汇调剂价格并存（1985—1993 年）两个阶段，这两个阶段合称为“汇率双轨期”，但是大量的外汇在外汇调剂市场进行交易，导致央行的外汇储备急剧下降，所以从 1994 年开始，国家进行了汇率“并轨”的改革，开始实行以市场供求为基础的、单一的、有管理的浮动汇率制，建立了统一的银行间外汇市场，并且确定了强制结售汇制度。2005 年的“721 汇改”宣布我国开始实行以市场供求为基础、参考一篮子货币进行调节、有管理的浮动汇率制度，并且根据主动性、可控性和渐进性的原则来改革人民币汇率形成机制，在此之后，人民币汇率持续面临升值压力，但是为了出口的增加和外汇储备的保值，央行不断干预外汇市场价格。而随着我国外汇储备的增加和全球化的深入，这种对外汇买卖和汇率的限制已经越来越不能适应经济的发展，外汇体制改革势在必行。

我国外汇体制改革的方向就是由政府管制的外汇体制转向自由化的外汇体制，包括外汇买卖的自由化和汇率决定的自由化。从外汇买卖方面来说，2008 年修订后的《外汇管理条例》规定经常项目外汇收入可以自行保留或卖给经营结售汇业务的金融机构，2009年涉及强制结售汇的文件和法规被取消或修订，2011年起企业出口收入可以存放国外，无须调回国内，所以我国企业和个人外汇买卖的自由度得到极大提高，但是目前个人仍然有每年5万美元的购汇限制，针对于此，2015年国务院批复合格境内个人投资者计划（QDII2），首批试点包括上海、天津、重庆、武汉、深圳和温州6个城市，允许符合条件的个人投资者进行海外金融类和不动产投资，这就突破了个人每年5万美元购汇限制的局限，未来试点将会进一步扩大，条件可能会进一步降低，这也标志着人民币在资本项目下的可自由兑换迈出了重要的一步，在新常态时期，我国外汇买卖将会朝着意愿结售汇、意愿持有外汇和人民币在资本项目下可自由兑换的方向持续迈进。从汇率决定方面来说，2015年的“811汇改”进一步完善了人民币兑美元的中间价报价，做市商在每日银行间外汇市场开盘之前，可以综合考虑上一日收盘汇率、外汇市场供求情况和国际主要货币汇率变化来确定中间价报价，这增强了人民币兑美元汇率中间价的市场化程度和基准性，是我国汇率决定市场化的重要标志，但是由于我国目前经济下行压力较大，一些国际游资恶意做空人民币，为了防止国际投机者的恶意做空和维持汇率稳定，央行还会采取措施管理外汇市场，以维持汇率在合理的区间波动，这是有管理的浮动汇率制度的基本特征，在新常态时期，我国汇率决定的总体方向将更为市场化和自由化，但是政府的适度干预仍是必要的。从我国的外汇买卖和汇率决定可以看出，在下一阶段我国的外汇市场将会更加自由化。

贸易投资自由化

出于国内产业发展和国家经济安全的考虑，我国在对外开放初期设置了很多限制条件，比如较高的进口关税、严格的投资审批程序、限制外资涉足国内金融市场等，随着经济全球化的加速和我国对外开放的深化，这些限制逐渐成为我国对外开放进一步扩大升级的阻碍，必须通过适当的改革加以调整，以实现贸易和投资的自由化。在新常态时期，我国对外开放过程中贸易和投资的自由化是趋势，我们要遵循经济发展的规律，顺应这种趋势，以积极主动的态度促进国际经济更为密切和深入的合作。贸易投资自由化包括两个方面的内容，一是国际贸易自由化，二是国际投资自由化。

国际贸易自由化是指在国际贸易活动中逐渐减少或取消贸易壁垒，实现产品和服务在国家间更加顺畅地流动，这有利于在国际贸易中降低交易成本、减少市场扭曲，以及实现消费者福利最大化，促进国际贸易自由化的主要方式有多双边贸易协定、自由贸易区、关税同盟、共同市场和经济联盟等，其中多双边贸易协定是指两国或多个国家签订的针对某些或全部产品和服务的贸易优惠政策协议，包含一些临时性或特殊性的安排；自由贸易区是指在成员国之间取消关税、商品可以自由流动但各自保留自己的对外贸易政策的经济集团；关税同盟指成员国之间商品自由流动并且各国实行统一的对外关税政策的经济利益集团；共同市场则不仅要求成员国之间商品自由流动，也要求劳动力、资本等生产要素的自由流动；经济联盟是在要求商品、劳动力、资本等自由流动的基础上，还要求各成员国的经济政策相互协调的一体化组织。我国目前推动国际贸易自由化的主要形式是多双边贸易协定和自由贸易区，截至 2015 年年底，我国已签署 14 个自由贸易协定，包括与东盟、新加坡、韩国、澳大利亚及港澳台等国家和地区的协议，此外，我国积极参与建设中国 – 东盟自由贸易区、东北亚自由贸易区和亚太自由贸易区等，支持区域全面经济伙伴关系（RCEP）的建立，它将与美国主导的跨太平洋伙伴关系协定（TPP），以及跨大西洋贸易与投资伙伴协议（TTIP）一起构成未来世界上 3 个最大的自由贸易区，极大地促进我国与其他国家贸易的自由化。

国际投资自由化是指外国资本在我国投资，以及我国资本在外国投资的限制逐渐减少，包括国际直接投资的自由化和国际间接投资的自由化，其中前者是指相互之间设厂、兼并、收购和购买固定资产等限制的减少，后者是指相互之间投资股票、债券和衍生工具等限制的减少。我国由于资本项目并没有开放，所以在国际投资自由化，尤其是国际间接投资自由化方面进展缓慢，但是近年仍有发展，比如 2014 年 11 月，我国酝酿已久的“沪港通”正式启动，资本市场互联互通机制进入新阶段，同月推出人民币合格境内机构投资者计划（RQDII），允许符合条件的机构投资境外金融市场以人民币计价的产品，2015 年提出的合格境内个人投资者计划（QDII2）也是对个人投资境外资本市场限制的放宽，可以看出，资本项目有逐步放开的趋势，当然，我国也实行了一系列措施促进国际直接投资的自由化，包括简化在境外投资办厂的审批流程、加强对企业“走出去”的金融信贷支持力度，以及搭建各种对外投资的公共服务平台等。在新常态时期，国际投资领域的“简政放权”和人民币资本项目开放将是国际投资自由化的主要内容，这将是一个渐进性的、任重道远的过程。

综合分析，我国将逐步改革对外开放体制，改革的主要方向就是自由化，一方面是外汇市场的自由化，包括外汇买卖和汇率决定的自由化，另一方面是贸易投资的自由化，包括国际贸易和国际投资的自由化，通过这些改革，我国将形成“十三五”规划建议中所提的“对外开放新体制”，开创合作共赢、包容发展的对外开放新局面。

推动我国对外开放扩大升级的政策建议

在当前新的历史时期，我国的经济增长速度将由高速转为中高速，经济结构优化升级面临挑战，经济发展的动力由要素和投资驱动向创新驱动的转型尚不充分，整体经济面临很大的下行压力，在这种情况下，坚持和深化改革开放就显得尤为关键，而其中重要的一方面就是推动我国对外开放的扩大升级，因而如何推动对外开放的扩大升级已经成为当前我国经济发展面临的主要问题之一。根据以上分析可知，在新常态时期，我国在对外开放进程中要坚持双向型和自由化的对外开放战略，这是下一阶段对外开放发展的大致方向和整体趋势，除此之外，还必须采取一些具体的措施来予以补充和保障，以促进对外开放扩大升级的顺利实现，具体来说有以下措施。

以国内改革促对外开放

改革和开放是我国经济发展的两把“利剑”，二者相互作用、相辅相成，改革可以为开放提供良好的制度环境，形成与国际接轨的市场经济规则体系，并且通过改革促进生产力的发展，从而可以为对外开放提供物质基础，反过来开放也可以拉动经济增长，从而为改革提供经济支撑，并且对外开放有时具有倒逼改革的功能，所以改革与开放是一种相互促进的关系，我们可以用国内改革来促进对外开放的发展。我国当前需要进行的改革包括：一是政府体制改革，其核心是“简政放权”，政府将向社会、市场和企业放权，从而专职履行保障民生、提供服务、公共管理和保证公平竞争环境的职能，企业在注册成立、经营管理、投资并购等方面会享受更大的自由权；二是金融体制改革，包括利率市场化、汇率市场化、人民币在资本项目下的可自由兑换、银行自由化、放开非银行金融及资本市场改革等，逐步实现金融自由化；三是调整基本经济制度，民营经济要获得与公有经济一样完整、平等的地位，包括政治、法律、资源配置、投资机会和市场竞争上的平等，注重保护产权；四是国有企业改革，主要是对国有资产进行分类管理，改革目前的管理体制，并且实行混合经济模式；等等。这些改革可以激发国内市场和企业的活力与创造力，让对外开放在行政手续、金融支持、产权保护等方面更加便利和完善，对于对外开放的规模和结构都有积极意义。

大力推进人民币国际化

人民币国际化对我国是一件有利有弊的事情，其好处主要是：可以获得国际铸币税收入；通过向外传导缓解货币发行的通货膨胀效应；人民币的大量使用有利于我国国际贸易和投资的发展；缓解外汇储备的压力，降低汇率波动带来的风险；提高我国的国际地位和对世界经济的影响力；等等。其坏处主要是：我国的货币政策将失去部分独立性，其对宏观经济的调控会由于向国际传导而变得更为复杂；经济和金融风险增加，外国的经济危机和金融危机会更容易通过人民币影响中国，并且受国际投机者攻击的风险也会增加；对人民币管理和检测的难度将会增加，尤其是境外流通的人民币难以控制，等等。但是总的来说，人民币国际化是利大于弊，这也是我们持续推进人民币国际化的原因。由中国人民大学国际货币研究所发布的《人民币国际化报告 2015》显示，截至 2014 年年底，人民币国际化指数（RII）达到 2.47%，同期美元、欧元、英镑和日元的份额都有所下降，人民币有望在两年内超越日元成为第四大国际货币。2015 年 12 月 1 日，国际货币基金组织正式宣布，从 2016 年 10 月 1 日开始，人民币将被纳入特别提款权（SDR）的篮子中，这意味着人民币作为储备货币的地位逐渐得到认可，人民币的国际化再进一步。人民币将越来越多地被用于国际贸易和投资的计价和结算，以及作为投资工具和储备工具，这将极大地便利我国的与外经济联系，促进我国对外开放的发展。

高度重视区域经济合作

区域经济合作在当今世界经济中起到的作用越来越重要，甚至有超越全球经济合作的趋势，这主要是因为以世界银行、国际货币基金组织和世界贸易组织为代表的全球经济合作体制的弊端逐渐暴露，一方面全球经济合作体制建立在全球大部分国家的基础上，国家之间在经济、政治、文化等方面的差别很大，想要协调起来十分困难，所以在很多问题上达成一致协议的成本非常高，有时甚至始终达不成一致意见，另一方面以世界三大经济组织为代表的全球经济合作体制是在力量极不均衡的情况下建立的，以美国为首的发达国家在其中掌握了很大的话语权，从而很大程度上掌控着“游戏规则”的制定，这不能反映很多发展中国家尤其是新兴市场国家的需求，但是区域经济合作则能很好地克服这些弊端，它往往是建立在地理位置比较邻近的国家之间，相互之间在经济、制度、文化等方面具有更大的相似性，从而使彼此的认同感更高，需求更为一致，再加上国家数量不多，更容易达成一致意见，另外，这些国家之间往往较为平等，每个国家都有机会参与规则的制定，话语权不会特别悬殊，所以各成员国的积极性更高，区域经济合作将成为未来一段时间内全球化的主要形式。我国也要顺应这种趋势，高度重视区域经济合作，从现实来说，主要是大力推进“一带一路”倡议的实施，与周边国家发展更多的区域合作关系，包括建设好目前已有的中国–东盟自由贸易区、东北亚自由贸易区等，以及推进中国–中亚自由贸易区、中国–南盟自由贸易区、区域全面经济伙伴关系

（RCEP）等的形成和建设，除此之外，还可以向关税同盟、共同市场等更为开放的形态发展，从而搭建更完善的区域经济合作框架。

积极参与全球经济治理

参与全球经济治理是我国对外开放过程中维护自身利益的需求，也是不可推卸的责任与义务，其目的就是建立公平、合理、有序的国际经济秩序，实现世界经济的可持续发展。我国参与全球经济治理主要应该做到：一是积极倡导全球经济合作和协商会议的举行，寻找各国的利益共同点，寻求更多的合作基础，改革与完善当前的国际经济规则体系，形成公平、共赢的新规则，尤其是参与网络、空天飞机、深海等新领域规则的制定；二是扩大对外经济援助，支持欠发达国家的经济建设，包括基础设施、教育科技、医疗卫生、企业管理咨询等，促进世界经济的均衡发展；三是推动全球气候协议谈判，主动承担起自身的责任，兑现节能减排的承诺，同时监督与协助其他国家的资源与环境保护进程，努力实现全球经济的可持续发展；等等。我国积极参与全球经济治理，一方面有利于形成公正合理、合作共赢的国际经济新秩序，作为最大的发展中国家，我国在国际社会的发言更能代表发展中国家的需求，也更能以自身的影响力维护发展中国家的利益；另一方面有利于进一步扩大我国在国际社会的影响力和公信力，从而为我国与其他国家的往来提供良好的信任基础，拉近国家间距离，减少与其他国家的摩擦。

综上所述，全球化快速发展时期既是我国对外开放发展的挑战期，也是机遇期，我们要以积极主动的态度迎接挑战，抓住机遇，实施双向型和自由化的对外开放战略，推动经济和政府体制改革，推进人民币国际化，重视区域经济合作，同时积极参与全球经济治理，从而在新常态时期实现我国对外开放的扩大升级。

（2019年3月23日在中山大学岭南学院佛山同学会年会上的讲话录音整理稿。）